Die Sprache und Kommunikation im Arbeitsverhältnis

Europäische Hochschulschriften Recht

European University Studies in Law

Publications Universitaires Européennes de Droit

Band/Volume 6710

Ali Machdi-Ghazvini

Die Sprache und Kommunikation im Arbeitsverhältnis

PETER LANG

Bibliografische Information der Deutschen Nationalbibliothek
Die Deutsche Nationalbibliothek verzeichnet diese Publikation in der Deutschen Nationalbibliografie; detaillierte bibliografische Daten sind im Internet über http://dnb.d-nb.de abrufbar.

Zugl.: Frankfurt (Main), Univ., Diss., 2023

D 30
ISSN 0531-7312
ISBN 978-3-631-89173-5 (Print)
E-ISBN 978-3-631-89183-4 (E-PDF)
E-ISBN 978-3-631-89757-7 (EPUB)
DOI 10.3726/b20285

Peter Lang – Berlin · Bruxelles · Lausanne · New York · Oxford

Diese Publikation wurde begutachtet.

www.peterlang.com

Inhaltsverzeichnis

Literaturverzeichnis 19

Abkürzungsverzeichnis 31

Einleitung 33

A. Ausgangslage und Problemstellung 33

B. Zielsetzung der Arbeit und aktueller Forschungsstand 38

C. Aufbau der Arbeit 40

D. Methodik der Untersuchung 41

1. Prozedurale Entwicklung der Nebenpflichten des Arbeitgebers . 41

2. Das Gebot des fairen Verhandelns bei Begründung, Änderung und Beendigung des Arbeitsverhältnisses 47

3. Das Gebot der Rechtsnormenklarheit 48

4. Zusammenfassung 49

1. Teil: Sprachrechtliche Besonderheiten im Individualarbeitsrecht 51

A. Die Sprache und Kommunikation bei Anbahnung eines Arbeitsverhältnisses 51

I. Einleitung 51

II. Die unternehmerische Freiheit des Arbeitgebers bei der Stellenbesetzung 51

III. Die Grenzen der unternehmerischen Freiheit des Arbeitgebers bei der Stellenbesetzung 52

1. Das Benachteiligungsverbot des Art. 45 Abs. 2 AEUV 52

a. Schutzbereich 52

aa. Persönlicher Schutzbereich 52

bb. Sachlicher Schutzbereich 53

b. Eingriff in den Schutzbereich 53

aa. Arbeitgeber als Verpflichtungsadressat 53

bb. Diskriminierung eines ausländischen Bewerbers aus einem anderen EU-Mitgliedsstaat i.S.d. Art. 45 Abs. 2 AEUV wegen seiner Staatsangehörigkeit 54

c. Rechtfertigung einer Diskriminierung 55

d. Rechtsfolgen einer Diskriminierung 56

aa. Schadensersatzanspruch des Bewerbers gem. § 15 Abs. 1 AGG 57

bb. Entschädigungsanspruch des Bewerbers gem. § 15 Abs. 2 AGG 58

cc. Zwischenergebnis 58

d. Ergebnis 58

2. Das Benachteiligungsverbot des Art. 3 Abs. 3 S. 1 GG 59

a. Schutzbereich 59

b. Eingriff in den Schutzbereich 59

c. Rechtfertigung 60

d. Rechtsfolgen eines Verstoßes 60

e. Ergebnis 61

3. Das Benachteiligungsverbot des § 7 Abs. 1 AGG 61

a. Anwendungsbereich des § 7 Abs. 1 AGG 61

aa. Persönlicher Anwendungsbereich 61

bb. Sachlicher Anwendungsbereich 62

cc. Zwischenergebnis 62

b. Verbotene Benachteiligungen eines ausländischen Bewerbers wegen seiner ethnischen Herkunft i.S.d. § 7 Abs. 1 AGG i.V.m. § 1 AGG 62

aa. Der Begriff „ethnische Herkunft" i.S.d. § 1 AGG 63

bb. Die Benachteiligung eines ausländischen Bewerbers wegen seiner ethnischen Herkunft i.S.d. § 3 Abs. 1 und § 3 Abs. 2 AGG i.V.m. § 1 AGG 63

(1) Unmittelbare Benachteiligung eines ausländischen Bewerbers wegen seiner ethnischen Herkunft gemäß § 3 Abs. 1 AGG 64

(2) Mittelbare Benachteiligung eines ausländischen Bewerbers wegen seiner ethnischen Herkunft gemäß § 3 Abs. 2 AGG 65

(3) Zwischenergebnis 66

c. Sachliche Rechtfertigung einer unmittelbaren oder mittelbaren Benachteiligung eines Bewerbers wegen seiner ethnischen Herkunft 66

aa. Sachliche Rechtfertigung einer unmittelbaren Benachteiligung i.S.d. § 3 Abs. 1 AGG 66

bb. Sachliche Rechtfertigung einer mittelbaren Benachteiligung i.S.d. § 3 Abs. 2 AGG 67

cc. Zwischenergebnis 68

d. Rechtsfolgen bei einem Verstoß gegen § 7 Abs. 1 AGG 69

aa. Schadensersatzanspruch des Bewerbers gem. § 15 Abs. 1 AGG 69

bb. Entschädigungsanspruch des Bewerbers gem. § 15 Abs. 2 AGG 70

cc. Zwischenergebnis 71

4. Verstoß gegen den arbeitsrechtlichen Gleichbehandlungsgrundsatz bei Benachteiligung von ausländischen Bewerbern aufgrund ihrer Ethnie 71

5. Konkurrenzverhältnis zwischen Art. 45 Abs. 2 AEUV, Art. 3 Abs. 3 GG und § 7 Abs. 1 AGG 71

IV. Zusammenfassung 72

B. Die Sprache und die Kommunikation bei und unmittelbar nach Begründung eines Arbeitsverhältnisses 73

I. Einleitung 73

II. Die Sprache eines Arbeitsvertrages 74

III. Die Kommunikation beim Abschluss eines mündlichen oder schriftlichen Arbeitsvertrages mit einem sprachunkundigen Arbeitnehmer 74

1. Problemstellung 74

2. Allgemeines zu den Voraussetzungen für einen Arbeitsvertragsschluss 74

3. Die Kommunikation beim Abschluss eines mündlichen Arbeitsvertrages ... 75
a. Angebot des Arbeitgebers auf Abschluss eines mündlichen Arbeitsvertrages ... 75
aa. Abgabe eines Angebots des Arbeitgebers zum Abschluss eines mündlichen Arbeitsvertrages ... 76
bb. Zugang eines mündlichen Angebots des Arbeitgebers zum Abschluss eines Arbeitsvertrages . 76
(1) Zugang nach der sog. strengen Vernehmungstheorie ... 76
(2) Zugang nach der sog. abgeschwächten Vernehmungstheorie ... 77
(3) Streitentscheid ... 77
cc. Zwischenergebnis ... 78
b. Annahme eines Angebots auf Abschluss eines mündlichen Arbeitsvertrages durch einen ausländischen Arbeitnehmer ... 78
aa. Voraussetzungen für das Vorliegen eines objektiven Erklärungstatbestands hinsichtlich der Annahme eines Angebots des Arbeitgebers zum Abschluss eines mündlichen Arbeitsvertrages ... 79
bb. Voraussetzungen für das Vorliegen eines subjektiven Tatbestand hinsichtlich der Annahme eines Angebots des Arbeitgebers zum Abschluss eines mündlichen Arbeitsvertrages ... 79
(1) Handlungswille ... 79
(2) Erklärungsbewusstsein ... 80
(a) Nach der sog. Willenstheorie ... 80
(b) Nach der sog. Erklärungstheorie ... 80
(c) Streitentscheid ... 81
(d) Zwischenergebnis ... 82
(3) Geschäftswille ... 82
cc. Zwischenergebnis ... 83
c. Ergebnis ... 83

4. Die Kommunikation beim Abschluss eines schriftlichen Arbeitsvertrages ... 84
a. Angebot des Arbeitgebers auf Abschluss eines schriftlichen Arbeitsvertrages ... 84
aa. Abgabe eines Angebots des Arbeitgebers zum Abschluss eines Arbeitsvertrages ... 84
bb. Zugang eines schriftlichen Angebots des Arbeitgebers zum Abschluss eines Arbeitsvertrages gegenüber einem sprachunkundigen Arbeitnehmer ... 84
(1) Zugang eines Angebots gegenüber einem abwesenden sprachunkundigen Arbeitnehmer .. 85
(2) Zugang des Angebots gegenüber einem anwesenden sprachunkundigen Arbeitnehmer .. 85
(3) Die Pflicht zur Übersetzung eines schriftlichen Arbeitsvertrages durch den Arbeitgeber aufgrund seiner Rücksichtnahmepflicht bzw. dem Gebot des fairen Verhandelns ... 86
cc. Zwischenergebnis ... 88
b. Annahme eines schriftlichen Angebots des Arbeitgebers zum Abschluss eines Arbeitsvertrages durch einen sprachunkundigen Arbeitnehmer ... 88
c. Ergebnis ... 90
5. Anfechtbarkeit eines mündlich oder schriftlich geschlossenen Arbeitsvertrages durch einen sprachunkundigen Arbeitnehmer ... 90
a. Anfechtung eines mündlich oder schriftlich geschlossenen Arbeitsvertrages durch einen sprachkundigen Arbeitnehmer gem. § 119 Abs. 1 Alt. 2 BGB (analog) ... 91
b. Anfechtung eines mündlich oder schriftlich geschlossenen Arbeitsvertrages durch einen sprachunkundigen Arbeitnehmer wegen eines Inhaltsirrtums i.S.d. § 119 Abs. 1 Alt. 1 BGB ... 92
c. Anfechtungsfrist gem. § 121 Abs. 1 Satz 1 BGB und Anfechtungserklärung gem. § 143 BGB ... 93

d. Rechtsfolgen einer Anfechtung 93
e. Schadensersatzpflicht dessprachunkundigen Arbeitnehmers bei Anfechtung eines Arbeitsvertrages nach § 119 Abs. 1 BGB 94
f. Zwischenergebnis 94
6. Ergebnis 95
IV. Die Verwendung von Allgemeinen Geschäftsbedingungen in einem Arbeitsvertrag gegenüber einem sprachunkundigen Arbeitnehmer 95
1. Voraussetzungen für das Vorliegen von Allgemeinen Geschäftsbedingungen i.S.d. § 305 Abs. 1 BGB 95
2. Einbeziehung von deutschsprachigen Allgemeinen Geschäftsbedingungen gegenüber einem sprachunkundigen Arbeitnehmer 96
a. Erhöhte Anforderungen für die Einbeziehung von Allgemeinen Geschäftsbedingungen in einen Arbeitsvertrag trotz Unanwendbarkeit des § 305 Abs. 2 und Abs. 3 BGB auf Arbeitsverträge gemäß § 310 Abs. 4 Satz 2 Halbsatz 2 BGB 96
b. Allgemeine Geschäftsbedingungen als überraschende Klauseln i.S.d. § 305c Abs. 1 BGB 98
c. Zwischenergebnis 99
3. Auslegung von Allgemeinen Geschäftsbedingungen gegenüber einem sprachunkundigen Arbeitnehmer – Vorliegen von Zweifeln i.S.d. § 305c Abs. 2 BGB 100
4. Eröffnung Inhaltskontrolle bei der Verwendung von Allgemeinen Geschäftsbedingungen gegenüber einem sprachunkundigen Arbeitnehmer 101
5. Ergebnis 102
V. Die Sprache des Nachweises i.S.d. § 2 Abs. 1 NachwG bei Abschluss eines mündlichen Arbeitsvertrages gegenüber einem sprachunkundigen Arbeitnehmer 103
1. Allgemeines 103
2. Keine Festlegung der Sprache des Nachweises in § 2 Abs. 1 NachwG 103

3. Die Auslegung des § 2 Abs. 1 NachwG zur Bestimmung der Sprache des Nachweises 103
a. Sprachlich-grammatikalische Auslegung 104
b. Historische Auslegung 104
c. Teleologische Auslegung 105
d. Systematische Auslegung 106
e. Zwischenergebnis 107
4. Ergebnis 108
VI. Die Sprache eines Tarifvertrages und einer Betriebsvereinbarung und die Kommunikation beim Abschluss eines Tarifvertrages oder einer Betriebsvereinbarung 108
1. Keine gesetzliche Festlegung der Sprache eines Tarifvertrages oder einer Betriebsvereinbarung 109
2. Die Pflicht zur Übersetzung eines Tarifvertrages oder einer Betriebsvereinbarung durch den Arbeitgeber gegenüber einem sprachunkundigen Arbeitnehmer 109
a. Pflicht zur Übersetzung eines Tarifvertrages durch den Arbeitgeber gemäß § 8 TVG 110
b. Übersetzungspflicht des Arbeitgebers gemäß NachwG 111
c. Übersetzungspflicht des Arbeitgebers aufgrund seiner Rücksichtnahmepflicht 111
d. Übersetzungspflicht des Arbeitgebers aufgrund des Gebots der Rechtsquellenklarheit 113
3. Ergebnis 114
VII. Zusammenfassung 115
C. Die Sprache und die Kommunikation bei der Durchführung eines Arbeitsverhältnisses 117
I. Einleitung 117
II. Möglichkeiten zur Bestimmung einer Sprache 117
1. Arbeitsvertragliche Vereinbarung einer Sprache 117
2. Vertragsauslegung zur Bestimmung einer Sprache bei fehlender arbeitsvertraglicher Vereinbarung 118
3. Die Bestimmung einer Sprache kraft Direktionsrecht des Arbeitgebers 119

a. Grenzen des Direktionsrechts des Arbeitgebers bei der Festlegung einer Sprache ... 119
b. Schranken der Arbeitnehmerrechte bei der Festlegung einer Sprache durch den Arbeitgeber ... 121
aa. Schranke des Art. 45 Abs. 2 AEUV ... 121
bb. Schranke des Art. 3 Abs. 3 GG ... 122
cc. Schranke des § 3 Abs. 2 AGG ... 122
dd. Zwischenergebnis ... 122
c. Rechtfertigung eines Eingriffes in die Arbeitnehmerrechte bei Festlegung der deutschen Sprache als Sprache durch den Arbeitgeber ... 122
d. Zwischenergebnis ... 123
4. Die Bestimmung einer Sprache kraft betrieblicher Übung ... 124
a. Dogmatische Herleitung einer betrieblichen Übung ... 124
aa. Vertragstheorie ... 124
bb. Vertrauenstheorie ... 125
b. Voraussetzungen für die Bestimmung einer Sprache kraft betrieblicher Übung ... 125
aa. Eröffnung des Anwendungsbereichs einer betrieblichen Übung zur Bestimmung einer Sprache ... 125
(1) Nach der Vertragstheorie ... 126
(2) Nach der Vertrauenstheorie ... 126
(3) Ergebnis ... 126
bb. Voraussetzungen für die Festlegung einer Sprache kraft betrieblicher Übung ... 126
(1) Nach der Vertragstheorie ... 127
(2) Nach der Vertrauenstheorie ... 127
(3) Zeitraum für das Entstehen einer betrieblichen Übung zur Festlegung einer Sprache ... 128
(4) Zwischenergebnis ... 128
c. Grenzen bei der Festlegung einer Sprache kraft betrieblicher Übung ... 128
d. Einschränkungen des Direktionsrechts des Arbeitgebers durch eine betriebliche Übung ... 129

5. Ergebnis 130

III. Die Sprache und die Kommunikation bei der Unterrichtung des Arbeitgebers über einen Betriebsübergang i.S.d. § 613a Abs. 5 BGB gegenüber seinen sprachunkundigen Arbeitnehmern 131

1. Keine Festlegung der Sprache der Unterrichtung über einen Betriebsübergang in § 613a Abs. 5 BGB 131

2. Auslegung des § 613a Abs. 5 BGB zur Bestimmung der Sprache der Unterrichtung über einen Betriebsübergang 132

a. Sprachlich-grammatikalische Auslegung 132

b. Systematische Auslegung 133

c. Historische Auslegung 134

d. Teleologische Auslegung 134

e. Zwischenergebnis 136

3. Die Pflicht zur Übersetzung der Unterrichtung über einen Betriebsübergang i.S.d. § 613a Abs. 5 BGB durch den Arbeitgeber aufgrund seiner Rücksichtnahmepflicht gegenüber seinen sprachunkundigen Arbeitnehmern 136

4. Ergebnis 137

IV. Zusammenfassung 137

D. Die Sprache und die Kommunikation vor, bei und nach Beendigung eines Arbeitsverhältnisses 138

I. Einleitung 138

1. Die Sprache einer Abmahnung und die Kommunikation beim Ausspruch einer Abmahnung gegenüber einem sprachunkundigen Arbeitnehmer/Abmahnung wegen fehlenden oder mangelnden Sprachkenntnissen 139

a. Allgemeines 139

b. Keine gesetzliche Festlegung der Sprache einer Abmahnung 140

c. Der Zugang einer Abmahnung gegenüber einem sprachunkundigen Arbeitnehmer, insbesondere seine Verständnismöglichkeiten 140

d. Abmahnung wegen fehlenden oder mangelnden Sprachkenntnissen 141

e. Ergebnis 142

2. Die Sprache einer Kündigungserklärung und die Kommunikation bei Ausspruch einer Kündigung gegenüber einem sprachunkundigen Arbeitnehmer 142
a. Keine Festlegung der Sprache einer Kündigungserklärung in § 623 BGB 143
b. Die Kommunikation bei Ausspruch einer Kündigung 143
aa. Problemstellung 143
bb. Kenntniserlangung des ausländischen Arbeitnehmers über den Inhalt der Kündigungserklärung als weitere Zugangsvoraussetzung i.S.d. § 130 Abs. 1 BGB 144
c. Ergebnis 145
3. Die Sprache einer Aufhebungsvereinbarung und die Kommunikation beim Abschluss einer Aufhebungsvereinbarung mit einem sprachunkundigen Arbeitnehmer 146
a. Keine Festlegung der Sprache einer Aufhebungsvereinbarung in § 623 BGB 146
b. Die Übersetzungspflicht des Arbeitgebers beim Abschluss einer Aufhebungsvereinbarung 146
c. Ergebnis 148
4. Die Sprache eines Abwicklungsvertrages und die Kommunikation beim Abschluss eines Abwicklungsvertrages mit einem sprachunkundigen Arbeitnehmer 148
a. Allgemeines 148
b. Keine gesetzliche Festlegung der Sprache eines Abwicklungsvertrages 148
c. Die Übersetzungspflicht des Arbeitgebers beim Abschluss eines Abwicklungsvertrages 149
5. Die Sprache einer Ausgleichsquittung und die Kommunikation beim Abschluss einer Ausgleichsquittung mit einem sprachunkundigen Arbeitnehmer 149
a. Allgemeines 149
b. Rechtsnatur einer Ausgleichsquittung 150

c. Formerfordernisse beim Abschluss einer Ausgleichsquittung ... 150
d. Keine gesetzliche Festlegung der Sprache einer Ausgleichsquittung ... 150
e. Die Übersetzungspflicht des Arbeitgebers beim Abschluss einer Ausgleichsquittung ... 150
f. Ergebnis ... 151
6. Zwischenergebnis ... 152
7. Die Sprache eines Arbeitszeugnisses i.S.d. § 109 Abs. 1 GewO 152
a. Zeugnisarten ... 153
b. Keine gesetzliche Festlegung der Sprache eines Arbeitszeugnisses in § 109 GewO ... 153
c. Die Pflicht des Arbeitgebers zur Übersetzung eines Arbeitszeugnisses gegenüber einem sprachunkundigen Arbeitnehmer aufgrund seiner Rücksichtnahmepflicht ... 154
d. Ergebnis ... 155
II. Zusammenfassung ... 155
E. Zusammenfassung zu den gefundenen Ergebnissen des 1. Teils ... 156

2. Teil: Sprachrechtliche Besonderheiten im Kollektivarbeitsrecht ... 159

A. Einleitung ... 159
B. Die Sprache im Kollektivarbeitsrecht ... 159
I. Die Betriebssprache ... 159
1. Keine gesetzliche Festlegung der Betriebssprache ... 159
2. Rechtliche Möglichkeiten zur Festlegung der Betriebssprache 160
a. Allgemeines ... 160
b. Festlegung einer Betriebssprache kraft Direktionsrecht des Arbeitgebers ... 160
c. Festlegung einer Betriebssprache kraft einer betrieblichen Übung ... 161

aa. Voraussetzungen für die Festlegung einer Betriebssprache kraft betrieblicher Übung 161
(1) Nach der Vertragstheorie 161
(2) Nach der Vertrauenstheorie 162
(3) Zwischenergebnis 162
(4) Zeitraum für das Entstehen einer betrieblichen Übung zur Festlegung einer Betriebssprache 163
bb. Einschränkungen des Direktionsrechts des Arbeitgebers durch eine betriebliche Übung 163
e. Ergebnis 164
3. Mitbestimmungsrechte des Betriebsrats bei der Festlegung einer Betriebssprache durch den Arbeitgeber 165
a. Mitbestimmungsrecht gem. § 87 Abs. 1 Nr. 1 BetrVG 165
b. Mitbestimmungsrecht gem. § 97 Abs. 2 BetrVG 167
c. Mitbestimmungsrecht gem. § 111 S. 3 Nr. 4 BetrVG 167
d. Zwischenergebnis 168
4. Rechtliche Grenzen bei der Festlegung einer Betriebssprache . 169
5. Zu berücksichtigende Rechte der Arbeitnehmer bei der Festlegung einer Betriebssprache 170
6. Schranken der Arbeitnehmerrechte bei Festlegung einer Betriebssprache 171
a. Schranke des Art. 45 Abs. 2 AEUV 171
b. Schranke des Art. 3 Abs. 2 GG 171
c. Schranke des § 3 Abs. 2 AGG 172
d. Zwischenergebnis 172
7. Rechtfertigung eines Eingriffes in die Arbeitnehmerrechte bei der Festlegung einer Betriebssprache 172
8. Rechtsfolgen bei wirksamer Festlegung einer Betriebssprache 173
a. Das Recht des Arbeitgebers zur Verwendung der festgelegten Betriebssprache gegenüber seinen Arbeitnehmern und dem Betriebsrat 173

b. Die Pflicht des Arbeitnehmers zur Verwendung der festgelegten Betriebssprache gegenüber Arbeitnehmern, Arbeitgeber und Betriebsrat 174

c. Die Pflicht des Betriebsrates zur Verwendung der festgelegten Betriebssprache innerhalb des Betriebsrats, gegenüber seinen Arbeitnehmern und dem Arbeitgeber 174

9. Zusammenfassung der Ergebnisse 174

II. Problemstellung bei fehlender oder nicht zulässiger Festlegung einer Betriebssprache 175

1. Bei der Kommunikation zwischen Arbeitgeber und Arbeitnehmer 176

2. Bei der Kommunikation zwischen Arbeitgeber und Betriebsrat 177

3. Bei der Kommunikation zwischen Arbeitnehmer und Betriebsrat 178

4. Bei der Kommunikation innerhalb des Betriebsrates 178

III. Die Kostentragungspflicht des Arbeitgebers zur Ermöglichung der Kommunikation im Betrieb bei fehlender oder nicht zulässiger Festlegung einer Betriebssprache 179

1. Bei der Kommunikation zwischen Arbeitgeber und Arbeitnehmer 179

a. Keine gesetzliche Regelung zur Ermöglichung der betriebsinternen Kommunikation zwischen Arbeitgeber und Arbeitnehmer auf Kosten des Arbeitgebers 179

b. Die Kostentragungspflicht des Arbeitgebers zur Ermöglichung der Kommunikation im Betrieb bei fehlender oder nicht zulässiger Festlegung einer Betriebssprache aufgrund der Rücksichtnahmepflicht des Arbeitgebers 180

2. Bei der Kommunikation zwischen Arbeitgeber und Betriebsrat 182

3. Bei der Kommunikation zwischen Arbeitnehmer und Betriebsrat 184

4. Bei der Kommunikation innerhalb des Betriebsrats 185

b. Kostentragungspflicht des Arbeitgebers für Deutschkurse des Betriebsrates gem. § 37 Abs. 6 Satz 1 BetrVG 186
c. Kostentragungspflicht des Arbeitgebers für Deutschkurse eines Betriebsratsmitglieds gem. § 37 Abs. 7 BetrVG 188
d. Zwischenergebnis 188
C. Zusammenfassung zu den gefundenen Ergebnissen des 2. Teils 188

3. Teil: Schlussbetrachtung 191

Literaturverzeichnis

Adam, Karl: Praxisprobleme des Zeugnisrechts, in: MDR 2005, S. 553.

Aden, Menno: Zwischenruf: Die Sprache in Deutschland ist klares Deutsch, in: ZRP 2011, S. 120.

Aigner, Martin: Grenzenlose EG – Sprachbarrieren als Kostenfaktor für den Arbeitgeber, in: BB 1992, S. 2357–2360.

Althof, Rudolf: Probleme der Ausgleichsquittung, in: AuR 1968, S. 289–295.

Annuß, Georg: Das Allgemeine Gleichbehandlungsgesetz im Arbeitsrecht, in: BB 2006, S. 1629–1639.

Baecker, Dirk: Kommunikation: Grundwissen Philosophie, 2. Auflage, Stuttgart 2012.

Bamberger, Heinz Georg/ Roth, Herbert (Hrsg.): Beck'scher Online-Kommentar, BGB, Edition 56, München 2020.

Basedau, Dierk: Probleme der Ausgleichsquittung, in: BB 1969, S. 1316–1318.

Bauer, Jobst-Hubertus: Neue Spielregeln für Aufhebungs- und Abwicklungsverträge durch das geänderte BGB?, in: NZA 2002, 169.

Bauer, Jobst-Hubertus: Versetzung-Verbindlichkeit einer unbilligen Weisung, in: ArbR 2017, S. 487.

Bauer, Jobst-Hubertus/ Günther, Jens/ Krieger, Steffen: Allgemeines Gleichbehandlungsgesetz und Entgelttransparenzgesetz: Kommentar, 5. Auflage, München 2018.

Bayreuther, Frank: Drittbezogene und hypothetische Diskriminierung, in: NZA 2008, S. 986–990.

Becker, Friedrich/Braasch, Dieter: Recht der ausländischen Arbeitnehmer: eine systematische Darstellung, 3. Auflage, Neuwied 1986.

Becker-Schaffner, Reinhard: Zugang der Kündigung, in: BB 1998, S. 422–427.

Bengelsdorf, Peter: Aufhebungsvertrag und Abfindungsvereinbarungen, 5. Auflage, München 2011.

Biester, Frauke: Auswirkungen des Allgemeinen Gleichbehandlungsgesetzes auf die betriebliche Praxis, in: jurisPR-ArbR, Sonderausgabe zum AGG 2006, S. 4–15.

Birk, Rolf: Das Nachweisgesetz zur Umsetzung der Richtlinie 91/533/EWG in das deutsche Recht, in: NZA 1996, S. 281–290.

Boemke, Burkhard: Privatautonomie im Arbeitsvertragsrecht, in: NZA 1993, S. 532.

Boemke, Burkhard/ Schönfelder, Johanna: Arbeitsvertragsschluss mit sprachunkundigen Arbeitnehmern, in: NZA 2015, S. 1222–1228.

Brill, Werner: Kosten und Sachaufwand des Betriebsrats gemäß § 40 BetrVG, in: DB 1977, S. 2139–2144.

Brox, Hans/ Walker, Wolf-Dietrich: Allgemeiner Teil des BGB, 44. Auflage, München 2020.

Buchner, Herbert: Freiheit und Bindung des Arbeitgebers bei Einstellungsentscheidungen in NZA 1991, S. 577.

Calliess, Christian/ Ruffert, Matthias (Hrsg.): Das Verfassungsrecht der Europäischen Union mit Europäischer Grundrechtecharta: Kommentar, 5. Auflage, München 2016.

Calliess, Gralf-Peter: Prozedurales Zivilrecht: Vertragsrecht als Verfassung der Konsumgesellschaft – Bürgerrechte als Verfassung des Vertragsrechts, Frankfurt am Main, 2005.

Campos, Ricardo Resende: Prozeduralisierung als Wissens-Fertigung im Recht, in: Kritische Justiz 2019, S. 402.

Canaris, Claus-Wilhelm: Die Vertrauenshaftung im deutschen Privatrecht, München 1971.

Däubler, Wolfgang (Hrsg.): Das Arbeitsrecht 2, Rowohlt, 1979.

Däubler, Wolfgang (Hrsg.): Tarifvertragsgesetz: mit Arbeitnehmer-Entsendegesetz, 4. Auflage, Baden-Baden 2016.

Däubler, Wolfgang (Hrsg.): Betriebsverfassungsgesetz: BetrVG; Kommentar für die Praxis mit Wahlordnung und EBR-Gesetz, 17. Auflage, Frankfurt am Main 2020.

Däubler, Wolfgang: BGB kompakt: allgemeiner Teil, Schuldrecht, Sachenrecht, 3. Auflage, München 2008.

Däubler, Wolfgang: Was bedeutet „Diskriminierung" nach neuem Recht?, in: ZfA 2006, S. 479–491.

Däubler, Wolfgang: Der Zugang von Kündigungserklärungen,

in: AiB 2000, S. 81–88.

Däubler, Wolfgang/Bertzbach, Martin: Handkommentar zum AGG, 4. Auflage Baden-Baden 2018.

Däubler, Wolfgang/ Hjort, Jens Peter Schubert, Michael/ Wolmerath, Martin (Hrsg.): Handkommentar zum Arbeitsrecht, Individualarbeitsrecht mit kollektivrechtlichen Bezügen, 4. Auflage, Baden-Baden 2017.

Däubler, Wolfgang/Kittner, Michael/Klebe, Thomas/Wedde, Peter (Hrsg.): Kommentar zum BetrVG, 13. Auflage, Frankfurt am Main 2012.

Dauner-Lieb, Barbara/ Langen, Werner: Bürgerliches Gesetzbuch: Schuldrecht: Band 2, 4. Auflage, Baden-Baden 2021.

Dieterich, Thomas (Begr.)/ Müller-Glöge, Rudi (Hrsg.)/ Preis, Ulrich (Hrsg.)/ Schmidt, Ingrid (Hrsg.): Erfurter Kommentar zum Arbeitsrecht, 21. Auflage, München 2021.

Diller, Martin / Powietzka, Arnim: Englisch im Betrieb und Betriebsverfassung, in: DB 2000, S. 718–722.

Dreier, Ralf: Rechtssystem und praktische Vernunft, Stuttgart 1993.

Elicker, Michael: Entwurf einer proportionalen Netto-Einkommensteuer, in: ZRP 2002, S. 415.

Epping, Volker / Hillgruber, Christian (Hrsg.): Beck'scher Online-Kommentar GG, Edition 45, München 2020.

Engisch, Karl: Einführung in das juristische Denken, 12. Auflage, Stuttgart 2018.

Feldgen, Dagmar: Nachweisgesetz Erläuterte Textausgabe mit Einführung sowie ergänzenden Rechtsvorschriften, München 1995.

Flume, Werner: Allgemeiner Teil des Bürgerlichen Gesetzbuch, 4. Auflage, München 2019.

Fitting, Karl (Begr.)/Auffarth, Fritz/Engels, Gerd: Betriebsverfassungsgesetz

Handkommentar mit Wahlordnung, 30. Auflage, München 2020.

Freckmann, Anke: Green Card ist nicht alles: Beschäftigung von Ausländern in Deutschland, in: BB 2000, S. 1402–1407.

Führ, Martin: Rationale Gesetzgebung: Systematisierung verfassungsrechtlicher Anforderungen, Darmstadt 1998.

Galperin, Hans/ Löwisch, Manfred: Kommentar zum Betriebsverfassungsgesetz, 7. Auflage, Frankfurt am Main 2017.

Gaul, Björn/Otto, Björn: Unterrichtungsanspruch und Widerrufsrecht bei Betriebsübergang und Umwandlung, in DB 2002, S. 634–640.

Gessner, Volkmar: Rechtsformen der Verflechtung von Staat und Wirtschaft, Opladen 1982.

Grabitz, Eberhard/ Hilf, Meinhard/ Nettesheim, Martin (Hrsg.): Das Recht der Europäischen Union, Band I: EUV/AEUV, 71. Auflage, München 2020.

Greßlin, Martin: Nichtberücksichtigung bei Einstellungen wegen unzureichender Deutschkenntnisse bei Diskriminierung nach dem AGG, in: BB 2008, S. 115–116.

Grimm, Ingolf Jürgen: Verfahrensfehler als Grundrechtsverstöße, in: NVwZ 1985, S. 865.

Grimm, Ingolf Jürgen: Das qualifizierte Arbeitszeugnis, in: AR-Blattei 2014, SD 1850.

Grobys, Marcel/ Panzer-Heemeier, Andrea (Hrsg.): StichwortKommentar Arbeitsrecht, 3. Auflage, Baden-Baden 2017.

Grobys, Marcel: Unterrichtung und Widerspruch bei Betriebsübergang in: NJW Spezial 2007, S. 321–322.

Grobys, Marcel: Die Neuregelung des Betriebsübergangs in § 613a BGB, in: BB 2002, S. 726–731.

Gruber, Joachim: Zwei problematische Punkte des AGG: Die Anforderung eines Passfotos und die Suche nach dem „muttersprachlichen Mitarbeiter (m/w)", in: NZA 2009, S. 1247–1249.

Günther, Jens: Sprachkenntnisse im Arbeitsverhältnis, in: ArbR-Aktuell 2010, S. 285–313.

Günther, Jens: Die Unterrichtung fremdsprachiger Arbeitnehmer über einen Betriebsübergang, in: ArbR-Aktuell 2011, S. 164–165.

Gutmann, Rolf: Ausländische Arbeitnehmer: Besondere Regelungen im Arbeits- und Sozialrecht, Frankfurt am Main 2005.

Habermas, Jürgen: Faktizität und Geltung, Berlin und Boston 2016.

Habersack, Mathias (Hrsg.): Festschrift für Peter Ulmer zum 70. Geburtstag am 2. Januar 2003, Berlin 2003.

Hähnchen, Susanne: Das Gesetz zur Anpassung der Formvorschriften des Privatrechts und anderer Vorschriften an den modernen Rechtsgeschäftsverkehr, in: NJW 2001, S. 2831–2834.

Hailbronner, Kay/ Klein, Eckart/ Magiera, Siegfried/ Müller-Graff, Peter-Christian (Hrsg.): Handkommentar zum Vertrag über die Europäische Union, Köln, Berlin, Bonn, München 1998.

Hanau, Peter: Objektive Elemente im Tatbestand der Willenserklärung, in: juris, 1965 AcP 165, S. 220–260.

Hassemer, Winfried (Hrsg.)/ Neumann, Ulfrid/ Saliger, Frank: Einführung in die Rechtsphilosophie und Rechtstheorie der Gegenwart, 9. Auflage, Heidelberg 2016.

Hauck, Friedrich: Information über einen Betriebsübergang nach § 613 a V BGB und Widerspruch nach § 613 a VI BGB, in: NZA 2009, Beilage 1 S. 18–23.

Henckel, Wolfram: Vom Gerechtigkeitswert verfahrensrechtlicher Normen: Rektoratsrede, Göttingen 1966.

Herbert, Manfred/Oberrath, Jörg-Dieter: Die Bedeutung der deutschen Sprache im Arbeitsleben, in: DB 2010, S. 391–395.

Herbert, Manfred/Oberrath, Jörg-Dieter: Möglichkeiten und Grenzen der Einführung einer Betriebssprache, in: MDR 2011, S. 821–831.

Herbert, Manfred/Oberrath, Jörg-Dieter: Betriebsrat und Sprache, in: NZA 2012, S. 1260.

Herbert, Manfred/Oberrath, Jörg-Dieter: Hinreichende Deutschkenntnisse des Arbeitnehmers im Spiegel der Rechtsprechung, in: NJ 2011, S. 8–14.

Herbert, Manfred/Oberrath, Jörg-Dieter: Beherrschung und Verwendung der deutschen Sprache bei der Begründung des Arbeitsverhältnisses, in: DB 2009, S. 2434–2438.

Herbert, Manfred/Oberrath, Jörg-Dieter: Sprache und Arbeitsrecht, in: Recht im Dialog, Gedächtnisschrift für Rainer Wörlen, hg. v. Kokemoor Axel/Kroeschell, Karl/Slapnicar, Klaus/Wedde, Rainer, Baden-Baden 2013, S. 477–491.

Herbst, Jens: Anmerkung zu Arbeitsgericht Stuttgart, Urteil vom 27.02.1986 – 17 Ca 317/85, in: AiB 1986, S. 168–177.

Herschel, Wilhelm/Steinmann, Georg/Löwisch, Manfred: Kommentar zum Kündigungsschutzgesetz, 11. Auflage, Frankfurt am Main 2018.

Hinrichs, Lars/Stütze, Sebastian: Die Sprache im Arbeitsverhältnis nach fünf Jahren AGG: Eine Bestandsaufnahme, in: NZA-RR 2011, S. 113–120.

Hohenhaus, Ulf R.: Die Bekanntmachung von Tarifverträgen im Betrieb nach § 8 TVG, in: NZA 2001, S. 1107–1109.

Holler, Daniel E.: Das „Gebot fairen Verhandelns" bei der Loslösung von Aufhebungsverträgen, in: NJW 2019, S. 2206.

Höland, Armin: Das neue Nachweisgesetz, in: AuR 1996, S. 87.

Hömig, Dieter/ Wolff, Heinrich Amadeus (Hrsg.): Grundgesetz für die Bundesrepublik Deutschland: Handkommentar, 12. Auflage, Baden-Baden 2018.

Hromadka, Wolfgang: Zur betrieblichen Übung, in: NZA 1984, 241.

Hromadka, Wolfgang: Unbillige Weisung unverbindlich!?, in: NJW 2018, S. 7.

Hunold, Wolf: Die Rechtsprechung zum Direktionsrecht des Arbeitgebers, in: NZA-RR 2001, 337.

Hunold, Wolf: Die wichtigsten arbeitsrechtlichen Rahmenbedingungen bei Einführungen von Lean Production, in: NZA 1993, S. 723–728.

Henssler, Martin/ Willemsen, Heinz-Josef/Kalb, Heinz-Jürgen (Hrsg.): Arbeitsrecht Kommentar, 9. Auflage, Köln 2020.

Hunold, Wolf: Die Kosten der Betriebsratsarbeit, in: NZA-RR 1999, S. 113–116.

Hümmerich, Klaus: Abschied vom arbeitsrechtlichen Aufhebungsvertrag, in: NZA 1994, S. 200.

Hümmerich, Klaus: Neues zum Abwicklungsvertrag, in: NZA 2001, S. 1280–1281.

Hümmerich, Klaus/ Boecken, Winfried/ Düwell, Josef (Hrsg.): Kommentar zum gesamten Arbeitsrecht, 2. Auflage, München 2010.

Janal, Ruth: Die Errichtung und der Zugang einer Erklärung in Textform gem. § 126b BGB, in: MDR 2006, S. 368–373.

Jancke, Ulrich:

Jauernig, Othmar (Hrsg.): Bürgerliches Gesetzbuch mit Allgemeinem Gleichbehandlungsgesetz, 18. Auflage, München 2021.

Jochum, Heike: Sprachloyalität als Verfassungspflicht?, in: ZRP 2003, S. 27.

John, Uwe: Grundsätzliches zum Wirksamwerden empfangsbedürftiger Willenserklärungen, in: juris, 1984, AcP 184, S. 385–412.

Kirchhof, Paul/ Isensee, Josef (Hrsg.): Handbuch des Staatsrechts der Bundesrepublik Deutschland, Band 2, Verfassungsstaat, 3. Auflage, Heidelberg, München, Landsberg, Frechen, Hamburg 2004.

Krüger, Wolfgang/Rauscher, Thomas (Hrsg.): Münchener Kommentar zur Zivilprozessordnung, Band 3: §§ 946–1120, EGZPO, GVG, EGGVG, UKlaG, IZPR, EuZPR, 6. Aufl., München 2021.

Kling, Michael: Sprachrisiken im Privatrechtsverkehr: Die wertende Verteilung sprachenbedingter Verständnisrisiken im Vertragsrecht, Tübingen 2009.

Köhlert, Sophie: Die neue Rechtsprechung des BAG zur Anforderung „sehr guter" Deutschkenntnisse in Stellenanzeigen, in: NZA 2018, S. 1172.

Kursawe, Stefan: Der Anspruch auf ein englischsprachiges Arbeitszeugnis, in: ArbRAktuell 2010, S. 643.

Ladas, Dimitrios: Die Wirksamkeit der Willenserklärungen gegenüber Sprachunkundigen, Berlin 1993.

Ladeur, Karl-Heinz: Die objektiv-rechtliche Dimension der wirtschaftlichen Grundrechte, in: DÖV 2007, S. 2.

Landmann, Robert von (Hrsg.)/ Rohmer, Gustav (Hrsg.): Gewerbeordnung, 84. Auflage, München 2020.

Langner, Sören: Betriebsübergang: Form und Sprache der Unterrichtung gem. 613a Abs. 5 BGB, in: DB 2008, S. 2082–2084.

Latzel, Clemens: Sprachanforderungen an Arbeitnehmer und Leistungsstörung; in: RdA 2013, S. 73.

Leder, Tobias: Anmerkung zum Urteil des BAG vom 28.01.2010, Az.: 2 AZR 764/08 (Keine mittelbare Diskriminierung bei Verlangen der Kenntnis der deutschen Sprache), in: BB 2010, S. 1733–1734.

Liedtke, Werner: Der Anspruch auf ein qualifiziertes Arbeitszeugnis, in: NZA 1988, S. 270–272.

Lindner, Franz: Die Ausweitung des Diskriminierungsschutzes durch den EuGH, in: NJW 2008, S. 2750–2752.

Lingemann, Stefan: Anmerkungen zu BAG Urteil vom 06.11.2008 – 2 AZR 523/07, in: FD-ArbR 2009, S. 278–338.

Looschelders, Dirk/ Roth, Wolfgang: Juristische Methodik im Prozess der Rechtsanwendung: Zugleich ein Beitrag zu den verfassungsrechtlichen Grundlagen von Gesetzesauslegung und Rechtsfortbildung, Berlin 1996.

Looschelders, Dirk (Hrsg.): Beck-Online Großkommentar zum AGG, München 2021.

Loppe, Tim: Bedeutungswissen und Wortgebrauch: Entwurf einer Semantik im Anschluss an Wittgenstein und Putnam, Tübingen 2010.

Lörcher, Klaus: Elektronische Überwachung am Arbeitsplatz und Europäische Menschenrechtskonvention, in: AuR 2020, S. 83.

Löw, Stefan: Aktuelle Rechtsfragen zum Arbeitszeugnis, in: NJW 2005, S. 3605.

Löwisch, Manfred, Rieble, Volker: Tarifvertragsgesetz, 4. Auflage, München 2017.

Luhmann, Niklas: Die Wissenschaft der Gesellschaft, Darmstadt 2002.

Maier, Arne: Deutschkenntnisse als Einstellungskriterium – AGG, in: AuR 2008, S. 112–113.

Mäder, Werner: Sprache und Recht: Minderheitenschutzrecht in Deutschland, in: JUS Jahr 2000, S. 1150.

Medicus, Dieter: Schuldrecht Allgemeiner Teil, 21. Auflage, München 2015.

Meik, Frank: Herausforderung Digitale Transformation und Arbeit 4.0, in: NZA-Beilage 2017, 43.

Meinel, Gernod/ Heyn, Judith/Herms, Sascha: Allgemeines Gleichbehandlungsgesetz: arbeitsrechtlicher Kommentar, 2. Auflage, München 2010.

Moderegger, Christian: Zeugnisse-Sein oder Schein?, in: ArbRB 2006, S. 240.

Moll, Wilhelm/ Altenburg, Stephan: Münchener Anwaltshandbuch Arbeitsrecht, 5. Auflage, München 2021.

Moll, Wilhelm/Reichel, Michael E.: „Green Card“ – Verfahren, Voraussetzungen und arbeitsrechtliche Fragen, in: RdA 2001, S. 308–319.

Monjau, Herbert: Das Zeugnis im Arbeitsrecht, in: DB 1966, S. 300–301.

Morlok, Michael: Grundrechte, 7. Auflage, Baden-Baden 2020.

Mückl, Patrick/Butz, Andreas: Fremdsprache als arbeitsrechtliches Risiko, in: ArbRAktuell 2013, S. 34.

Musielak, Hans-Joachim: Grundkurs im BGB, 16. Auflage, München 2019.

Nettesheim, Martin: Normenhierarchien im EU-Recht, in: EuR 2006, S. 737.

Nipperdey, Hans Carl: Gleicher Lohn der Frau für gleiche Leistung, in: RdA 1950, S. 121.

Oda, Hinrichs/ Zwanziger, Bertram/ Maier, Götz A./ Mehlich, Tobias: Allgemeines Gleichbehandlungsgesetz – Ende des arbeitsrechtlichen Gleichbehandlungsgrundsatzes?, in: DB 2007, S. 574.

Ohlendorf, Bernd/ Schreier, Michael: AGG-konformes Einstellungsverfahren – Handlungsanleitung und Praxistipps, in: BB 2008, S. 2458–2465.

Palandt, Otto (Hrsg.): Bürgerliches Gesetzbuch, Kommentar, 80. Auflage, München 2021.

Pieth, Mark (Hrsg.)/ Seelmann,

Kurt: Prozessuales Denken als Innovationsanreiz für das materielle Strafrecht, Basel 2006.

Preis, Ulrich/ Gotthard, Michael: Schriftformerfordernis für Kündigungen, Aufhebungsverträge und Befristungen nach § 623 BGB, in: NZA 2000, 348.

Preis, Bernd: Abschied von der Ausgleichsquittung?, in: AuR 1979, S. 97–109.

Preis, Ulrich/ Bleser, Alina / Rauf, Birte: Die Inhaltskontrolle von Ausgleichsquittungen und Verzichtserklärungen, in: DB 2006, S. 2812.

Preis, Ulrich/ Kerstin Rupprecht: Die Verbindlichkeit einer unbilligen Weisung – Auch Richter können irren!, in: NZA 2017, S. 1353.

Rauscher, Thomas (Hrsg.)/ Wax, Peter (Hrsg.)/ Wenzel, Joachim (Hrsg.): Münchener Kommentar zur Zivilprozessordnung mit Gerichtsverfahrensgesetz und Nebengesetzen, 6. Auflage, München 2020.

Rawls, John: John Rawls Theorie der Gerechtigkeit. Ist sie wirklich gerecht?, München 2018.

Richardi, Reinhard: Die Betriebsvereinbarung als Rechtsquelle des Arbeitsverhältnisses, in: ZfA 1992, S. 307.

Richardi, Reinhard: Formzwang im Arbeitsverhältnis, in: NZA 2001, S. 57–61.

Richardi, Reinhard: Gestaltung der Arbeitsverträge durch Allgemeine Geschäftsbedingungen nach dem Schuldrechtsmodernisierungsgesetz, in: NZA 2002, S. 1057–1064.

Richardi, Reinhard: Münchner Handbuch zum Arbeitsrecht, 3. Auflage, München 2009.

Richardi, Reinhard (Hrsg.)/Thüsing, Gregor/Annuß, Georg, Dietz, Rolf (Begr.): Betriebsverfassungsgesetz mit Wahlordnung, Kommentar, 16. Auflage, München 2018.

Rieble, Volker: Sprache und Sprachrisiko im Arbeitsrecht, Festschrift für Manfred Löwisch zum 70. Geburtstag, München 2007, S. 229–247.

Riesenhuber, Karl: Die Sprache des arbeitsrechtlichen Nachweises, in: NZA 1999, S. 798–800.

Röger, Hendrik: Gesetzliche Schriftform und Textform bei arbeitsrechtlichen Erklärungen, in: NJW 2004, S. 1764–1767.

Röhl, Klaus F./ Röhl, Hans Christian: Allgemeine Rechtslehre: ein Lehrbuch, 3. Auflage, Köln, München 2008.

Rolfs, Christian (Hrsg.)/ Giesen, Richard (Hrsg.)/ Kreikebohm, Ralf (Hrsg.)/ Udsching, Peter (Hrsg.): Beck'scher Online-Kommentar, Arbeitsrecht, Edition 58, München 2020.

Roloff, Sebastian: Vertragsänderungen und Schriftformklauseln, in NZA 2004, S. 1191.

Sachs, Michael: Verfassungsrecht II – Grundrechte, 3. Auflage, Berlin, Heidelberg 2017.

Sandforth, Christoph: Prozeduraler Steuerungsmodus und moderne Staatlichkeit, Baden-Baden 2002.

Schäfer, Carsten: Vertragsschluss unter Einbeziehung von Allgemeinen Geschäftsbedingungen gegenüber Fremdmuttersprachlern, in: JZ 2003, S. 879–883.

Schaub, Günter: Die arbeitsrechtliche Abmahnung, in: NJW 1990, S. 872.

Schaub, Günter: Gesetz zur Vereinfachung und Beschleunigung des arbeitsgerichtlichen Verfahrens, in: NZA 2000, S. 344–347.

Schaub, Günter (Begr.)/ Koch, Ulrich: Arbeitsrechts-Handbuch, 18. Auflage, München 2019.

Schiek, Dagmar: Diskriminierung wegen „Rasse“ oder „ethnischer Herkunft“ – Probleme der Umsetzung der RL 2000/43/EG im Arbeitsrecht, in: AuR 2003, S. 44–51.

Schiek, Dagmar (Hrsg.)/Kocher, Eva: Allgemeines Gleichbehandlungsgesetz: (AGG), ein Kommentar aus europäischer Perspektive, München 2007.

Schiek, Dagmar: Umsetzung der RL 2000/43 EG im Arbeitsrecht, in: AuR 2003, S. 44.

Schindele, Friedrich: LAG Berlin-Brandenburg: Betriebsvereinbarung zur Betriebssprache, in: ArbRAktuell 2017, 18017, S. 446.

Schlechtriem, Peter: Privatautonomie, Eigentum und Verantwortung: Festgabe für Hermann Weitnauer zum 70. Geburtstag, Berlin 1980.

Schleßmann, Hein: Das Arbeitszeugnis: das Zeugnisrecht, Zeugnissprache, Bausteine, Muster, Auskünfte über Arbeitnehmer, 22. Auflage, Frankfurt am Main 2018.

Schmitt-Rolfes, Günter: Der Arbeitnehmer hat schlechte Karten, in: AuA 2013, S. 200.

Schneider, Friedrich/ Großmann, Ruprecht: Arbeitsrecht, 4. Auflage, Bonn 1977, S. 65.

Schrader, Peter: Gestaltungsmöglichkeiten des Arbeitgebers nach Inkrafttreten des AGG, in: DB 2006, S. 2571–2580.

Schrader, Peter/ Schubert, Jens M.: Das neue AGG: das Gleichbehandlungsrecht in der anwaltlichen Praxis, Baden-Baden 2006.

Schröder, Sebastian: Nichtbefolgung unbilliger Weisungen rechtfertigt keine Sanktionen, in: DB 2017, S. 3078.

Schulze, Reiner/ Grziwotz, Herbert/ Lauda, Rudolf: Bürgerliches Gesetzbuch: BGB kommentiertes Vertrags- und Prozessformularbuch, 4. Auflage, Baden-Baden 2020.

Schwab, Dieter: Schranken der Vertragsfreiheit durch die Antidiskriminierungsrichtlinien und ihre Umsetzung in Deutschland, in: DNotZ 2006, S. 649.

Schwarze, Roland: Anm. zu BAG: Unverbindlichkeit einer unbilligen Arbeitgeber-Weisung, in: JA 2018, S. 305.

Schwarze, Jürgen/ Becker, Ulrich/ Hatje, Armin/ Schoo, Johann (Hrsg.): EU-Kommentar, 4. Auflage, Baden-Baden 2019.

Seiter, Hugo: Die Betriebsübung, Mainz 1967.

Senne, Holger: Der Wiedereinstellungsanspruch von Arbeitnehmern, in: AuA 1992, S. 301.

Singer, Mark: Neue Entwicklungen im Recht der Betriebsübung, in: ZfA 1993, 487.

Stahlhacke, Eugen: Ausgleichsquittung und Kündigungsschutz, in: NJW 1968, S. 580–582.

Staudinger, Justus von (Begr.): Kommentar zum Bürgerlichen Gesetzbuch mit Einführungsgesetz und Nebengesetzen Buch 2 Recht der Schuldverhältnisse §§ 305–310 Recht der Allgemeinen Geschäftsbedingungen, 18. Auflage, Berlin 2019.

Stern, Klaus (Hrsg.): Europäische Grundrechte-Charta: Kommentar, München 2016.

Streinz, Rudolf (Hrsg.): EUV, AEUV: Vertrag über die Europäische Union und Vertrag über die Arbeitsweise der Europäischen Union, 3. Auflage, München 2018.

Stück, Volker: Das Arbeitszeugnis, in: MDR 2006, S. 791.

Stück, Volker: Man spricht Deutsch – Sprachkenntnisse und Arbeitsrecht, in: AuA 2010, S. 332–335.

Teubner, Gunther: Reflexives Recht: Entwicklungsmodelle des Rechts in vergleichender Perspektive, Frankfurt am Main 2005.

Tolmein, Oliver: Keine Benachteiligung wegen „ethnischer Herkunft" bei Zurückweisung eines Bewerbers aufgrund mangelnder Deutschkenntnisse, in: jurisPR-ArbR 4/2008 Anm. 3.

Uffmann, Katharina: Digitalisierung der Arbeitswelt, in: NZA Beilage Heft 2/2017, S. 45–53.

Vogler, Reinhard: Die Wirkung von Ausgleichsquittungen bei Beendigung des Arbeitsverhältnisses, in: DB 1966, S. 1689–1691.

Vogt, Volker/ Oltmanns, Sönke: Sprachanforderungen und Einführung einer einheitlichen Sprache im Konzern, in: NZA 2014, 181.

Von der Groeben/ Schwarze Jürgen (Hrsg.): Kommentar zum Vertrag über die Europäische Union – Vertrag über die Arbeitsweise der Europäischen Union – Charta der Grundrechte der Europäischen Union, 7. Auflage, München 2015.

Walker, Wolf-Dietrich: Die betriebliche Übung, JuS 2007, S. 1–10.

Waltermann, Raimund: Die betriebliche Übung, in: RdA 2006, S. 257.

Wank, Rolf: Das Nachweisgesetz, in: RdA 1996, S. 23.

Wendeling-Schröder, Ulrike/ Stein, Axel: Allgemeines Gleichbehandlungsgesetz: Kommentar, München 2008.

Westphalen, Friedrich Graf von: AGB-Recht ins BGB – Eine erste Bestandsaufnahme, in: NJW 2002, S. 12–25.

Wiedemann, Herbert (Hrsg.): Tarifvertragsgesetz, 8. Auflage, München 2019.

Wienbracke, Mike: Innerhalb der Union ist die Freizügigkeit der Arbeitnehmer gewährleistet, in: EuR 2012, S. 483.:

Wiese, Günther: Der personale Gehalt des Arbeitsverhältnisses, in: ZfA 1996, S. 439.

Wiethölter, Rudolf: Materialisierungen und Prozeduralisierungen von Recht, in: ZERP 1984, S. 427.

Wiethölter, Rudolf: Zum Fortbildungsrecht der (richterlichen) Rechtsfortbildung, in: KritV 1988, S. 1.

Willemsen, Heinz-Josef/ Schweibert, Ulrike: Schutz der Beschäftigten im Allgemeinen Gleichbehandlungsgesetz, in: NJW 2006, S. 2583–2592.

Wisskirchen, Gerlind/ Stühm, Thomas: Anspruch des Arbeitgebers auf Änderung von unwirksamen Klauseln in alten Arbeitsverträgen?, in: DB 2003, S. 2225–2230.

Wisskirchen, Gerlind/ Bissels, Alexander/Schmidt, Till: „Der unzeitgemäße Arbeitnehmer“: Die Änderung von Anforderungen an Mitarbeiter als Kündigungsgrund, in: NZA 2008, S. 1386–1393.

Wolfhard, Kothe/ Rosendahl, Cathleen: Mittelbare Benachteiligung im Bewerbungsverfahren wegen der ethnischen Herkunft, in: jurisPR-ArbR 45/2010 Anm. 1.

Wolmerath, Martin (Hrsg.): Recht – Politik – Geschichte: Festschrift für Franz Josef Düwell zum 65. Geburtstag, Baden-Baden 2011.

Abkürzungsverzeichnis

Abs.	Absatz
A.F.	Alte Fassung
AG	Amtsgericht
AGBG	Gesetz zur Regelung des Rechts der Allgemeinen Geschäftsbedingungen
AGG	Allgemeines Gleichbehandlungsgesetz
Anm.	Anmerkung
Art.	Artikel
Aufl.	Auflage
AuR	Arbeit und Recht
AÜG	Gesetz zur Regelung der Arbeitnehmerüberlassung
Az.	Aktenzeichen
BAG	Bundesarbeitsgericht
BB	Betriebsberater
BBiG	Berufsbildungsgesetz
BetrVG	Betriebsverfassungsgericht
BGB	Bürgerliches Gesetzbuch
BGBI	Bundesgesetzblatt
BGH	Bundesgerichtshof
BGHZ	Entscheidungen des Bundesgerichtshofs in Zivilsachen
BT-Drs.	Bundestagsdrucksache
BVerfG	Bundesverfassungsgericht
BverfGE	Entscheidungen des Bundesverfassungsgerichts
DB	Der Betrieb
EG	Europäische Gemeinschaft
EMRK	Europäische Menschenrechtskonvention
EU	Europäische Union
F., ff.	Folgende, und Folgende
FS	Festschrift
GG	Grundgesetz
GVG	Gerichtsverfassungsgesetz
H.M.	Herrschende Meinung
H.L.	Herrschende Lehre

i.V.m.	in Verbindung mit
JuS	Juristische Schulung
JZ	Juristen Zeitung
KSchG	Kündigungsschutzgesetz
LAG	Landesarbeitsgericht
LAGE	Landesarbeitsgerichtsentscheidungen
Lit.	Literatur
NachwG	Gesetz über den Nachweis der für ein Arbeitsverhältnis geltenden wesentlichen Bedingungen
NJW	Neue Juristische Wochenschrift
Nr.	Nummer
NZA	Neue Zeitschrift für Arbeitsrecht
O.g.	Oben genannt
RdA	Zeitschrift für die Wissenschaft und Praxis des gesamten Arbeitsrechts
Rn.	Randnummer
Rspr.	Rechtsprechung
S.	Seite
U.a.	Und anderem
U.U.	Unter Umständen
Var.	Variante
Vgl.	Vergleiche
WO	Wahlordnung
z. B.	Zum Beispiel
Zit.	Zitiert

Einleitung

A. Ausgangslage und Problemstellung

Das Arbeitsverhältnis und die Sprache stehen in einer wechselbezüglichen und untrennbaren Verbindung. Arbeitgeber und Arbeitnehmer sind nämlich auf eine fortwährende Kommunikation bei der Ausgestaltung und Durchführung des Arbeitsverhältnisses angewiesen. Hinzu kommt, dass das Arbeitsverhältnis einhellig als Dauerschuldverhältnis[1] angesehen wird. Die geschuldeten Leistungen der Parteien werden in der Regel über einen längeren Zeitraum ausgetauscht. Darüber hinaus ergibt sich aus § 613 Satz 1 BGB, dass die Leistungen persönlich zu erbringen sind.[2] Kennzeichen des arbeitsvertraglichen Leistungsversprechens ist deshalb die persönliche Übernahme einer bestimmten Arbeitsaufgabe, die rahmenmäßig festgelegt wird, aus.[3] Verschiedene Lebensläufe, Qualifikationen, Herkunftsmerkmale führen aber zu einem unterschiedlichen Sprachverhalten und unterschiedlichen Sprach- und Kommunikationsfähigkeiten sowohl auf Arbeitnehmer-, aber auch Arbeitgeberseite. Dabei geht es im Arbeitsverhältnis für die beteiligten Arbeitgeber und Arbeitnehmer nicht um ein verständigungsorientiertes Handeln im Sinne einer Idealisierung, sondern um den Austausch von Nachrichten und deren konkrete betriebliche Umsetzung, oftmals um Arbeitsprozesse einzuleiten, umzusetzen und zu beenden. Kurz: Die Effektivität des arbeitsvertraglichen Leistungsaustauschs hängt maßgeblich von den Kommunikationsbedingungen ab. Bei einem freiheitlichen und gleichberechtigten Verständnis des Arbeitsverhältnisses ist hierbei das Medium der Sprache entscheidend.[4] Hierarchisches, um nicht zu sagen autoritäres Denken und Handeln

1 Erfurter-Kommentar, § 611, Rn. 1, 6; Wiese ZfA 1996, 439 ff.; MüKoBGB/Spinner BGB § 611a Rn. 11; auch BAG NZA 2009, 1286, 1294; NJW 2008, 458, 459; LAG Chemnitz, Urt. v. 30.09.2003 – 5 Sa 184/03, juris Tz 78; LAG Köln NZA-RR 2003, 406, 407; LAG Mainz LAGReport 2004, 104 (Tz 43); Wisskirchen/Stühm, DB 2003, 2225 (auch befristete Arbeitsverhältnisse und solche mit fester Altersgrenze).

2 Erfurter-Kommentar, § 613 Rn. 1; BAG BAG 14.02.1991, RzK I 6a Nr. 70; LAG SchlH 16.06.1986, NZA 1987, NZA Jahr 1987 Seite 669); BeckOK ArbR/Joussen BGB § 613 Rn. 5.

3 NK-BGB/Verena Klappstein, BGB § 613 Rn. 9; NK-ArbR/Winfried Boecken BGB § 613 Rn. 6.

4 So auch Rieble, Sprache und Sprachrisiko im Arbeitsrecht, S. 2; Vogt/Oltmanns, NZA 2014, 181.

im Arbeitsverhältnis verhindert dagegen symmetrische, freiheitliche Kommunikation. Weist man nämlich einem Beteiligten im Arbeitsverhältnis die Aufgabe der effektiven und aufgabenorientierten Kommunikation zu und denkt man bei deren Missglücken an Sanktionen wie Entgeltkürzung, Abmahnung und Kündigung und steigert dies für den Fall der Realisierung eines sog. Sprachrisikos,[5] wird dieser Zusammenhang für die grundlegende Auffassung vom Arbeitsverhältnis als freiheitliches und gleichberechtigtes Rechtsverhältnis nur zu deutlich. Vor diesem Hintergrund will diese Arbeit auf der Grundlage eines freiheitlichen, personal prozeduralen Gerechtigkeitsansatzes[6] die enge und notwendige Verbindung zwischen Sprache und Kommunikation für die am Arbeitsverhältnis Beteiligten in den verschiedenen Phasen wie Begründung, Durchführung und Beendigung sowie durch Hinzunahme der kollektiv-rechtlichen Ebene klarstellen.

Zieht man die Linie etwas weiter, so passt dazu sehr gut die Entwicklungen der neueren Rechtstheorie und Rechtsphilosophie in Richtung von Diskurs und Kommunikation (Habermas)[7], die alle wesentlich auf den fairen Diskurs und das Verfahren als Unterbestandteile einer juridischen Vernunft abheben statt auf die Verhandlungsergebnisse. Die Diskurstheorie von Habermas geht in diese „prozedurale Metarichtung".[8] Es geht dabei um die Entwicklung einer modernen und zeitgemäßen Ausprägung von Rationalität und Vernunft bei der Herstellung und Anwendung von normativen Prinzipien und Rechtsregeln. Dabei steht am Anfang kein inhaltliches-moralisches Prinzip, sondern das Verfahren, eben kooperative Rationalität.[9] Es geht also um Akzeptanz und Ablehnung rechtlicher

5 Latzel, RdA 2013, 73.

6 Hierzu Kaufmann, in: Hassemer/Neumann/Saliger, Einführung in die Rechtsphilosophie und Rechtstheorie der Gegenwart, S. 133 f.

7 Habermas, Theorie des kommunikativen Handelns, 1981: In diesem Werk unternimmt es Habermas, die vielfach diffamierte Vernunft zu retten, indem er sie als „kommunikative Rationalität" neu denkt und ihr ihren genuinen Ort innerhalb der sprachlichen Verständigung zuweist.

8 Rückert, Autonomie des Rechts nach 1945, in: Rückert/Raphael (Hrsg.), Autonomie des Rechts nach 1945, S. 235 (261).

9 Habermas, Auch eine Geschichte der Philosophie, passim: Hier geht es Habermas um die Entwicklung der „vernünftigen Freiheit". Auch in diesem Werk geht es Habermas um die Neuformulierung der Maxime der Aufklärung: Habe den Mut, dich weiterhin des Verstandes zu bedienen. Habermas zeigt nun, dass die Geschichte der religiös und kulturell rückgebundenen Philosophie gute Gründe dafür gibt.

Verfahren, um Effektivität und Leerlaufen von Arbeitsrecht, also um die immer schwankende Grenze zwischen Recht und Macht im Arbeitsleben.

Dabei wird nicht verkannt, dass eine universal pragmatische Kommunikationstheorie mit ihren Ideen der idealen „Sprechsituation" möglicherweise auch im Arbeitsverhältnis zu einer „idealen" Kommunikationsgemeinschaft führen könnte. Vorliegend geht es um etwas anderes, nämlich um die effektive und symmetrische Durchführung eines Dauerschuldverhältnisses, wie das Arbeitsverhältnis. Dabei kommt es im Arbeitsverhältnis immer wieder auf die Deutung und das Verstehen des Sinns von Anweisungen, Texten, Handlungsanleitungen, vertraglichen Inhalten an.[10] Dies wird nur zu deutlich, wenn man sich die Regelungsurheber von Regelungen, die in einem Arbeitsverhältnis wirksam werden können, klarmacht. So sind dies oftmals Tarifverträge, die in der Regel von Gewerkschaften und Arbeitgeberverbände abgeschlossen werden, oder Betriebsvereinbarungen, die vom Arbeitgeber und Betriebsrat hergestellt werden. Oder es entstehen betriebliche Übungen oder Gesamtzusagen, die auch ein Arbeitsverhältnis gestalten können. Hierzu ist bei den Regelungsurhebern und Regelungsadressaten eine Kommunikationsfähigkeit notwendig, die die Interpretation dieser Inhalte ermöglicht. Dabei erschöpft sich die Interpretation nicht in der Rekonstruktion eines im Rechtstext zum Ausdruck kommenden Gedankens, sondern bedeutet notwendigerweise in einem Dauerschuldverhältnis, sachbestimmte und erwartungsgeleitete Sinnermittlung, sowohl durch den Arbeitgeber als auch durch den Arbeitnehmer. Dies hat folgende Grundvoraussetzung: Kommunikation auf der Grundlage von Sprache setzt einen gemeinsamen Wissensbestand voraus[11], ohne ein von einer Sprachgemeinschaft geteiltes grammatikalisches Wissen könnte keine Kommunikation im Arbeitsverhältnis ablaufen. Sprachliche Kommunikation setzt gemeinsames Wissen schon immer voraus.[12] Ohne unterstellbare Kommunikation kann das Arbeitsverhältnis nicht durchgeführt werden. Dabei kommt es darauf an, das bereits vorhandene oder zu entwickelnde sprachliche Wissen in den Mittelpunkt zu rücken und zwar aus zwei Gründen: Zum einen ist man sich sicher, dass die Arbeitsleistung persönlichkeitsgebunden ist[13] und zum anderen weiß man, dass Sprache und Persönlichkeit auf das Engste miteinander verknüpft sind[14]. Auf der Grundlage einer

10 Siehe hierzu auch Mückl/Butz, ArbRAktuell 2013, S. 34.

11 Baecker, Kommunikation: Grundwissen Philosophie, S. 31 ff.

12 Loppe, Bedeutungswissen und Wortgebrauch, S. 239; Luhmann, Die Wissenschaft der Gesellschaft, S. 122.

13 Großmann/Schneider, Arbeitsrecht, S. 65.

14 Baecker, Kommunikation: Grundwissen Philosophie, S. 73.

Sprachkompetenz trifft man in der Sphäre des Unternehmens und Betriebes auf Strukturen, die sich bewähren und juristische Interpretation, und damit auch juristisch-dogmatisches Denken, überhaupt erst möglich machen.

Das Arbeitsverhältnis wird also auf der Grundlage einer verlässlichen oder erst verlässlich werdenden Kommunikation durchgeführt.[15] Dabei bedeutet Kommunikation die Öffnung für weitere Kommunikation, soweit nämlich Kommunikation auf Kommunikation reagiert, sei es auch sanktionierend, wird ein Band des Sprachgeschehens zwischen Arbeitgeber, Arbeitnehmer und sonstigen Regelungsurhebern im Arbeitsverhältnis wie Betriebsräten, Gewerkschaften und Arbeitgeberverbänden weiter geknüpft. Deswegen ist der Ablauf, die Analyse, die Durchführung, die Sanktionierung von Pflichten im Arbeitsverhältnis zwingend auf das Medium der Sprache angewiesen.

Zudem bestehen immer häufiger Sprachunterschiede zwischen Arbeitgebern und Arbeitnehmern oder sonstigen Regelungsurhebern im Arbeitsverhältnis, auch in Deutschland. Dies wird zusätzlich verstärkt aufgrund der zunehmenden internationalen Aufstellung und der länderübergreifenden Tätigkeit von Unternehmen und Betrieben in Deutschland, die Dienstleistungen grenzüberschreitend innerhalb und außerhalb der Europäischen Union anbieten. Innerhalb der Europäischen Union wird der Geschäftsverkehr durch die Dienstleistungsfreiheit, die Niederlassungsfreiheit und die Arbeitnehmerfreizügigkeit besonders geschützt. Dies bedeutet einerseits, dass sich ausländische Unternehmen innerhalb der EU niederlassen und – ansässige und ausländische – Arbeitnehmer beschäftigen können, andererseits können Arbeitnehmer in jedem Mitgliedstaat der EU eine Anstellung finden. Die dabei eintretenden Sprachunterschiede können zu Verständigungsschwierigkeiten zwischen Arbeitgebern und Arbeitnehmern führen: Arbeitnehmer mit Migrationshintergrund oder auch deutschsprachige Arbeitnehmer mit den jeweils für das Arbeitsverhältnis notwendigen Sprachkenntnissen können z. B. Abmahnungen, Kündigungen, Ausgleichsquittungen oder Arbeitgeberweisungen nicht oder nur teilweise verstehen. Auch wissen Arbeitgeber in Deutschland häufig nicht, auf welcher Sprache sie ihre Informationspflichten (z. B. bei einem Betriebsübergang nach § 613 a Abs. 5 BGB) gegenüber Arbeitnehmern erfüllen müssen. Damit wird die Sprache und Kommunikation in Unternehmen und Betrieben in mehrfacher, vielschichtiger und komplexer Hinsicht zu einem arbeitsrechtlichen Problem.

---

15 Däubler/Hjort/Schubert/Wolmerath, Arbeitsrecht, BGB, § 611a, Rn. 509; Däubler, ArbR II, Rn. 459, 460.

Auch die fortschreitende Digitalisierung verändert die Kommunikation und macht diese vielsprachiger und komplexer.[16] Die Kommunikation im digitalen Zeitalter stellt nämlich zukünftig eine wichtige Grundlage künftiger Wertschöpfung dar. Sie tritt neben die Herstellung von Produkten und das Erbringen von Dienstleistungen.[17]

Die Sprache und die Kommunikation zwischen Arbeitnehmer und Arbeitgeber wird im Arbeitsverhältnis während vier Phasen relevant:

Es beginnt mit der Sprache bei der Anbahnung eines Arbeitsverhältnisses und der Fragestellung, ob der Arbeitgeber Sprachanforderungen bei seinen Bewerbern um eine Arbeitsstelle erwarten und gar als Einstellungsvoraussetzung verlangen darf. Insoweit könnten sich rechtliche Schranken hinsichtlich der Entscheidungsfreiheit des Arbeitgebers bei der Stellenbesetzung u. a. aus dem Verbot der Benachteiligung eines Stellenbewerbers nach dem Allgemeinen Gleichbehandlungsgesetz ergeben.

Weitere Fragen stellen sich sodann bei und unmittelbar nach Begründung eines Arbeitsverhältnisses. So gilt es u. a. in diesem Zusammenhang zu untersuchen, in welcher Sprache ein schriftlicher Arbeitsvertrag abzufassen ist und unter welchen Voraussetzungen ein mündlicher oder schriftlicher Arbeitsvertrag – bei einem schriftlichen Arbeitsvertrag auch unter Verwendung von Allgemeinen Geschäftsbedingungen – zustande kommt, wenn ein Arbeitnehmer das Vertragsangebot des Arbeitgebers zum Abschluss eines Arbeitsvertrages wegen seiner Sprachunkenntnis unverstanden akzeptiert, oder einen solchen akzeptiert ohne den näheren Inhalt des Arbeitsvertrages hinterfragt zu haben.[18] Ferner gilt es in diesem Stadium eines Arbeitsverhältnisses zu untersuchen, auf welcher Sprache der Nachweis über die Arbeitsbedingungen i.S.d. § 2 Abs. 1 NachwG vom Arbeitgeber zu erbringen ist, wenn ein mündlicher Arbeitsvertrag mit einem ausländischen Arbeitnehmer geschlossen wurde und ob der Arbeitgeber aufgrund seiner Rücksichtnahmepflicht nach § 241 Abs. 2 BGB verpflichtet ist, einen Tarifvertrag in die Sprache eines ausländischen Arbeitnehmers zu übersetzen.

Auch bei der dritten Phase, Durchführung des Arbeitsverhältnisses, bestehen zahlreiche Fragestellungen, bei denen die Sprache von großer Relevanz ist: Dabei geht es u. a. um die Frage, welche Sprache im Arbeitsverhältnis bei der Durchführung der Leistungsaufgaben und der Erbringung der Arbeitsleistung

---

16 Vgl. hierzu, Uffmann, NZA-Beilage 2017, 45, 53; Meik, NZA-Beilage 2017, 43.

17 Uffmann, NZA-Beilage 2017, 43.

18 Hierzu Hinrichs/Stütze, NZA-RR 2011, 113, 117; Schäfer, JZ 2003, 879, 882 f.

des Arbeitnehmers Anwendung findet. Ungeklärt ist insoweit, ob der Arbeitgeber bei fehlenden arbeitsvertraglichen Regelungen zur Leistungssprache, wie dies in der Regel der Fall ist – aufgrund seines ihm zustehenden Direktionsrechts – berechtigt ist, die Leistungssprache einseitig zu bestimmen.[19] Sofern der Arbeitgeber eine Leistungssprache nicht kraft seines Direktionsrechts festgelegt hat, so wie dies in der Praxis üblich ist, gilt es sodann zu untersuchen, ob eine Leistungssprache auch durch eine betriebliche Übung festgelegt sein kann. Abschließend ist sodann zu prüfen, auf welcher Sprache die Unterrichtung des Arbeitgebers über einen Betriebsübergang gemäß § 613a Abs. 5 BGB zu erfolgen hat, wenn auch ausländische Arbeitnehmer von einem Betriebsübergang betroffen sind.

Des Weiteren ist auf die Sprache und die Kommunikation vor, bei und nach der Beendigung eines Arbeitsverhältnisses in dieser Arbeit einzugehen. Die Sprache und die Kommunikation ist in diesem Zusammenhang u. a. bei Ausspruch und bei der Abfassung einer Abmahnung oder Kündigung und bei der Vereinbarung eines Aufhebungs- und Abwicklungsvertrages gegenüber dem ausländischen Arbeitnehmer zu untersuchen. Auch gilt es sodann der Frage nachzugehen, auf welcher Sprache Arbeitszeugnisse i.S.d. § 109 Abs. 1 GewO auszustellen sind und der Arbeitgeber dazu verpflichtet ist, ein solches Arbeitszeugnis auf einer anderen Sprache als Deutsch auszustellen, wenn der Arbeitnehmer sich z. B. auf eine Stelle im Ausland bewerben möchte.

Kommunikationsprobleme zwischen Arbeitgeber und Arbeitnehmer stellen sich jedoch nicht allein im Individualarbeitsrecht, sondern auch im Kollektivarbeitsrecht. In diesem Zusammenhang ist zu prüfen, ob die Betriebssprache in Deutschland Deutsch ist, welche Möglichkeiten für den Arbeitgeber bestehen, ggf. unter notwendiger Einbeziehung eines Betriebsrates eine (andere) Betriebssprache festzulegen und unter welchen Voraussetzungen der Arbeitgeber verpflichtet ist, die Kommunikation im Betrieb zu gewährleisten, wenn eine betriebsinterne Kommunikation auf einer Sprache nicht möglich ist, oder eine Betriebssprache nicht festgelegt ist.

B. Zielsetzung der Arbeit und aktueller Forschungsstand

Die vorliegende Arbeit zielt zum einen darauf ab, sich einen Überblick darüber zu schaffen, welche Sprache im Individual- und Kollektivarbeitsrecht gegenüber einem nicht-deutschsprachigen Arbeitnehmer Anwendung finden muss und

---

19 Vgl. hierzu Herbert/Oberrath, DB 2010, 391.

zum anderen soll die vorliegende Arbeit Klarheit darüber schaffen, wer für die Gewährleistung des Kommunikationserfolges im Arbeitsrecht verantwortlich ist und wer die Folgen einer missglückten Kommunikation zu tragen hat, Arbeitgeber oder Arbeitnehmer.

Diese – auf Sprachkompetenz bei Arbeitnehmern und Arbeitgebern – aufbauenden Zusammenhänge werden in der bisherigen Rechtsprechung und Literatur nahezu überhaupt nicht gesehen bzw. nur unzureichend einer Lösung zugeführt. Exemplarisch lässt sich dies an folgendem Problem verdeutlichen: Die h. M.[20] sieht Verständigungsschwierigkeiten bei der Abgabe von Erklärungen, die Arbeitnehmer und Arbeitgeber betreffen, ausschließlich als ein Zugangsproblem an und löst dieses mit der Rechtsprechung des BGH, wonach für den Zugang die Möglichkeit der Kenntnisnahme gegeben sein muss.[21]

Die h. M. hat daneben die Begrifflichkeit des sog. Sprachrisikos kreiert. Unter dem Begriff des Sprachrisikos soll allgemein die Frage verstanden werden, wer die Folgen zu tragen hat, wenn bei einer (rechtsgeschäftlichen) Erklärung eine Partei den Inhalt der jeweiligen Erklärung aus sprachlichen Gründen nicht versteht.[22] Der Begriff des Sprachrisikos stellt dabei keinen wirklichen Rechtsbegriff im Sinne eines gesetzlichen oder in der Rechtssprache feststehenden Ausdrucks, mithin kein „Funktionsbegriff" des Rechts, dar.[23] Dennoch hat sich der Begriff des Sprachrisikos als eine Umschreibung des Problems, welches Rechtssubjekt die Folgen des sprachlichen Nicht- oder Missverständnisses trägt, durchgesetzt; der Begriff des Sprachrisikos ist aber mehr „Zeichen für die Sache" als eine rechtsverbindliche Definition.[24]

Aufgrund dessen, dass der Begriff des Sprachrisikos noch nicht mal eine Definition darstellt und die Verteilung des Sprachrisikos nur anhand des Zugangsbegriffs bestimmt wurde, ist der aktuelle Forschungsstand bis heute nicht zufriedenstellend. Es bestehen bzw. existieren keine klaren Regeln oder Vorgaben zu der Verteilung des Sprachrisikos im Arbeitsrecht. Vielmehr hat sich die

20 Vgl. LAG Hamm NJW 1979, 2488; vgl. auch BAG NJW 1985, 823 (824); für die Einordnung des Sprachproblems als Zugangsproblem auch Flume BGB AT II § 14 I 5; John AcP 184 (1984), 385 (398 f.); Schlechtriem, FG Weitnauer, 1980, 129, 136–138; Staudinger/Singer/Benedict, 2017, Rn. 72; Rieble, S. 232 f.

21 BGH NJW-RR 11, 1185, Rn. 15.

22 Jancke, Das Sprachrisiko des ausländischen Arbeitnehmers im Arbeitsrecht, S. 1.

23 Kling, Sprachrisiken im Privatrechtsverkehr: Die wertende Verteilung sprachenbedingter Verständnisrisiken im Vertragsrecht, S. 6.

24 Kling, Sprachrisiken im Privatrechtsverkehr: Die wertende Verteilung sprachenbedingter Verständnisrisiken im Vertragsrecht, S. 6.

Literatur oder die arbeitsgerichtliche Rechtsprechung dann mit dem Grundsatz von Treu und Glauben (§ 242 BGB) versucht zu helfen, um die Folgen einer missglücken Kommunikation zu regeln. Die vorliegende Arbeit wird aufzeigen, wie solche Versuche enden. So viel vorweg: Die Rechtspositionen eines Arbeitnehmers oder Arbeitgebers werden nicht ausreichend berücksichtigt. Es wird somit im Ergebnis kein eigener rechtsdogmatischer Standpunkt entwickelt, der eine klare Zuteilung des Sprachrisikos anhand von konkreten Rechtspositionen zwischen Arbeitgeber und Arbeitnehmer in allen Phasen des Arbeitsverhältnisses beinhaltet. Gerade während eines Arbeitsverhältnisses kommt es immer wieder vor, dass Verständigungsschwierigkeiten zwischen Arbeitgeber und Arbeitnehmer auftreten, die nicht durch die Anwendung des Grundsatzes von Treu und Glauben oder unter Zuhilfenahme der Zugangsbegriffe des Bundesgerichtshofs gelöst werden können, da es sich in dieser Phase des Arbeitsverhältnisses nicht um Fragen des Zuganges von Willenserklärungen handelt. Das Ziel dieser Arbeit ist daher u. a. die Kommunikation, insbesondere für die Phase während des Arbeitsverhältnisses eine eigene juristische Dogmatik zu entwickeln, die feste Regeln enthält, so dass eine zufällige Verteilung des Sprachrisikos zwischen Arbeitgeber und Arbeitnehmer nicht mehr erforderlich ist.

C. Aufbau der Arbeit

Unter Beachtung der zuvor genannten Themenkomplexe und Zielsetzungen ist die vorliegende Arbeit in drei Teile unterteilt:

Im ersten Teil dieser Untersuchung werden alle Fragen behandelt, die individualarbeitsrechtliche Sprachregelungen sowie die damit in Verbindung stehende Kommunikation betreffen. Die weitere Unterteilung innerhalb dieses ersten Teils reicht von der Sprache bei der Anbahnung des Arbeitsverhältnisses (A.), über die Sprache und die Kommunikation zwischen Arbeitnehmer und Arbeitgeber bei und unmittelbar nach Begründung eines Arbeitsverhältnisses (B.) sowie die Sprache und die Kommunikation bei der Durchführung des Arbeitsverhältnisses, wozu auch die Sprache der Unterrichtung i.S.d. § 613a Abs. 5 BGB bei einem Betriebsübergang gehört (C.), bis hin zu der Sprache und die Kommunikation vor, bei und nach Beendigung des Arbeitsverhältnisses (D.). In einem abschließenden Kapitel zum ersten Teil (E.) erfolgt nach einer Zusammenfassung der gefundenen Ergebnisse, dann die Beantwortung der Frage, ob und wer den Kommunikationserfolg zu gewährleisten hat, Arbeitnehmer oder Arbeitgeber.

Der zweite Teil der Arbeit beschäftigt sich mit sprachrelevanten Problemen rund um die Sprache im Betrieb. Nach einer kurzen Einleitung (A.) wird die Sprache im Kollektivarbeitsrecht zu untersuchen und u. a. der Frage nachzugehen sein, ob bei fehlender Festlegung einer Betriebssprache, der Arbeitgeber auf eigene Kosten verpflichtet ist, die Kommunikation im Betrieb zu ermöglichen (B.). Der Teil schließt sodann mit einer Zusammenfassung und einer wertenden Betrachtung über die gefundenen Ergebnissen (C.). Im abschließenden dritten Teil werden die Ausführungen und die dabei gewonnenen Erkenntnisse zur Sprache und zur Kommunikation im Arbeitsrecht einer zusammenfassenden Schlussbetrachtung unterzogen.

D. Methodik der Untersuchung

Die Problembeschreibung hat folgendes deutlich gemacht. In einem Dauerschuldverhältnis wie dem Arbeitsverhältnis ist auf der Grundlage einer Kommunikation durch Sprache eine bestimmte Sprachkompetenz notwendig, um die Informationen effektiv arbeitsaufgabenbezogen klar und deutlich auszutauschen. Sprachkompetenz ist von äußeren Unternehmensfaktoren als auch persönlichkeitsgebundenen Faktoren, wie einer ethnischen Abstammung, abhängig. Dieser Gedankengang macht ein methodisches, prozedurales Vorgehen notwendig. Zugleich darf aber durch Einfordern einer bestimmten Sprachkompetenz keine Ungleichbehandlung entstehen. Und schließlich müssen Rechtstexte in einem freiheitlich gestalteten Arbeitsverhältnis auf der Grundlage einer symmetrischen Kommunikation hergestellt und verstanden werden. Daraus folgt die Beachtung des Gebots des fairen Verhandelns. Beachtet man, dass andere Regelungsurheber als Arbeitgeber und Arbeitnehmer bei der Gestaltung und Durchführung des Arbeitsverhältnisses wirksam werden können, so muss in diesem Zusammenhang bei der Normsetzung durch Tarifverträge oder Betriebsvereinbarungen das Gebot der Rechtsnormenklarheit umgesetzt werden.

Um in der vorliegenden Arbeit einen Methodenpluralismus zu vermeiden, werden die unterschiedlichen methodischen Ansätze auf die verschiedenen Phasen eines Arbeitsverhältnisses und deren unterschiedlichen Regelungsurheber bezogen:

1. Prozedurale Entwicklung der Nebenpflichten des Arbeitgebers

Bei der Durchführung und fortlaufenden Kommunikation im Arbeitsverhältnis ist sodann zu hinterfragen, ob der Arbeitgeber aufgrund seiner leistungssichernden Nebenpflichten, die prozedural, in ihrer Entwicklungsoffenheit, herzuleiten sind, dazu angehalten werden kann, die fortlaufende Kommunikation zwischen ihm und seinen Arbeitnehmern zu gewährleisten, z. B. durch Sprachkurse,

Weiterbildung o. A. Dieses Verhältnis zwischen Prozeduralität, Entwicklungsoffenheit, Ergebnissuche und innerbetrieblicher Kommunikation wird neuerdings auch beim Bundesarbeitsgericht klar gesehen:

„Für die konkrete Suche nach Möglichkeiten zur Überwindung von Arbeitsunfähigkeit bzw. ihrer Vorbeugung ist mit Ziff. (6) BV das BEM-Fallgespräch vorgesehen. Das bestimmt zugleich, dass der Suchprozess i.S.v. § 167 Abs. 2 Satz 1 SGB IX diskursiv stattzufinden hat. Hierin liegt eine zwar rudimentäre, aber auch ausreichende Ausgestaltung i.S.v. § 87 Abs. 1 Nr. 7 BetrVG i.V.m. § 167 Abs. 2 Satz 1 SGB IX. Sie enthält zugleich eine prozedurale Festlegung einer kommunikativen Verständigung zwischen Betriebsrat und Arbeitgeberin über die Möglichkeiten i.S.v. § 167 Abs. 2 Satz 1 SGB IX."[25]

Beim prozeduralen Rechtsverständnis geht es um die Weiterentwicklung des Rechts, insbesondere um die materiell-rechtlichen Auswirkungen des Grundgesetzes und des Antidiskriminierungsrechts hinsichtlich der Kommunikation im Arbeitsverhältnis.[26] Vielen grundrechtsgefährdenden Maßnahmen und Entscheidungen gehen langwierige und komplexe Verfahren voran.[27] Deshalb ist das Bundesverfassungsgericht insoweit zutreffend der Ansicht, dass insbesondere die Grundrechte auch als Organisations- und Verfahrensgarantien zu interpretieren sind.[28] Für den vorliegenden Untersuchungszusammenhang kommt es aber auch auf folgendes an: Allein mit der Existenz eines Gesetzes, auch eines Grundgesetzes, ist es aber nicht getan.[29] Damit stellt sich die Frage: Was ist symmetrische Kommunikation im Arbeitsverhältnis und wie kommt man praktisch zu ihr bei der Bestimmung von Sprache im Arbeitsverhältnis?[30] Die hat sogar eine menschenrechtliche Dimension: Der Europäische Gerichtshof

---

25 BAG v. 19.11.2019 – 1 ABR 36/18.

26 Calliess, Prozedurales Zivilrecht, S. 267; Dreier, Rechtssystem und praktische Vernunft, S. 213 ff.; Habermas, Faktizität und Geltung, S. 492; Calliess, Prozedurales Zivilrecht, S. 1 ff.; Wiethölter, Zum Fortbildungsrecht der (richterlichen) Fortbildung, KritV 1988, 1 ff.; Teubner, Reflexives Recht, Archiv für Rechts- und Sozialphilosophie 1982, 13 ff.

27 Röhl, Allgemeine Rechtslehre, § 16, II, Seite 513.

28 BVerfGE 69, 315/355.

29 BVerfGE 69, 315/355.

30 Rawls nimmt an, dass die Bürger als Partner eines hypothetischen Sozialvertrages dann auf gerechte Grundsätze verständigen, wenn sie unter einem „Schleier des Nichtwissens" über ihre Position entscheiden müssen, Rawls, John Rawls Theorie der Gerechtigkeit, 1975, S. 159 ff.; für Habermas sind alle Handlungsnormen gerecht und gültig, „denen alle möglicherweise Betroffenen, als Teilnehmer an rationalen Diskursen zustimmen können", Habermas, Faktizität und Geltung, 1992, S. 138.

für Menschenrechte bestätigt diese Sichtweise mit Urteil vom 17.09.2019[31] und hat dazu entschieden, dass die Forderung des Arbeitgebers gegenüber einem Arbeitnehmer zur Verwendung einer bestimmten Sprache eine Benachteiligung wegen der ethnischen Herkunft darstellen kann. Hierbei werden systematische und freiheitliche Überlegungen des Gerichts angestellt und ein Eingriff in Art. 8 EMRK geprüft und bejaht. Die moderne Gesellschaft zeichne sich durch ihre stabile Dauerveränderung aus.[32] Dies gilt für alle Rechtsbereiche[33]. Ein prozedurales Rechtsverständnis verdeutlicht auch den Eigenwert des Prozessrechts im Widerstreit zwischen prozeduraler und materieller Gerechtigkeit.[34] Dies gilt nicht nur für die Gesetzgebung, sondern auch für den Gesetzesvollzug (sog. Grundrechtsschutz durch gerichtliche Verfahren).[35] Calliess beschreibt das prozedurale Recht gleichermaßen wie folgt: „Prozedurales Recht bezeichnet das Recht als ein Kommunikationssystem, dessen Komponenten darauf gerichtet sind, die Rationalität des Rechts durch Verfahren zu steigern. Zu den Komponenten eines prozeduralen Rechts gehören (1) alle Normen, durch die das Recht sich als System konstituiert, (strukturelle Komponente), (2) alle Kommunikationen, die einen Anspruch auf richtige Verwendung der Rechtssprache und seiner Verständnismöglichkeiten erheben einschließlich derer, die sich auf die diskursive Einlösung dieses Anspruchs richten (operative Komponente).[36] Das prozedurale Rechtsverständnis beschreibt also die Entwicklung eines Rechts bzw. einer Norm durch die Anwendung des jeweiligen Rechts.[37] Damit ist die Unterscheidung zwischen Prozeduralisierung des Rechts an sich und die Prozeduralisierung im Recht angesprochen. Es geht bei der Prozeduralisierung im Recht um die Auslegung aller Kompetenz-, Organisations- und Verfahrensvorschriften, welche die Anwendung des materiellen Rechts regeln und die die Entscheidung materieller Fragen im Hinblick auf die Rationalität dieser Entscheidungen gewährleisten oder zumindest fördern.[38]

---

31 EGMR, Urteil vom 17.09.2019, 40942/14; Lörcher, AuR 2020, 83 ff.

32 Wiethölter, Materialisierung und Prozeduralisierung von Recht, Fn. 1, 427.

33 Siehe zum Verwaltungsrecht, Wiethölter, Jahrbuch für Rechtssoziologie und Rechtstheorie, 1982, S. 38 ff.; Grimm, NVwZ 1985, 865 ff.; zum Strafrecht, Hassemer, in: Pieth/Seelmann (Hrsg.), Prozedurales Denken als Innovationsanreiz für das materielle Strafrecht 2006, S. 9.

34 Henckel, Vom Gerechtigkeitswert verfahrensrechtlicher Normen, 1966.

35 BVerfGE 69, 315/355.

36 Calliess, Prozedurales Recht, S. 267.

37 So auch Campos, in: Kritische Justiz 2019, S. 402.

38 Calliess, Prozedurales Recht, S. 175 ff.

Für den Problemzusammenhang der vorliegenden Arbeit ist der Ansatz der Prozeduralisierung im Recht als methodischer Ausgangspunkt vorrangig.[39] Dabei bleibt der wichtigste Begründungsfaktor die materielle Grundrechtsabhängigkeit von prozeduralem Grundrechtsschutz erhalten.[40] Sofern prozedurales Recht zunächst Mittel zum Zweck des Grundrechtsschutzes ist, ist damit zugleich der materielle Grundrechtsschutz im Arbeitsverhältnis für Arbeitgeber, Arbeitnehmer und sonstige Regelungsurheber Grund und Grenze.[41] Prozeduralisierung im Recht und im hier interessierenden Sinn ist also abzugrenzen vom klassischen Prozessrecht, welches auf in der Vergangenheit liegende Sachverhalte angewendet wird und somit ex-post verfährt. Dabei ist das Verhältnis zwischen prozeduralem und materiellem Recht dahingehend zu bestimmen, dass prozedurales Recht all jene Vorschriften erfasst, die nicht Prozessrecht sind und ex ante auf die Richtigkeit materieller Entscheidungen bezogen sind.[42]

Konkret gewendet: Will man die Rechtslage im Arbeitsverhältnis im Hinblick auf Sprache und Kommunikation bewerten, so ist immer zu berücksichtigen, dass Sprache und Kommunikation sich nicht auf einmal oder in einem Schritt verwirklicht, sondern Sprache und Kommunikation auch und gerade in ihrer Wechselbezüglichkeit ein dauerhafter und zugleich fortschreitender Prozess ist. Dies gilt umso mehr angesichts der Tatsache, dass die Pflichtenlage im Arbeitsverhältnis je nach Arbeitsaufgabe verschieden ist und sich auch vor dem Hintergrund betrieblicher und unternehmerischer Erfordernisse, Anforderungen und Notwendigkeiten erst noch entwickeln muss.

Bei der Anwendung und Entwicklung des Rechts sind somit auch der Grundsatz der Verhältnismäßigkeit sowie der Gleichheitsgrundsatz zu beachten.[43] Auf der Stufe der Erforderlichkeitsprüfung richtet sich der Blick auf mögliche Alternativlösungen. Stehen hinsichtlich des Grades der Zielerreichung mindestens gleich geeignet zugleich aber weniger einschneidende Mittel zur Verfügung, kann sich die Regelung als übermäßig belastend und damit als verfassungswidrig

39 Zu dieser Unterscheidung Sandforth, prozeduraler Steuerungsmodus und moderne Staatlichkeit, 2002, S. 294 ff. und 309 ff.

40 Ladeur, die objektiv-rechtliche Dimension der wirtschaftlichen Grundrechte, DÖV, 2007, 2 ff.; Campos, in: Kritische Justiz 52 (2019), Seite 406.

41 Hassemer/Neumann/Saliger, Einführung in die Rechtsphilosophie und Rechtstheorie der Gegenwart, S. 442; so auch Campos, in: Kritische Justiz 52 (2019), Seite 406.

42 Hassemer/Neumann/Saliger, Einführung in die Rechtsphilosophie und Rechtstheorie der Gegenwart, S. 444.

43 Führ, Rationale Gesetzgebung, S. 4 f.

darstellen.[44] Für die Prüfung der Erforderlichkeit einer Maßnahme im Arbeitsverhältnis folgt das bereits aus der Mittel-Zweck-Bindung des prozeduralen Rechts an das materielle Grundrecht. Im Einzelnen hängt die verhältnismäßige Ausgestaltung von prozeduralem Grundrechtsschutz wie auch sonst von den Umständen des jeweiligen Sachproblems, hier: der Bedeutung der Sprachkompetenz und Kommunikationsfähigkeit im Arbeitsverhältnis ab. Maßstäbe für die Erfüllung des Gleichheitssatzes sind die Sachgerechtigkeit und die Folgerichtigkeit.[45] Relevant sind hier die Art der grundrechtrechtlichen Garantie, bei der Sprache im Arbeitsverhältnis, vornehmlich Art. 3 GG und andere Diskriminierungsvorschriften, die Intensität des Grundrechtseingriffs im Arbeitsverhältnis durch Veränderung der Pflichtenstruktur oder sogar Sanktionen, die immer wieder sprachlich und kommunikativ vermittelt werden müssen.

Die Anwendung eines prozeduralen Rechtsverständnisses als Ausgangspunkt für eine eigens entwickelte Methodik zu der Frage, wer die Kommunikation im Arbeitsverhältnis zu gewährleisten hat, eignet sich besonders gut, weil die Grundrechte eine Benachteiligung oder Bevorzugung wegen der Sprache explizit verbieten. Art. 3 Abs. 3 S. 1 GG oder Art. 45 Abs. 2 AEUV beinhalten dieses Verbot. Mit Art. 3 Abs. 3 S. 1 GG existiert in Deutschland ein Gesetz, welches prozedural bezogen auf das Arbeitsverhältnis weiterentwickelt werden kann, um die Kommunikation im Arbeitsrecht zu regeln. Dabei sind mit dem Merkmal „Sprache" nicht nur Muttersprachen, einschließlich Einfärbungen durch Dialekt erfasst.[46]

Für das Arbeitsrecht oder das Arbeitsverhältnis ist folgendes klarzustellen: Trotz fehlender Normierung geht die überwiegende Auffassung davon aus, dass die deutsche Sprache als Staatssprache in Deutschland Verfassungsrang hat – auch ohne ausdrückliche Erwähnung im Grundgesetz.[47] Diese Annahme bedeutet jedoch keineswegs, dass Sprachkenntnisse und die Ausdrucksfähigkeit in bestimmten anderen Sprachen eine Diskriminierungen darstellt, wenn nur Deutsch als Staatssprache akzeptiert wird. Das Gegenteil ist der Fall. Die Möglichkeit zur Kommunikation in verschiedenen Sprachen führt zu Vorteilen und stellt keine rechtliche Diskriminierung dar.[48] Dies bedeutet im Umkehrschluss,

44 BVerfG vom 16.03.1971 – 1 BvR 52 u.a./60 – E 30, 292,319; BVerfG vom 19.03.1975 – 1 BvL 20/73 – E 39, 210/231.

45 BVerfG vom 17.12.1953 – 1 BvR 147/52 – E 3. 58/135.

46 Umbach/Clemens-Sacksofsky Rn. 321 f.; Stern StaatsR IV/2 1731 f.

47 Kirchhof/Isensee, HdStR II, § 20, Rn. 101; Jochum, ZRP 2003, S. 27; Elicker ZRP 2002, S. 415.

48 Sachs, Verfassungsrecht II, Grundrechte, S. 242.

dass die Verwendung der deutschen Sprache im Arbeitsverhältnis in Deutschland auch bei Beachtung des Antidiskriminierungsrechts zunächst keine Diskriminierung sein wird. Auch weil Recht auf Sprache beruht, kann und darf die Verwendung der deutschen Sprache in Deutschland auch dem Rechtsverkehr zugrunde liegen.[49] Gerade dann, wenn das Grundgesetz selbst auf Deutsch geschrieben ist.[50] Um hierdurch ggf. bestehende sprachlich bedingte Chancengleichheit auszugleichen, fördert der Staat das Erlernen und die Pflege der deutschen Sprache, z. B. durch Sprachkurse, was wiederum auch für den Arbeitgeber gelten kann.[51]

Folgender prozedural zu verstehender Entwicklungszusammenhang wird auch insoweit sichtbar: Das Diskriminierungsverbot des Art. 3 Abs. 3 GG findet wegen seiner mittlerweile anerkannten[52], mittelbaren Drittwirkung nicht nur zwischen Staat und Bürger Anwendung[53], sondern entfaltet auch auf das Arbeitsrecht hin bezogen Wirkung, da es sich bei einem Streit zwischen privaten Arbeitgebern und Arbeitnehmern um Rechte und Pflichten aus den Vorschriften des Grundgesetzes handelt.[54] Dieses Grundrecht soll somit in der nachfolgenden Untersuchung das „Gerüst" für die Untersuchung der Kommunikationspflichten sein, woran sich Arbeitgeber und Arbeitnehmer zu orientieren haben.[55]

Die dargestellte Methodik soll in der nachfolgenden Untersuchung auch dadurch gestützt werden, dass der Arbeitgeber – bei fehlenden anderweitigen gesetzlichen Regelungen – aufgrund seiner Rücksichtnahmepflicht gemäß § 241 Abs. 2 BGB zur Verwirklichung seines Leistungsinteresses zu leistungssichernden Maßnahmen verpflichtet ist[56]. Eignet sich eine Grundrechtsgewährleistung oder Grundrechtsverwirklichung im Arbeitsverhältnis im Hinblick auf die Entwicklung und Sicherung von Kommunikationsmöglichkeiten unter Berücksichtigung eines prozeduralen Ansatzes, so ist Gleiches bei § 241 Abs. 2 BGB anzunehmen. Auch unter Anwendung dieser einfachgesetzlichen Bestimmung und deren Auslegung hin zu leistungssichernden Nebenpflichten soll es zur Gewährleistung und Sicherung einer symmetrischen und damit gleichberechtigten sowie

---

49 Morlok, Grundrechte, § 26, Rn. 828.

50 BeckOK Grundgesetz/Kischel GG Art. 3 Rn. 229.

51 Morlok, Grundrechte, § 26, Rn. 828.

52 Vgl. BVerfG 23.04.1986 – 2 BvR 487/80, BVerfGE 73, 261 (269) = AP GG Art. 2 Nr. 28; BVerfG 07.02.1990 – 1 BvR 26/84, BVerfGE 81, 242 (254) = AP GG Art. 12 Nr. 65.

53 BAG 15.01.1955 – 1 AZR 305/54, AP GG Art. 3 Nr. 4; Nipperdey RdA 1950, 121 ff.

54 MüKo, HB zum ArbR, § 7, Rn. 9.

55 BVerfG 15.01.1958 – 1 BvR 400/51 – BVerfGE 7, 198, 205.

56 BAG, NZA 2017, 740.

freiheitlichen Kommunikation im Arbeitsverhältnis kommen. Kommunikation ist dabei aber in einem Dauerschuldverhältnis wie dem Arbeitsverhältnis nicht statisch zu verstehen, sondern verändert sich und setzt leistungssichernde Veränderungen in Gang. Dies bedeutet, dass der Arbeitgeber verpflichtet sein kann, die Voraussetzungen für die Durchführung des Arbeitsvertrages zu schaffen, Erfüllungshindernisse nicht entstehen zu lassen oder zu beseitigen und dem anderen Teil den angestrebten Leistungserfolg zukommen zu lassen[57]. Sofern der Arbeitgeber, z. B. die Verwendung der deutschen Sprache bei der Erbringung der Arbeitsleistung von einem (ausländischen) nicht ausreichend deutschsprechenden Arbeitnehmer in einem Arbeitsverhältnis verlangt, ist dieser daher primär verpflichtet, dafür Sorge zu tragen, dass sich der Arbeitnehmer – sofern dieser nicht über ausreichende Sprachkenntnisse verfügt – diese auf Kosten des Arbeitgebers aneignet, z. B. durch die Teilnahme an (internen oder externen) Sprachkursen, oder durch Übersetzungen.

2. Das Gebot des fairen Verhandelns bei Begründung, Änderung und Beendigung des Arbeitsverhältnisses

Bei der Begründung und Änderung sowie Beendigung des Arbeitsverhältnisses hat der Arbeitgeber außerdem das Gebot des fairen Verhandelns zu berücksichtigen. Dieses Gebot hat den Zweck, die Gefahr einer möglichen Überrumpelung des Arbeitnehmers, z. B. weil diese zu ungewöhnlichen Zeiten oder an ungewöhnlichen Orten stattfinden kann, zu begegnen und schützt bei Willensmängel die einer Einschränkung der Entscheidungsfreiheit gleichkommen.[58] Das Gebot des fairen Verhandelns resultiert aus einer (vor)vertraglichen Nebenpflicht des Arbeitgebers.[59] Dabei ist genauer zu strukturieren: Die rechtliche Fundierung der vertraglichen Nebenpflichten ergibt sich ebenfalls – wie die leistungssichernden Maßnahmen – über § 241 Abs. 2 BGB aus der Natur des Vertrags, der Absprache der Parteien (§ 157 BGB)[60]. Der Arbeitgeber hat zwar keine Pflicht die Vermögensinteressen des Arbeitnehmers wahrzunehmen, jedoch darauf zu achten, dass er entsprechende Aufklärung leistet, wenn Unklarheiten beim Arbeitnehmer bei Vertragsschluss vorliegen, gerade wenn unzureichende Sprachkenntnisse zu Unklarheiten beim Arbeitnehmer führen. Der Arbeitgeber hat nach dem vorgenannten Gebot dann ein Mindestmaß an Fairness im Vorfeld

57 BAG, NZA 2017, 740.
58 BAG, NZA 2019, 688.
59 Holler, NJW 2019, 2206; Palandt/Ellenberger, § 157 Rn. 2; BAG, NZA 2019, 688.
60 Palandt/Ellenberger, § 157 Rn. 2.

des Vertragsschlusses zu gewährleisten.[61] Dies bedeutet, dass der Arbeitgeber bei objektiv erkennbar unzureichenden Sprachkenntnissen des Arbeitnehmers dazu verpflichtet sein kann, den jeweiligen Vertrag oder die jeweilige Erklärung in eine für den Arbeitnehmer verständliche Sprache zu übersetzen. Kommt der Arbeitgeber dieser Pflicht nicht nach, ist der Arbeitnehmer so zu stellen, wie er ohne das Zustandekommen des Vertrages stünde, was grundsätzlich zu einem Anspruch auf Befreiung von dem abgeschlossenen Vertrag und damit im Ergebnis dazu führt, dass der Vertrag gem. § 249 Abs. 1 BGB im Wege der Naturalrestitution rückgängig gemacht wird[62]. Das Gebot des fairen Verhandelns verdrängt insoweit die Anfechtungsregeln der §§ 119ff. BGB[63].

3. Das Gebot der Rechtsnormenklarheit

Schließlich wird das prozedurale Verständnis im Hinblick auf die dynamische Weiterentwicklung des Arbeitsrechts auch durch das Gebot der Rechtsnormenklarheit evident. Das Gebot der Rechtsnormenklarheit, also wie tarifvertragliche Normen ausgestaltet werden sollen und müssen, ist vom Arbeitgeber zu berücksichtigen und bei der anstehenden dogmatischen Prüfung von Relevanz.[64] Das Gebot der Rechtsquellenklarheit bestimmt, dass sich aus Kollektivverträgen zweifelsfrei ergeben muss, welche Regelungen vereinbart werden sollen. Ausgehend vom Wortlaut und dem durch ihn vermittelten Wortsinn kommt es auf den Gesamtzusammenhang und die Systematik der Bestimmung an. Darüber hinaus sind Sinn und Zweck der Regelung von besonderer Bedeutung. Im Zweifel gebührt derjenigen Auslegung der Vorzug, die zu einem sachgerechten, zweckorientierten, praktisch brauchbaren und gesetzeskonformen Verständnis der Regelung führt.[65] Auch hier wird die Prozeduralisierung des Arbeitsrechts deutlich in Bezug auf kollektive Normen. Das Gebot der Rechtsnormenklarheit ist somit ebenfalls ein Konstrukt, welches der prozeduralen Rechtsfortbildung dient, da keine gesetzliche Norm für dieses Gebot im Arbeitsrecht vorhanden ist.

61 BAG, NZA 2019, 688.
62 So Reinecke, FS Düwell, 2011, 410.
63 BAG, NZA 2019, 688.
64 BAG, NZA 2018, 803.
65 BAG, NZA 2018, 803.

4. Zusammenfassung

Dies führt unter methodischen Gesichtspunkten zu folgenden Konsequenzen: Bei der nachfolgenden Untersuchung sollen zunächst die in Deutschland bestehenden Gesetze untersucht werden, ob und wie die Sprache bzw. die Kommunikation bei den einzelnen Phasen eines Arbeitsverhältnisses geregelt ist. Sofern Gesetze hierüber keine oder nur unzureichend Auskunft geben, soll sodann untersucht werden, ob Rechtsprechung zur Sprache oder zu den Kommunikationspflichten im Arbeitsrecht existiert und falls ja, in welchen Fällen diese Anwendung findet. Natürlich sollen dabei auch die von der Literatur aufgerufenen Lösungsmöglichkeiten aufgezeigt werden. Sodann sollen die Ergebnisse anhand der aufgezeigten Methodik durch einen der drei aufgezeigten prozeduralen Ansätze einer Lösung zugeführt werden.

1. Teil: Sprachrechtliche Besonderheiten im Individualarbeitsrecht

A. Die Sprache und Kommunikation bei Anbahnung eines Arbeitsverhältnisses

I. Einleitung

Die Sprache kann bereits bei der Anbahnung eines Arbeitsverhältnisses von Bedeutung sein[66], und zwar dann, wenn Arbeitgeber in Deutschland bei Bewerbern bestimmte Deutschkenntnisse als Einstellungskriterium voraussetzen und hierdurch ausländische Bewerber von vornherein für die Besetzung einer Stelle ausschließen, die nicht über die vom Arbeitgeber geforderten Deutschkenntnisse verfügen.[67] In diesem Zusammenhang stellt sich die Frage, ob Arbeitgeber in Deutschland zu einer solchen unterschiedlichen Behandlung von ausländischen Bewerbern berechtigt sind oder diese bei der Bewerberauswahl rechtliche Grenzen zu beachten haben. Etwaige Kommunikationsverpflichtungen sind bei der Anbahnung eines Arbeitsvertrages hingegen nicht von Relevanz, da in diesem Stadium noch keine Willenserklärungen ausgetauscht werden.

II. Die unternehmerische Freiheit des Arbeitgebers bei der Stellenbesetzung

Bei der Stellenausschreibung und der Auswahl eines Bewerbers auf eine bestimmte Arbeitsstelle ist das zeitliche Vorfeld des Abschlusses eines Arbeitsvertrages maßgeblich, d. h. es geht in diesem Stadium um die Festlegung der Arbeitsplatzbedingung durch den Arbeitgeber. Der Arbeitgeber ist aufgrund seiner grundrechtlich durch Art. 12 Abs. 1 GG geschützten unternehmerischen Freiheit frei, bestimmte Anforderungen bei der Besetzung einer Position zu stellen.[68] Zu diesen Anforderungen können auch sprachliche Anforderungen an (zukünftige) Mitarbeiter gehören.[69]

---

66 So auch Hinrichs/Stütze, NZA-RR 2011, 113.

67 ArbG Berlin, NZA-RR 2010, NZA-RR Jahr 2010 Seite 16; Gruber, NZA 2009, NZA Jahr 2009 Seite 1247 (NZA Jahr 2009 1248); ErfK/Schlachter, 11. Aufl. (2011), § 1 AGG Rdnr. 4.

68 Vgl. hierzu BAG, NZA 1988, 551 und Buchner, NZA 1991, 577 m.w.Nachw.

69 So auch Hinrichs/Stütze, NZA-RR 2011, 113, 115.

III. Die Grenzen der unternehmerischen Freiheit des Arbeitgebers bei der Stellenbesetzung

Allerdings können sich Grenzen der unternehmerischen Freiheit des Arbeitgebers hinsichtlich der Stellenbesetzung mit ausschließlich deutschsprachigen Arbeitnehmern aufgrund von gesetzlichen Diskriminierungsverboten ergeben. Zudem könnte als Grenze der unternehmerischen Freiheit des Arbeitgebers auch der arbeitsrechtliche Gleichbehandlungsgrundsatz dienen, wenn der Arbeitgeber von seinen Bewerbern bestimmte Deutschkenntnisse für die Besetzung einer Stelle voraussetzt. Als gesetzliche Diskriminierungsverbote kommen jedenfalls Art. 45 Abs. 2 AEUV, Art. 3 Abs. 3 S. 1 GG und § 7 Abs. 1 AGG in Betracht.

1. Das Benachteiligungsverbot des Art. 45 Abs. 2 AEUV

Zunächst könnte die unternehmerische Freiheit des Arbeitgebers bei der Besetzung einer Arbeitsstelle gem. Art. 45 Abs. 2 AEUV eingeschränkt sein. Die Forderung des Arbeitgebers gegenüber seinen Bewerbern nach einem gewissen Niveau an Deutschkenntnissen für die Besetzung einer Stelle könnte dazu führen, dass Arbeitnehmer aus anderen Ländern mit fehlenden Sprachkenntnissen für die Besetzung einer Stelle in Deutschland nicht infrage kommen und diese Arbeitnehmer somit „unterschiedlich" i.S.d. Art. 45 Abs. 2 AEUV behandelt werden.

a. Schutzbereich

aa. Persönlicher Schutzbereich

In persönlicher Hinsicht werden von Art. 45 Abs. 2 AEUV allein nur Arbeitnehmer der EU-Mitgliedsstaaten, d. h. Staatsangehörige eines EU-Mitgliedsstaats geschützt.[70] Dies ergibt sich zwar nicht direkt aus dem Wortlaut der Bestimmung, welche die Staatsangehörigkeit der Arbeitnehmer nicht als Voraussetzung benennt. Es folgt aber aus systematischen und teleologischen Erwägungen: So bezog sich bereits die Präambel des EG-Vertrags auf die Völker der Mitgliedstaaten und knüpfte damit an die Zugehörigkeit zu einem der Mitgliedstaaten an.[71] Dies hat sich auch im AEUV nicht geändert. Außerdem wird

---

70 Vgl. hierzu EuGH, RS 238/83; Meade, Slg. 984, 2631 Rn. 7; Hailbronner, in: HK-EU, Art. 48 EGV Rn. 28; Schneider/Wunderlich, in: Schwarze, Art. 39 EGV Rn. 21.

71 Schneider/Wunderlich, in: Schwarze, Art. 39 EGV Rn. 21; im Ergebnis ebenso Wölker/Grill, in: von der Groeben/Schwarze, Vorbem. zu Art. 39 bis 41 EGV Rn. 46.

die Niederlassungs- und Dienstleistungsfreiheit ausdrücklich nur für Staatsangehörige der Mitgliedstaaten gewährleistet (vgl. hierzu den Wortlaut des Art. 49 und Art. 56 AEUV).

bb. Sachlicher Schutzbereich

Art. 45 Abs. 2 AEUV bestimmt, dass die Freizügigkeit der Arbeitnehmer jede auf der Staatsangehörigkeit beruhende unterschiedliche Behandlung der Arbeitnehmer aus EU-Mitgliedstaaten in Bezug auf Beschäftigung, Entlohnung und sonstige Arbeitsbedingungen verbietet. Wie sich aus Art. 45 Abs. 3 lit. a) AEUV entnehmen lässt, werden nicht nur solche Personen geschützt, die bereits in einem Arbeitsverhältnis stehen, sondern darüber hinaus ebenfalls Stellenbewerber, d. h. Arbeitssuchende.[72] Der sachliche Schutzbereich wäre demnach ebenfalls eröffnet, wenn der Arbeitgeber ausschließlich Bewerber mit (bestimmten) Deutschkenntnissen einstellen möchte, da Bewerber aus anderen EU-Mitgliedsstaaten in einem solchen Fall bei der Besetzung einer Stelle nicht berücksichtigt werden und somit unterschiedlich i.S.d. Art. 45 Abs. 2 AEUV behandelt werden.[73]

b. Eingriff in den Schutzbereich

aa. Arbeitgeber als Verpflichtungsadressat

Es stellt sich die Frage, ob private Arbeitgeber in Deutschland das Diskriminierungsverbot des Art. 45 Abs. 2 AEUV als Verpflichtungsadressat überhaupt zu beachten haben. Grundsätzlich sind Adressaten der Grundfreiheiten nämlich primär die EU-Mitgliedstaaten, d. h. diese werden hierdurch gebunden und zwar sowohl in ihrer Eigenschaft als Herkunfts- als auch als Aufnahmemitgliedsstaat.[74] Aber auch Privatpersonen werden nach der EuGH-Rechtsprechung durch das Diskriminierungsverbot des Art. 45 Abs. 2 AEUV verpflichtet, sog. „Dritt-" bzw. „Horizontalwirkung" der Arbeitnehmerfreizügigkeit im Privatrecht.[75] Der EuGH begründet seine Ansicht zur Anwendbarkeit des Art. 45 Abs. 2 AEUV auf

---

72 EuGH, RS C-292/89, Slg. 1991, I-745, Rn. 21; Siehe näher GA *Fennelly* SchlA C-281/98, Slg. 2000, I-4139 Rn. 2 ff. – Angonese; EuGH C-317/14, ECLI:EU: C:2015:63 Rn. 20 ff. = EuZW 2015, 486 – Kommission/Belgien zu einem ähnlich gelagerten Fall in Belgien, in dem allerdings der Staat als Arbeitgeber auftrat.

73 Streinz, EUV/AEUV, Art. 45, Rn. 94; EuGH C-281/98, Slg. 2000, I-4139 Rn. 38 ff. – Angonese.

74 Erfurter-KO, Art. 45 AEUV, Rn. 15 m.w.Nachw. aus der EuGH-Rspr.

75 EuGH, Rs. C-281/98 (Angonese), 2000 I S. 4139 Rn. 36; Wienbracke, EuR 2012, 483.

Private damit, dass dieses Verbot „allgemein formuliert" ist, sich das Verbot also gerade nicht nur speziell an die Mitgliedstaaten richtet. Zum anderen wäre aber auch „die Beseitigung der Hindernisse für den freien Personenverkehr – eines der in Art. 3 EUV aufgeführten wesentlichen Ziele der Europäischen Union – gefährdet, wenn die Beseitigung der staatlich anerkannten Schranken dadurch in ihren Wirkungen wieder aufgehoben werden würde, dass privatrechtliche Vereinigungen oder Einrichtungen kraft ihrer rechtlichen Autonomie derartige Hindernisse errichteten" (z. B. durch bestimmte Sprachanforderungen für die Besetzung einer Stelle).[76] Denn „da die Arbeitsbedingungen in den verschiedenen Mitgliedstaaten teilweise durch Gesetze oder Verordnungen und teilweise durch Tarifverträge und sonstige Maßnahmen, die von Privatpersonen geschlossen bzw. vorgenommen werden, geregelt sind, bestünde die Gefahr, dass eine Beschränkung der in Art. 45 AEUV vorgesehenen Verbote auf behördliche Maßnahmen zu Ungleichheiten bei seiner Anwendung führen würde."[77] Der Entscheidung des EuGH ist zuzustimmen, da Art. 45 AEUV grundsätzlich auch von privaten Arbeitgebern Beachtung finden muss, um die statuierte Freizügigkeit für Arbeitnehmer innerhalb der EU gewährleisten zu können. Folglich haben auch private Arbeitgeber in Deutschland das Diskriminierungsverbot des Art. 45 Abs. 2 AEUV zu beachten, so dass das Diskriminierungsverbot gegenüber allen Arbeitnehmern der übrigen Mitgliedsstaaten gilt.

bb. Diskriminierung eines ausländischen Bewerbers aus einem anderen EU-Mitgliedsstaat i.S.d. Art. 45 Abs. 2 AEUV wegen seiner Staatsangehörigkeit

Eine Diskriminierung eines Bewerbers i.S.d. Art. 45 Abs. 2 AEUV kann entweder durch eine unmittelbare und mittelbare Diskriminierung des Arbeitnehmers erfolgen.

Eine unmittelbare Diskriminierung i.S.d. Art. 45 Abs. 2 AEUV (auch „offene" Diskriminierung genannt) liegt vor, wenn die Staatsangehörigkeit das für eine Differenzierung maßgebliche Kriterium ist und die hiervon abhängigen Rechtsfolgen für Ausländer weniger günstig sind als für Inländer.[78] Dagegen handelt es sich um eine mittelbare Diskriminierung, wenn auf andere

76 EuGH, Rs. C-281/98 (Angonese), 2000 I S. 4139 Rn. 36.

77 EuGH, Rs. C-281/98 (Angonese), 2000 I S. 4139 Rn. 36.

78 EuGH 16.09.2004 – C-465/01 – Slg. 2004, I-8294 Rn. 32, oder zur Tätigkeit in einem privaten Wachdienst, EuGH 31.05.2001 – C-283/99 – EuZW 2001, 603; ErfK-KO, Art. 45 AEUV, Rn. 44.

Unterscheidungsmerkmale als die Staatsangehörigkeit abgestellt wird, dies aber tatsächlich zur Benachteiligung von Ausländern führt.[79]

Sofern der Arbeitgeber beabsichtigt einen deutschen „Muttersprachler“ einzustellen, liegt eine unmittelbare Diskriminierung wegen der Staatsangehörigkeit vor, da die Staatsangehörigkeit offenkundig maßgebliches Differenzierungsmerkmal ist. Sollte der Arbeitgeber zwar keinen deutschen „Muttersprachler“ für die Besetzung einer Stelle in Betracht ziehen, aber dennoch ein gewisses Niveau an Deutschkenntnissen voraussetzen, liegt eine mittelbare Diskriminierung i.S.d. Art. 45 Abs. 2 AEUV aus Gründen der Staatsangehörigkeit vor, da in einem solchen Fall zwar nicht unmittelbar auf die Staatsangehörigkeit abgestellt wird, die Sprache eines Bewerbers aber aufgrund der Staatsangehörigkeit mittelbar als Differenzierungsmerkmal herangezogen wird.[80] Im Ergebnis liegt eine Diskriminierung i.S.d. Art. 45 Abs. 2 AEUV und damit ein Eingriff in den Schutzbereich dieser Norm vor, wenn der Arbeitgeber die Stelle mit einem deutschen „Muttersprachler“ besetzen will oder für die Besetzung einer Stelle ein gewisses Niveau an Deutschkenntnissen voraussetzt.

c. Rechtfertigung einer Diskriminierung

Fraglich ist, ob eine Diskriminierung i.S.d. Art. 45 Abs. 2 AEUV eines Bewerbers aufgrund seiner Staatsangehörigkeit gerechtfertigt sein kann. Eine Diskriminierung ist zulässig, wenn die Ungleichbehandlung durch zwingende Gründe gerechtfertigt ist und sich als verhältnismäßig erweist.[81] Die beabsichtigte Besetzung einer Stelle mit einem deutschen „Muttersprachler“ oder die Forderung nach Sprachkenntnissen muss für die Ausübung der Tätigkeit des Arbeitnehmers geeignet sein, die Verwirklichung des mit ihr verfolgten Zwecks zu gewährleisten und darf nicht über das hinausgehen, was zur Erreichung dieses Zwecks erforderlich ist.[82]

Es erscheint bereits fraglich, ob zwingende Gründe dafür vorliegen können, um eine Stelle ausschließlich mit einem deutschen „Muttersprachler“ zu besetzen. Jeder Mensch, dessen Muttersprache eine andere als die deutsche ist, kann sich perfekte Kenntnisse in deutscher Schrift und deutscher Sprache aneignen,

---

79 EuGH Rs. C-237/94, O'Flynn, Slg. 1996, I-2617, Rdnr. 19; Rs. C-47/96, Meints, Slg. 1997, I-6689, Rdnr. 45; Rs. C-15/96.

80 EuGH 20.06.2013 – C-20/12 – EuGRZ 2013, 429 Rn. 41 – Giersch; 05.12.2013 – C-514/12 – NZA 2014, 204 Rn. 25.

81 Grabitz/Hilf/Nettesheim, Art. 45 AEUV, Rn. 374.

82 ErfK-KO, Art. 45 AEUV, Rn. 40.

falls ihm die dazu notwendigen Bildungschancen eröffnet würden.[83] Es ist daher kaum vorstellbar, dass eine Stelle nur allein durch einen Muttersprachler optimal zu besetzen ist. Selbst wenn exzellente Deutschkenntnisse für die Besetzung einer Stelle erforderlich sind, wie etwa bei einem Verlagslektor oder einem Deutschlehrer, ist es grundsätzlich möglich, dass sich diese Deutschkenntnisse auch ein Nichtmuttersprachler aneignet.[84] Eine Stellenbesetzung mit einem Muttersprachler und somit eine unmittelbare Benachteiligung i.S.d. Art. 45 Abs. 2 AEUV wegen der Staatsangehörigkeit lässt sich somit nicht rechtfertigen.

Die Forderung des Arbeitgebers an seinen (zukünftigen) Arbeitnehmer, sprachliche Fertigkeiten bei der Ausübung seiner Tätigkeit zu besitzen, kann hingegen aus zwingenden Gründen gerechtfertigt und verhältnismäßig sein, wenn die Tätigkeit des Arbeitnehmers Deutschkenntnisse erfordert. Inwiefern die Forderung des Arbeitgebers nach Deutschkenntnissen als rechtmäßiges Ziel gerechtfertigt ist, lässt sich jedoch nicht pauschal beantworten. Demnach ist immer auf den Einzelfall abzustellen, d. h. es ist entscheidend, welche Deutschkenntnisse ein Arbeitgeber für einen konkreten Arbeitsplatz fordern darf. Deutsche Sprachkenntnisse darf der Arbeitgeber von seinen Mitarbeitern z. B. dann erwarten, wenn diese in Kundenkontakt stehen oder Vorgänge in deutscher Sprache bearbeiten müssen.[85] Eine generelle und sachgrundlose Forderung des Arbeitgebers nach Deutschkenntnissen wäre jedoch nicht zu rechtfertigen und würde gegen Art. 45 Abs. 2 AEUV verstoßen, da generell nicht alle Tätigkeiten notwendigerweise Deutschkenntnisse voraussetzen.

d. Rechtsfolgen einer Diskriminierung

Im Fall der diskriminierenden Nichteinstellung eines Bewerbers i.S.d. Art. 45 Abs. 2 AEUV, der einem anderen EU-Mitgliedstaat angehört, kommt als Rechtsfolge ein Entschädigungsanspruch gegen den Arbeitgeber in Betracht.[86] Der EuGH überlässt es dabei den nationalen Gerichten, „in Ansehung des innerstaatlichen Rechts der außervertraglichen Haftung" die geeignete Form von Wiedergutmachung zu erkennen, d. h., dass im Ergebnis die Rechtsfolgen gelten, die innerstaatlich zur Anwendung kommen, wenn gegen ein vergleichbares

83 So auch Herbert/Oberrath, NJ 2011, 10.

84 Herbert/Oberrath, NJ 2011, 10.

85 BAG 28.02.2010 – 2 AZR 764/08, BeckRS 2010, 69087.

86 EuGH 06.06.2000 – C-281/98 – NZA-RR 2001, 20 Rn. 45 f.; NK-ArbR/Antonius Allgaier AEUV Art. 45 Rn. 46; ErfK/Wißmann/Schlachter AEUV Art. 45 Rn. 52; EuGH, 22.04.1997, Rs. C-180/95 (Draehmpaehl), Slg 1997, I-2195.

innerstaatliches Diskriminierungsverbot verstoßen wird.[87] In Deutschland ist ein mit Art. 45 Abs. 2 AEUV vergleichbares Diskriminierungsverbot in § 7 Abs. 1 AGG i.V.m. § 1 AGG, § 2 Abs. 2 Nr. 1 AGG geregelt, das eine Benachteiligung von ausländischen Bewerbern wegen ihrer ethnischen Herkunft verbietet. Bei einem Verstoß hiergegen, richten sich die Rechtsfolgen nach § 15 AGG, so dass diese Norm zur Bestimmung der Rechtsfolgen einer Diskriminierung i.S.d. Art. 45 Abs. 2 AEUV analog heranzuziehen ist.[88]

§ 15 AGG sieht vor, dass bei einem Verstoß gegen das Benachteiligungsverbot des § 7 Abs. 1 AGG entweder ein Schadensersatzanspruch des Bewerbers gegen den Arbeitgeber besteht (§ 15 Abs. 1 AGG) und/oder der Arbeitgeber dem Bewerber zu einer Entschädigungsleistung verpflichtet ist (§ 15 Abs. 2 AGG).

aa. Schadensersatzanspruch des Bewerbers gem. § 15 Abs. 1 AGG

§ 15 Abs. 1 AGG erfasst den materiellen Schaden, den ein Bewerber durch eine Benachteiligung erlitten hat. Dass § 15 Abs. 1 AGG den materiellen Schaden eines Bewerbers ersetzen soll, ergibt sich aus dem systematischen Zusammenhang zu der Sonderregelung in § 15 Abs. 2 AGG, der sich ausdrücklich auf Schäden, die „nicht Vermögensschäden“ sind, bezieht.[89] Ein erlittener materieller Schaden ist dabei nach den Grundsätzen des § 249 BGB zu ersetzen und erfasst insbesondere den entgangenen Verdienst, denn ein Einstellungsanspruch kann der Bewerber gem. § 15 Abs. 6 AGG nicht geltend machen.[90] Die Höhe eines solchen Schadensersatzanspruches bei Geltendmachung eines entgangenen Verdiensts ist nach h. M.[91] nicht festgelegt, so dass theoretisch der entgangene Verdienst bis zum Pensionseintrittsalter beansprucht werden kann[92]. Ein solcher Vergütungsanspruch des Bewerbers ist jedoch durch die Schadensminderungspflicht des § 254 Abs. 2 BGB begrenzt. Anderweitig erzielter Verdienst oder das, was zu erzielen böswillig unterlassen wurde, ist anzurechnen. Die Beweislast dafür liegt beim Arbeitgeber.[93]

87 EuGH 17.07.2008 – C-94/07 – NZA 2008, 995 Rn. 52 – Raccanelli.
88 EuGH 07.09.2006 NZA 2006, 1347; So auch Erfurter-KO, Art. 45 AEUV, Rn. 53.
89 Erfurter-KO, AGG, § 15, Rn. 3; BeckOK ArbR/Roloff AGG § 15 Rn. 6, 7.
90 BAG, NZA 2010, 1412; Erfurter-KO, AGG, § 15, Rn. 3.
91 BeckGK, AGG, § 15, Rn. 38 m.w.Nachw.
92 So LAG B 26.11.2008 LAG AGG § 22 Nr. 1.
93 Erfurter-KO, AGG, § 15, Rn. 3.

bb. Entschädigungsanspruch des Bewerbers gem. § 15 Abs. 2 AGG

Neben einem Schadensersatzanspruch nach § 15 Abs. 1 AGG könnte ein i.S.d. Art 45 Abs. 2 AEUV benachteiligter Bewerber ggf. auch gem. § 15 Abs. 2 AGG eine angemessene Entschädigung in Geld vom Arbeitgeber zustehen. Dies vor dem Hintergrund, dass mit einer vorgenannten Benachteiligung immer auch eine Persönlichkeitsverletzung einhergeht, für die der Arbeitgeber den Bewerber entschädigen soll.[94] Bei der Höhe des Entschädigungsanspruchs ist nach der Entwurfsbegründung des § 15 AGG auf den Einzelfall abzustellen und die erlittene Persönlichkeitsverletzung zu bewerten, damit ein angemessenes Verhältnis zum erlittenen Schaden hergestellt werden muss.[95] Berücksichtigt werden kann die Schwere des Verstoßes, das Ausmaß des Verschuldens, die Art der Beeinträchtigung oder das Vorliegen eines Wiederholungsfalles.[96] Eine Entschädigung darf bei einem benachteiligten Bewerber gem. § 15 Abs. 2 Satz 2 AGG drei Monatsgehälter jedoch nicht übersteigen. Ein Entschädigungsanspruch steht einem Bewerber auch nur dann zu, wenn dieser zumindest geltend macht, dass er bei diskriminierungsfreier Auswahl die Stelle erhalten hätte. Hierfür trägt er die Beweislast.[97]

cc. Zwischenergebnis

Bei einer unmittelbaren oder mittelbaren Benachteiligung eines ausländischen Bewerbers i.S.d. Art. 45 Abs. 2 AEUV in Deutschland kann dieser einen Schadensersatzanspruch gem. § 15 Abs. 1 AGG analog und/oder einen Entschädigungsanspruch gem. § 15 Abs. 2 AGG analog gegen den Arbeitgeber geltend machen, bei dem er sich für eine Stelle beworben hat.

d. Ergebnis

Sollte der Arbeitgeber einen deutschen „Muttersprachler" bei der Besetzung einer Stelle gegenüber einem europäischen Bewerber bevorzugen, liegt eine

---

94 BAG 19.12.2013 NZA 2014, 372; LAG RP 28.10.2015 BeckRS 2016, 66613; BAG, NZA 2005, 870; ErfK/Schlachter AGG § 15 Rn. 10–12; BAG 23.08.2012 NZA 2013, 37; MüKoBGB/Thüsing AGG § 15 Rn. 9.

95 BT-Drs. 16/1780 S. 38; ErfK/Schlachter AGG § 15 Rn. 10; BAG 23.08.2012 NZA 2013, 37; MüKoBGB/Thüsing AGG § 15 Rn. 9; BGH 23.04.2012 NZA 2012, 797, 802; OLG K 29.07.2010 NZA 2011, 211.

96 ErfK/Schlachter AGG § 15 Rn. 10; BAG, NZA 2010, 1129; LAG RP 14.08.2014 NZA-RR 2015, 14.

97 BAG, NZA 2010, 1412.

unmittelbare Diskriminierung i.S.d. Art. 45 Abs. 2 AEUV vor, die nicht zu rechtfertigen ist. Das Gleiche gilt, wenn ein Arbeitgeber von einem Bewerber – aus einem anderen EU-Mitgliedsstaat – Deutschkenntnisse fordert, diese Forderung aus sachlichen Gründen nicht gerechtfertigt ist und demnach als nicht zu rechtfertigende mittelbare Diskriminierung i.S.d. Art. 45 Abs. 2 AEUV anzusehen ist. Bei einer unmittelbaren oder mittelbaren Diskriminierung des Arbeitgebers hat der Arbeitnehmer in analoger Anwendung des § 15 AGG einen Schadens- und/oder Entschädigungsanspruch. Einen Einstellungsanspruch hat der Bewerber nicht.

2. Das Benachteiligungsverbot des Art. 3 Abs. 3 S. 1 GG

Die Forderung eines Arbeitgebers nach Deutschkenntnissen bei ausländischen Bewerbern, oder die Besetzung einer Stelle mit einem „Muttersprachler“ deutscher Herkunft könnte auch gegen Art. 3 Abs. 3 S. 1 GG verstoßen.[98]

a. Schutzbereich

Zunächst müsste der Schutzbereich des Art. 3 Abs. 3 S. 1 GG eröffnet sein. Gem. Art. 3 Abs. 3 S. 1 GG darf niemand wegen seiner Sprache benachteiligt oder bevorzugt werden. Das Merkmal der Sprache stellt dabei auf die Muttersprache ab, d. h. Gebrauch und Pflege der Muttersprache dürfen jedenfalls nicht zum Vorteil oder zu Nachteilen führen.[99] Der Schutzbereich des Art. 3 Abs. 3 S. 1 GG umfasst demnach grundsätzlich jede Benachteiligung wegen der Sprache. Sofern der Arbeitgeber einen ausländischen Bewerber wegen seiner fehlenden oder mangelnden Deutschkenntnisse nicht in einem Bewerbungsverfahren berücksichtigt, ist der Schutzbereich des Art. 3 Abs. 3 S. 1 GG eröffnet.[100] Das Gleiche gilt, wenn der Arbeitgeber bei der Besetzung einer Stelle ausschließlich „Muttersprachler“ mit deutscher Herkunft berücksichtigt.

b. Eingriff in den Schutzbereich

Weiter müsste ein Eingriff in den Schutzbereich des Art. 3 Abs. 3 S. 1 GG vorliegen. Das Diskriminierungsverbot des Art. 3 Abs. 3 GG hat nicht nur Abwehrfunktion und richtet sich demnach gegen Bevorzugungen oder Benachteiligungen i.S.d.

---

98 So auch Herbert/Oberrath, NJ 2011, 10.

99 Vgl. BAG, Urt. v. 15.12.2016 – 8 AZR 418/15, BeckRS 2016, 119064 Rn. 39 m.w.Nachw.; ErfK-KO, Art. 3 GG, Rn. 73; BAG, NZA 2018, 33.

100 So auch Herbert/Oberrath, NJ 2011, 10; Herbert/Oberrath, DB 2009, 2434.

Art. 3 Abs. 3 GG durch den Staat und Arbeitgeber und findet somit zwischen Arbeitgeber und Bewerber Anwendung.[101] Wenn ein Arbeitgeber einen ausländischen Bewerber wegen seiner fehlenden oder mangelnden Deutschkenntnisse nicht in einem Bewerbungsverfahren berücksichtigen will, liegt eine mittelbare Benachteiligung vor und wenn der Arbeitgeber bei der Besetzung einer Stelle ausschließlich einen „Muttersprachler" mit deutscher Herkunft berücksichtigen will, liegt eine unmittelbare Benachteiligung vor. Ein Eingriff in den Schutzbereich des Art. 3 Abs. 3 GG liegt demnach vor.

c. Rechtfertigung

Bei der Rechtfertigung eines Eingriffs in den Schutzbereich des Art. 3 Abs. 2 GG hat eine Abwägung der beiden Grundrechte des Arbeitnehmers mit der durch Art. 12 Abs. 1 GG geschützten Unternehmensfreiheit zu erfolgen, womit ebenfalls im Rahmen einer Verhältnismäßigkeitsprüfung darüber zu entscheiden ist, ob der Arbeitgeber einen ausländischen Bewerber wegen seiner fehlenden oder mangelnden Deutschkenntnisse nicht in einem Bewerbungsverfahren berücksichtigen darf, oder nicht.[102] Das Gleiche gilt, wenn der Arbeitgeber bei der Besetzung einer Stelle ausschließlich „Muttersprachler" mit deutscher Herkunft berücksichtigen will. Hier gilt, wie bei Art. 45 Abs. 2 AEUV, beschrieben. Sollte der Arbeitgeber einen deutschen „Muttersprachler" bei der Besetzung einer Stelle gegenüber einem Bewerber ohne muttersprachlichen Deutschkenntnissen bevorzugen, liegt eine Benachteiligung vor, die nicht zu rechtfertigen ist. Das Gleiche gilt, wenn ein Arbeitgeber von einem Bewerber Deutschkenntnisse fordert, obwohl die Besetzung der Stelle keinerlei Deutschkenntnisse bedarf.

d. Rechtsfolgen eines Verstoßes

Die Rechtsfolge eines Verstoßes gegen den Gleichbehandlungsgrundsatz ist, dass der Arbeitnehmer, der durch den Verstoß benachteiligt wird, die Beseitigung der Rechtsbeeinträchtigung verlangen kann[103]. Vorliegend bedeutet dies, dass der Arbeitgeber einen deutschen „Muttersprachler" bei der Besetzung einer Stelle nicht gegenüber einem Bewerber ohne muttersprachliche Deutschkenntnissen bevorzugen darf. Sofern der Arbeitgeber einen „Muttersprachler" bevorzugt, ist die Rechtsfolge, dass der bevorzugte Arbeitnehmer eingestellt bleibt. Der Arbeitgeber hat jedoch zukünftig solche Forderungen bei der Besetzung einer Stelle

---

101 Erfurter-KO, Art. 3 GG, Rn. 67; Hümmerich/Boecken/Düwell, GG, Art. 3, Rn. 5.
102 Herbert/Oberrath, DB 2009, 2434.
103 Mü-Hdb z. ArbetsR, Band 1, § 14, Rn. 51.

zu unterlassen.[104] Das Gleiche gilt, wenn ein Arbeitgeber von einem Bewerber Deutschkenntnisse fordert, obwohl die Besetzung der Stelle keinerlei Deutschkenntnisse bedarf.

e. Ergebnis

Im Ergebnis ist daher festzuhalten, dass die Forderung eines Arbeitgebers nach Deutschkenntnissen bei seinen Bewerbern auch gegen Art. 3 Abs. 3 S. 1 GG verstößt. Das Gleiche gilt, wenn der Arbeitgeber bei der Besetzung einer Stelle ausschließlich „Muttersprachler" mit deutscher Herkunft berücksichtigt.

3. Das Benachteiligungsverbot des § 7 Abs. 1 AGG

Weiter könnten Arbeitgeber ausländische Bewerber wegen ihrer ethnischen Herkunft gem. den §§ 1, 3 AGG benachteiligen und somit gegen das Benachteiligungsverbot des § 7 Abs. 1 AGG verstoßen, wenn deutsche Bewerber gegenüber ausländischen Arbeitnehmern aufgrund ihrer besseren Deutschkenntnisse bevorzugt werden bzw. nur Bewerber mit deutscher Herkunft bei der Stellenbesetzung berücksichtigt werden. Gem. § 7 Abs. 1 AGG dürfen Beschäftigte nicht wegen eines in § 1 AGG genannten Grundes benachteiligt werden. Eine Benachteiligung i.S.d. § 1 AGG kann dabei unmittelbar (§ 3 Abs. 1 AGG) oder mittelbar (§ 3 Abs. 2 AGG) erfolgen.

a. Anwendungsbereich des § 7 Abs. 1 AGG

Bevor auf die Frage einer nach § 7 Abs. 1 AGG verbotenen unmittelbaren oder mittelbaren Benachteiligung ausländischer Bewerber wegen ihrer ethnischen Herkunft gem. den § 1 AGG eingegangen werden kann, muss zunächst geklärt werden, ob der persönliche und sachliche Anwendungsbereich des § 7 AGG auch auf sog. Anbahnungsverhältnisse, also auch für das Bewerbungsverfahren Anwendung findet, bzw. das Benachteiligungsverbot des § 7 AGG nur auf bestehende Arbeitsverhältnisse anzuwenden ist.

aa. Persönlicher Anwendungsbereich

Der persönliche Anwendungsbereich des AGG und somit auch des § 7 Abs. 1 AGG wird durch § 6 AGG bestimmt. Gem. § 6 Abs. 1 Satz 1 AGG findet das AGG auf alle Arbeitnehmer, zur Berufsausbildung Beschäftigten und

---

104 Hömig/Wolff, Grundgesetz für die Bundesrepublik Deutschland, Art. 3, Rn. 9.

arbeitnehmerähnlichen Personen Anwendung[105]. Darüber hinaus ist in § 6 Abs. 1 Satz 1 AGG geregelt, dass auch Bewerber unter den persönlichen Anwendungsbereich des AGG fallen, so dass der persönliche Anwendungsbereich des AGG auch für Stellenbewerber eröffnet ist[106].

bb. Sachlicher Anwendungsbereich

Der sachliche Anwendungsbereich des AGG wird von § 2 Abs. 1 AGG festgelegt.

Gemäß § 2 Abs. 1 Nr. 1 AGG sind Benachteiligungen aus den in § 1 AGG dargelegten Gründen – insbesondere in Bezug auf die Bedingungen einschließlich Auswahlkriterien und Einstellungsbedingungen – für den Zugang zu unselbstständiger und selbstständiger Erwerbstätigkeit, unabhängig von Tätigkeitsfeld und beruflicher Position sowie für den beruflichen Aufstieg unzulässig[107]. Demnach ist auch der sachliche Anwendungsbereich des AGG für Stellenbewerber eröffnet.

cc. Zwischenergebnis

Der persönliche und sachliche Anwendungsbereich des AGG erstreckt sich auch auf sog. Anbahnungsverhältnisse[108], so dass der Arbeitgeber das Diskriminierungsverbot des § 7 Abs. 1 AGG auch während eines Bewerbungsverfahrens und damit auch bei einer Stellenbesetzung zu beachten hat.

b. Verbotene Benachteiligungen eines ausländischen Bewerbers wegen seiner ethnischen Herkunft i.S.d. § 7 Abs. 1 AGG i.V.m. § 1 AGG

Nachdem nun geklärt wurde, dass das Benachteiligungsverbot des § 7 Abs. 1 AGG auch auf Anbahnungsverhältnisse Anwendung findet, stellt sich die Frage, ob bei einer Bevorzugung eines deutschen Bewerbers gegenüber einem ausländischen Bewerber eine Benachteiligung wegen der „ethnischen Herkunft" i.S.d. § 1 AGG vorliegt und unter welchen Voraussetzungen bei Vorliegen einer Benachteiligung wegen der ethnischen Herkunft eine unmittelbare oder mittelbare

---

105 ErfK/Schlachter AGG § 6 Rn. 3; BAG 27.01.2011 NZA 2011, 737; 16.02.2012 NZA 2012, 669.

106 BAG 11.08.2016 NZA 2017, 43; 15.12.2016 NZA 2017, 715; ErfK/Schlachter AGG § 6 Rn. 3.

107 ErfK/Schlachter AGG § 2 Rn. 3.

108 Melms in MAH ArbR | § 9 Anbahnung des Arbeitsverhältnisses Rn. 122; NK-ArbR/Robert von Steinau-Steinrück/Volker Schneider AGG § 2 Rn. 3; Thüsing in MüKoBGB | AGG § 19 Rn. 135.

Benachteiligung des ausländischen Bewerbers gem. § 3 AGG angenommen werden kann; ferner ob und unter welchen Voraussetzungen eine solche Benachteiligung zu rechtfertigen ist.

aa. Der Begriff „ethnische Herkunft“ i.S.d. § 1 AGG

Zur Klärung der vorgenannten Fragen ist es zunächst notwendig, den Begriff der „ethnischen Herkunft“ in § 1 AGG zu definieren. Im AGG und in der RL 2000/43/EG, deren Umsetzung das AGG dient[109], wird der Begriff „ethnische Herkunft“ i.S.d. § 1 AGG nicht näher definiert.[110] Die Gesetzesbegründung zum AGG bestimmt den Begriff der „ethnischen Herkunft“ jedoch wie folgt: „Unter dem Begriff der ethnischen Herkunft, werden Benachteiligungen aufgrund der Rasse, der Hautfarbe, der Abstammung, des nationalen Ursprungs oder des Volkstums verstanden“.[111] Der Begriff der ethnischen Herkunft schützt demnach auch Benachteiligungen aufgrund der Abstammung und der damit verbundenen Sprachschwierigkeiten eines Bewerbers, da Sprachschwierigkeiten ausländischer Bewerber daraus resultieren, dass diese einer anderen Abstammung bzw. einer anderen Nation zuzuordnen sind.[112]

bb. Die Benachteiligung eines ausländischen Bewerbers wegen seiner ethnischen Herkunft i.S.d. § 3 Abs. 1 und § 3 Abs. 2 AGG i.V.m. § 1 AGG

Es stellt sich nunmehr die Frage, wann ausländische Bewerber wegen ihrer ethnischen Herkunft benachteiligt werden. § 3 AGG statuiert zwei Arten von Benachteiligungen i.S.d. § 1 AGG, die vom Benachteiligungsverbot des § 7

---

109 Lindner, NJW 2008, S. 2750.

110 Richtlinie 2000/43/EG des Rates vom 29. Juni 2000 zur Anwendung des Gleichbehandlungsgrundsatzes ohne Unterschied der Rasse oder der ethnischen Herkunft, ABl. L 180/22.

111 BT-Drucks. 16/1780, S. 31.

112 HWK/Annuß/Rupp, § 1 AGG, Rn. 3; Bauer/Günther/Krieger, AGG, § 1 Rn. 57; Tolmein, JurisPR-ArbR, 4/2008 Anm. 3; Biester, Sonderausgabe zum AGG Juris-ArbR 2006, 4ff; Gruber NZA 2009, 1247; Maier, Anmerkung zu ArbG Berlin vom 26.09.2007 – 14 Ca 10356/07, AuR 2008, 112; Annuß, BB 2006, 1629; Schiek, AuR 2003, 44; Schrader, das neue AGG, S. 123 f.; Schrader, DB 2006, 2571; Schwab, DNotZ 2006, S. 649.

Abs. 1 AGG umfasst sind: Die unmittelbare (§ 3 Abs. 1 AGG) und die mittelbare Benachteiligung (§ 3 Abs. 2 AGG).[113]

(1) Unmittelbare Benachteiligung eines ausländischen Bewerbers wegen seiner ethnischen Herkunft gemäß § 3 Abs. 1 AGG

Eine unmittelbare Benachteiligung liegt nach der Legaldefinition des § 3 Abs. 1 AGG vor, wenn eine Person wegen eines in § 1 AGG genannten Grundes eine weniger günstige Behandlung erfährt, als eine andere Person in einer vergleichbaren Situation. Eine unmittelbare Benachteiligung wegen der ethnischen Herkunft i.S.d. § 3 Abs. 1 AGG kann demnach vorliegen, wenn ein unmittelbarer Zusammenhang zwischen den geforderten deutschen Sprachkenntnissen für die Besetzung einer Stelle und der ethnischen Herkunft des Arbeitnehmers hergestellt wird.[114] Ein solcher Zusammenhang wird dann hergestellt sein, wenn der Arbeitgeber einen „Muttersprachler" für die Besetzung einer Stelle in Betracht zieht. In diesem Fall könnte der Arbeitgeber den nicht deutschsprachigen bzw. nicht ausreichend deutsch sprechenden Arbeitnehmer wegen seiner ethnischen Herkunft unmittelbar benachteiligen. In linguistischer Hinsicht wird die Muttersprache so definiert, dass sie die bei dem primären Spracherwerb des Kindes erlernte Sprache im Unterschied zur später erlernten Fremdsprache sei.[115] Im Normalfall ist daher ein Muttersprachler derjenige, der in seinem Elternhaus die betreffende Sprache spricht, die „im Vaterlande die übliche Sprache" darstellt.[116] Die im Elternhaus gesprochene Sprache ist demnach oftmals auch die Herkunftssprache der Eltern.[117] Folglich ist die „Muttersprache" ein ethnisches Kriterium bei der Auswahl eines Bewerbers und demnach bei einem Einfordern des Arbeitgebers als Einstellungskriterium als unmittelbare Benachteiligung i.S.d. § 3 Abs. 1 AGG anzusehen, da ausländische Bewerber aus anderen Nationen und mit einer anderen Muttersprache nicht bei der Besetzung einer Stelle berücksichtigt werden, wenn eine Stelle mit einem deutschen „Muttersprachler" besetzt werden soll.[118]

---

113 Vgl. zu den Benachteiligungsformen Däubler, ZFA 2006, 479 ff. und Wolfhard, jurisPR-ArbR 45/2010 Anm. 1.

114 Herbert/Oberrath, NJ 2011, 9.

115 Hinrichs/Stütze, NZA-RR 2011, 113 und LAG Hessen, Urteil vom 15.06.2015 – 16 Sa 1619/14.

116 Gruber, NZA 2009, 1247 m.w.N.

117 Hinrichs/Stütze, NZA-RR 2011,114.

118 So auch LAG Hessen, Urteil vom 15.06.2015 – 16 Sa 1619/14; ArbG Berlin, Urteil vom 11.02.2009 – 55 Ca 16952/08, NZA-RR 2010, 16, 17; Erf-KO, AGG, § 1 AGG, Rn. 4;

(2) Mittelbare Benachteiligung eines ausländischen Bewerbers wegen seiner ethnischen Herkunft gemäß § 3 Abs. 2 AGG

Das Einfordern von Deutschkenntnissen kann aber auch eine mittelbare Diskriminierung gemäß § 3 Abs. 2 AGG darstellen, z. B. dann, wenn der Arbeitgeber zwar nicht eine Stelle mit einem deutschen „Muttersprachler" besetzen möchte, aber trotzdem ein gewisses Niveau an Deutschkenntnissen für die Besetzung einer Stelle als Einstellungskriterium voraussetzt und somit ausländische Bewerber, die dieses Einstellungskriterium nicht erfüllen, unberücksichtigt lässt.

Gem.§ 3 Abs. 2 AGG liegt eine mittelbare Benachteiligung vor, wenn dem Anschein nach neutrale Vorschriften, Kriterien oder Verfahren Personen wegen eines in § 1 AGG genannten Grundes gegenüber anderen Personen in besonderer Weise benachteiligen können, ohne dass dies gerechtfertigt und verhältnismäßig erscheint. Des Weiteren setzt eine mittelbare Benachteiligung wegen der ethnischen Herkunft i.S.d. § 3 Abs. 2 i.V.m. § 1 AGG voraus, dass durch die Forderung des Arbeitgebers nach einem gewissen Niveau von Deutschkenntnissen Bewerber wegen ihrer ethnischen Herkunft auf besondere Weise benachteiligt werden. Inwiefern eine solche besondere Benachteiligung vorliegt, ist anhand von Vergleichsgruppen festzustellen.[119] Hierbei ist die Gruppe der Angehörigen der deutschen Ethnie der Gruppe der Angehörigen anderer Ethnien gegenüberzustellen und zu fragen, ob die nachteiligen Auswirkungen des Anforderns bestimmter Deutschkenntnisse die Personen der einen Gruppe typischerweise häufiger treffen als die der anderen.[120] Sofern der Arbeitgeber ein gewisses Niveau an Deutschkenntnissen von seinen Bewerber verlangt, besteht die nachteilige Auswirkung einer Forderung des Arbeitgebers nach Deutschkenntnissen darin, dass Bewerber aus anderen, bzw. nichtdeutschen Ethnien bei der Stellenbesetzung benachteiligt werden, weil diese keine Berücksichtigung finden.[121] Die Rechtsprechung nimmt in diesem Zusammenhang z. B. immer dann eine mittelbare Benachteiligung ausländischer Bewerber wegen ihrer ethnischen Herkunft i.S.d. § 3 Abs. 2 AGG an, wenn der Arbeitgeber in einer Stellenbeschreibung u. a. „sehr gute Deutschkenntnisse"[122] oder „sehr gutes

---

Rieble, in FS für Löwisch, S. 229; Herbert/Oberrath, DB 2009, 2436; Gruber, NZA 2009, 1247; Ohlendorf/Schreier, BB 2008, 2458f; Schiek, AuR 2003, 44.

119 Erfurter-KO, AGG, § 3 AGG, Rn. 7.

120 Herbert/Oberrath, NJ 2011, 10.

121 Bauer/Günther/Krieger, AGG, § 3, Rn. 23; Maier, ArbuR 2008, 112–113; Tolmein, Juris-ArbR 4/2008 Anm. 3; Greßlin, BB 2008, 115–116; Herbert/Oberrath, NJ 2011, 8–15.

122 LAG Hamm, NZA 2014, 412; Leder, BB 2010, 1733.

Deutsch“[123] für die Besetzung einer Stelle voraussetzt. In solchen Fällen werden ausländische Bewerber, deren Muttersprache nicht Deutsch ist, mittelbar gegenüber Bewerbern mit deutscher Herkunft regelmäßig benachteiligt.[124]

(3) Zwischenergebnis

Demnach liegt eine mittelbare Benachteiligung i.S.d. § 3 Abs. 2 AGG vor, wenn der Arbeitgeber zwar keinen deutschsprachigen „Muttersprachler“ für die Besetzung einer Stelle in Betracht zieht, aber trotzdem ein gewisses Niveau an Deutschkenntnisse für die Besetzung einer Stelle als Einstellungskriterium voraussetzt.

c. Sachliche Rechtfertigung einer unmittelbaren oder mittelbaren Benachteiligung eines Bewerbers wegen seiner ethnischen Herkunft

Eine unmittelbare oder mittelbare Benachteiligung eines ausländischen Bewerbers wegen seiner ethnischen Herkunft bei der Besetzung einer Stelle durch den Arbeitgeber kann jedoch sachlich gerechtfertigt sein.

aa. Sachliche Rechtfertigung einer unmittelbaren Benachteiligung i.S.d. § 3 Abs. 1 AGG

Fraglich ist zunächst, ob und unter welchen Voraussetzungen eine unmittelbare Benachteiligung i.S.d. § 3 Abs. 1 AGG eines ausländischen Bewerbers wegen seiner ethnischen Herkunft durch die Besetzung einer Stelle mit einem deutschen „Muttersprachler“ gerechtfertigt sein kann.[125]

In §§ 8–10 AGG sind die Fälle geregelt in denen eine unmittelbare Benachteiligung wegen eines in § 1 AGG genannten Diskriminierungsmerkmals zulässig sind. Für die vorliegende Betrachtung ist insbesondere die Regelung des § 8 Abs. 1 AGG von Bedeutung, die Gründe für eine Rechtfertigung einer unmittelbaren Benachteiligung eines ausländischen Bewerbers wegen seiner ethnischen Herkunft enthält. Die §§ 9, 10 AGG finden lediglich dann Anwendung, wenn es eine unterschiedliche Behandlung wegen der Religion, Weltanschauung oder wegen des Alters zu rechtfertigen gilt. Der Rechtfertigungstatbestand des § 8 Abs. 1 AGG enthält zwei Voraussetzungen. Zum einen muss das Benachteiligungsmerkmal oder der benachteiligende Grund eine wesentliche und

---

123 LAG Nürnberg, BeckRS 2011, 77811.

124 Köhlert, NZA, 2018, 1172 m.w.Nachw.; a.A. BAG, NZA-RR 2018, 278: Nur wenn ein deutschsprachiger Muttersprachler gesucht wird.

125 BAG, NZA-RR 2018, 278.

entscheidende berufliche Anforderung darstellen, um eine Stelle erfolgreich besetzen zu können. Zum anderen muss der damit verfolgte Zweck rechtmäßig und die Anforderungen angemessen sein.

Das vom Arbeitgeber geforderte Merkmal, hier das Sprachniveau eines Muttersprachler, muss demnach zunächst eine wesentliche und entscheidende berufliche Anforderung darstellen, wobei es nicht darauf ankommt, welcher zeitliche Anteil der Tätigkeit betroffen ist, sondern darauf, ob das Merkmal für die Erreichung des vom Arbeitgeber verfolgten unternehmerischen Zweck erforderlich erscheint.[126]

Bei der beabsichtigten Besetzung einer Stelle mit einem deutschen „Muttersprachler" erscheint es fraglich, ob diese Anforderung des Arbeitgebers tatsächlich objektiv als wesentliche und entscheidende berufliche Anforderung angesehen werden kann. Auch wenn die Arbeit zu einem ganz wesentlichen Teil in der Kommunikation in deutscher Sprache besteht, ist keinerlei Notwendigkeit gegeben, eine Stelle nur mit einem deutschen Muttersprachler zu besetzen.[127] Jeder Mensch, dessen Muttersprache eine andere als die deutsche Sprache ist, kann sich dennoch perfekte Deutschkenntnisse aneignen, falls ihm die dazu notwendigen Bildungschancen eröffnet würden.[128] Es ist daher nicht vorstellbar, dass eine Stelle nur durch einen Muttersprachler optimal zu besetzen ist. Selbst wenn exzellente Deutschkenntnisse erforderlich sind, wie etwa z. B. bei einem Verlagslektor oder einem Deutschlehrer, ist es grundsätzlich möglich, dass sich ein Nichtmuttersprachler diese aneignet.[129] Eine Stellenbesetzung mit einem Muttersprachler lässt sich somit nicht gem. § 8 Abs. 1 AGG rechtfertigen, da auch ausländische Bewerber über vergleichbare Deutschkenntnisse verfügen können, wie Muttersprachler mit einer deutschen Ethnie.

bb. Sachliche Rechtfertigung einer mittelbaren Benachteiligung i.S.d. § 3 Abs. 2 AGG

Bei mittelbar benachteiligenden Auswahlkriterien ist ebenfalls das Vorliegen eines sachlichen Rechtfertigungsgrundes zu prüfen. Gemäß § 3 Abs. 2 AGG liegt der Tatbestand einer mittelbaren Benachteiligung dann nicht vor, wenn die Ungleichbehandlung von Personen durch ein rechtmäßiges Ziel sachlich gerechtfertigt ist und die Mittel zur Erreichung des Ziels angemessen und

126 Hinrichs/Stütze, NZA-RR 2011, 115.
127 ArbG Berlin, NZA-RR 2010, 16.
128 Herbert/Oberrath, NJ 2011, 10.
129 Herbert/Oberrath, NJ 2011, 10.

erforderlich sind. Rechtmäßige Ziele in diesem Sinne können alle Ziele sein, die ihrerseits nicht diskriminierend sind und die auch gegen keine anderen rechtlichen Vorgaben verstoßen.[130] Dies können auch Ziele sein, die ein Arbeitgeber im Rahmen der Privatautonomie setzt.[131] Bestimmte Deutschkenntnisse als Voraussetzung für die Einstellung eines Bewerbers können als rechtmäßiges Ziel in Betracht kommen, wenn die Tätigkeit des zukünftigen Arbeitnehmers besondere Deutschkenntnisse erfordern.[132] Inwiefern die Forderung des Arbeitgebers nach ausreichenden Deutschkenntnissen als rechtmäßiges Ziel gerechtfertigt ist, lässt sich jedoch nur anhand des Einzelfalles beantworten bzw. anhand der für die Stelle vorausgesetzten Sprachkenntnisse, die der Arbeitnehmer haben soll, um seine Tätigkeit ausüben zu können.

Sofern ein rechtmäßiges Ziel bei der Forderung des Arbeitgebers nach Deutschkenntnissen im Hinblick auf die zu besetzende Stelle angenommen werden kann, muss die Forderung des Arbeitgebers nach Deutschkenntnissen bei seinen Bewerbern auch angemessen und erforderlich sein. Angemessen ist ein Mittel zur Erreichung eines Ziels, wenn das Ziel ohne das Mittel nicht erreicht werden kann.[133] Erforderlich ist ein Mittel, wenn kein weniger belastendes Mittel zur Verfügung steht.[134] Alle diese Anforderungen sind im Einzelfall zu prüfen, womit generell nicht ausgeschlossen werden kann, dass der Arbeitgeber bei der Besetzung einer Stelle ein gewisses Sprachniveau seiner Bewerber verlangen darf. Folglich kann das Fordern des Arbeitgebers nach einem gewissen Sprachniveau an Deutschkenntnissen als Einstellungsvoraussetzung bei der Besetzung einer Stelle gem. § 3 Abs. 2 AGG gerechtfertigt sein.

cc. Zwischenergebnis

Sofern der Arbeitgeber eine Stelle mit einem deutschen Muttersprachler besetzen will, liegt eine unmittelbare Diskriminierung des ausländischen Bewerbers i.S.d. § 3 Abs. 1 AGG wegen seiner ethnischen Herkunft vor. Das Einfordern von Deutschkenntnissen stellt eine mittelbare Diskriminierung gemäß § 3 Abs. 2 AGG dar, wenn der Arbeitgeber zwar keinen deutschen „Muttersprachler" für die Besetzung einer vakanten Stelle in Betracht zieht, aber trotzdem zumindest Deutschkenntnisse für die Besetzung einer Stelle als Einstellungskriterium

---

130 Herbert/Oberrath, NJ 2011, 10.

131 Erfurter-KO, AGG, § 3, Rn. 9; Herbert/Oberrath, DB 2009, 2434.

132 Herbert/Oberrath, NJ 2011, 10.

133 BAG, Urteil v. 28.01.2010 – 2 AZR 764/08 = NZA 2010, 625.

134 Herbert/Oberrath, NJ 2011, 10.

voraussetzt. Da Bewerber durch die Forderung des Arbeitgebers nach Deutschkenntnissen unmittelbar bzw. mittelbar wegen ihrer ethnischen Herkunft benachteiligt werden, muss die Forderung nach einem deutschen Muttersprachler oder einem gewissen Sprachniveau sachlich gerechtfertigt sein, d. h., dass der Arbeitgeber bei der Stellenbesetzung in den Grenzen der Willkür Sprachkenntnisse des Arbeitnehmers bei der Einstellung verlangen kann. Eine Stellenbesetzung mit einem Muttersprachler lässt sich aber grundsätzlich nicht sachlich rechtfertigen, da auch ausländische Bewerber über vergleichbare Deutschkenntnisse verfügen können. Eine mittelbare Benachteiligung wegen der ethnischen Herkunft ist jedoch zulässig, wenn der Arbeitgeber bei seiner Forderung nach Deutschkenntnissen ein rechtmäßiges Ziel verfolgt und die Mittel zur Erreichung dieses Ziels angemessen und erforderlich sind.

d. Rechtsfolgen bei einem Verstoß gegen § 7 Abs. 1 AGG

Sofern eine unmittelbare oder mittelbare Benachteiligung eines ausländischen Bewerbers wegen seiner ethnischen Herkunft i.S.d. § 1 i.V.m. § 3 AGG angenommen werden kann und demnach gegen § 7 Abs. 1 AGG verstoßen wird, stellt sich die Frage, welche Rechtsfolgen mit einem solchen Verstoß einhergehen. § 15 AGG sieht hierzu vor, dass bei einem Verstoß gegen das Benachteiligungsverbot des § 7 Abs. 1 AGG entweder ein Schadensersatzanspruch des Bewerbers gegen den Arbeitgeber besteht (§ 15 Abs. 1 AGG), und/oder der Arbeitgeber dem Bewerber zu einer Entschädigungsleistung verpflichtet ist (§ 15 Abs. 2 AGG).

aa. Schadensersatzanspruch des Bewerbers gem. § 15 Abs. 1 AGG

§ 15 Abs. 1 AGG erfasst den materiellen Schaden, den ein Bewerber durch eine Benachteiligung aus Gründen der ethnischen Herkunft erlitten hat[135]. Dass § 15 Abs. 1 AGG den materiellen Schaden des Bewerbers ersetzen soll, ergibt sich aus dem systematischen Zusammenhang zu der Sonderregelung in § 15 Abs. 2 AGG, der sich ausdrücklich auf Schäden, die „nicht Vermögensschäden" sind, bezieht.[136] Ein erlittener materieller Schaden ist dabei nach den Grundsätzen des § 249 BGB zu ersetzen und erfasst insbesondere den entgangenen Verdienst, denn ein Einstellungsanspruch kann der Bewerber gem. § 15 Abs. 6 AGG nicht

135 BAG 19.08.2010 NZA 2010, 1412; LAG Berlin-Brandenburg, NZA 2009, 43; BeckOK ArbR/Roloff AGG § 15 Rn. 4; LAG B 26.11.2008 BeckRS 2008, 58124; BGH 16.07.2008 NJW 2008, 3436; ErfK/Schlachter AGG § 15 Rn. 4.

136 Erfurter-KO, AGG, § 15, Rn. 3.

geltend machen.[137] Die Höhe eines solchen Schadensersatzanspruches bei Geltendmachung eines entgangenen Verdiensts ist nach h. M.[138] nicht festgelegt, so dass theoretisch der entgangene Verdienst bis zum Pensionseintrittsalter beansprucht werden kann[139]. Ein solcher Vergütungsanspruch des Bewerbers ist jedoch durch die Schadensminderungspflicht des § 254 Abs. 2 BGB begrenzt. Anderweitig erzielter Verdienst oder das, was zu erzielen böswillig unterlassen wurde, ist anzurechnen. Die Beweislast dafür liegt beim Arbeitgeber.[140]

bb. Entschädigungsanspruch des Bewerbers gem. § 15 Abs. 2 AGG

Neben einem Schadensersatzanspruch nach § 15 Abs. 1 AGG könnte einem wegen seiner ethnischen Herkunft benachteiligter Bewerber ggf. gem. § 15 Abs. 2 AGG eine angemessene Entschädigung in Geld vom Arbeitgeber zustehen. Dies vor dem Hintergrund, dass mit einer vorgenannten Benachteiligung immer auch eine Persönlichkeitsverletzung einhergeht, für die der Arbeitgeber den Bewerber entschädigen soll.[141] Bei der Höhe des Entschädigungsanspruchs ist nach der Entwurfsbegründung des § 15 AGG auf den Einzelfall abzustellen und die erlittene Persönlichkeitsverletzung zu bewerten, damit ein angemessenes Verhältnis zum erlittenen Schaden hergestellt werden muss.[142] Berücksichtigt werden kann die Schwere des Verstoßes, das Ausmaß des Verschuldens, die Art der Beeinträchtigung oder das Vorliegen eines Wiederholungsfalles.[143] Eine Entschädigung darf bei einem benachteiligten Bewerber dabei gem. § 15 Abs. 2 Satz 2 AGG drei Monatsgehälter jedoch nicht übersteigen.[144] Ein Entschädigungsanspruch steht einem Bewerber auch nur dann zu, wenn dieser zumindest geltend macht, dass er bei diskriminierungsfreier Auswahl die Stelle erhalten hätte. Hierfür trägt er die Beweislast.[145]

---

137 BAG, NZA 2010, 1412; Erfurter-KO, AGG, § 15, Rn. 3.

138 LAG, BeckRS 2008, 58124; BGH 16.07.2008 NJW 2008, 3436; BeckOK, AGG, § 15, Rn. 38 m.w.Nachw.; ErfK/Schlachter AGG § 15 Rn. 4.

139 So LAG B 26.11.2008 LAG AGG § 22 Nr. 1.

140 Erfurter-KO, AGG, § 15, Rn. 3.

141 BAG, NZA 2014, 372; LAG RP 28.10.2015 BeckRS 2016, 66613; ErfK/Schlachter AGG § 15 Rn. 8.

142 BT-Drs. 16/1780 S. 38.

143 BAG, NZA 2010, 1129; anders Stein, in: Wendeling-Schröder/Stein, § 15 Rdnr. 44.

144 Meinel/Heyn/Herms, § 15 Rdnr. 71; Schiek/Kocher, § 15 Rdnr. 48 BAG, NZA 2009, 945; ErfK/Schlachter AGG § 15 Rn. 11.

145 HWK/Annuß/Rupp, § 15 AGG Rdnr. 9; Knittel, SGB IX, 4. Aufl., § 81 Rdnr.

cc. Zwischenergebnis

Bei einer unmittelbaren oder mittelbaren Benachteiligung eines ausländischen Bewerbers wegen seiner ethnischen Herkunft i.S.d. § 1 i.V.m. § 3 AGG kann der Bewerber gegen seinen Arbeitgeber einen Schadensersatzanspruch gem. § 15 Abs. 1 AGG und/oder einen Entschädigungsanspruch gem. § 15 Abs. 2 AGG geltend machen.

4. Verstoß gegen den arbeitsrechtlichen Gleichbehandlungsgrundsatz bei Benachteiligung von ausländischen Bewerbern aufgrund ihrer Ethnie

Sofern ein Arbeitgeber nur einen deutschen „Muttersprachler" für die Besetzung einer Stelle in Betracht zieht, oder ein gewisses Niveau an Deutschkenntnissen bei der Besetzung einer Stelle voraussetzt und eine Stelle deswegen nicht mit einem Arbeitnehmer besetzt, könnte er auch gegen den arbeitsrechtlichen Gleichbehandlungsgrundsatz verstoßen. Der arbeitsrechtliche Gleichbehandlungsgrundsatz setzt jedoch voraus, dass zwischen Arbeitgeber und Arbeitnehmer bereits ein Arbeitsverhältnis besteht[146], so dass der arbeitsrechtliche Gleichbehandlungsgrundsatz nicht vor Aufnahme eines jeden Arbeitsverhältnisses Anwendung findet. Folglich verstößt ein Arbeitgeber nicht gegen den arbeitsrechtlichen Gleichbehandlungsgrundsatz, wenn dieser nur einen deutschen „Muttersprachler" für die Besetzung einer Stelle in Betracht zieht, oder ein gewisses Niveau an Deutschkenntnissen bei der Besetzung einer Stelle voraussetzt und eine Stelle deswegen nicht mit einem ausländischen Arbeitnehmer besetzt.

5. Konkurrenzverhältnis zwischen Art. 45 Abs. 2 AEUV, Art. 3 Abs. 3 GG und § 7 Abs. 1 AGG

Nachdem nun geklärt wurde, dass eine unmittelbare oder mittelbare Diskriminierung i.S.d. Art. 45 Abs. 2 AEUV und des § 7 Abs. 1 AGG vorliegen kann, wenn der Arbeitgeber einen deutschen „Muttersprachler" bei der Besetzung

---

121 Meinel/Heyn/Herms, § 15 Rdnr. 71; Schiek/Kocher, § 15 Rdnr. 48; vgl. auch EuGH [22.04.1997], Slg. 1997, I-EUGH-SLG Jahr 1997 I Seite 2195 = NZA 1997, NZA Jahr 1997 Seite 645 = NJW 1997, NJW Jahr 1997 Seite 1839 = EuZW 1997, EUZW Jahr 1997 Seite 340 Rdnr. 36 – Draehmpaehl; BAG, NZA 2010, 1412.

146 Erfurter-KO, BGB, § 611, Rn. 578; BeckOK/Joussen, BGB, § 611, Rn. 275; Senne, AuA 1992, 301; Oda/Zwanziger/Maier/Götz/Mehlich, DB 2007, 574.

einer Stelle bevorzugt, oder ein gewisses Niveau an Deutschkenntnissen für die Besetzung einer Stelle voraussetzt, stellt sich die Frage, ob das europäische Diskriminierungsverbot des Art. 45 Abs. 2 AEUV gegenüber dem deutschen Diskriminierungsverbot des § 7 Abs. 1 AGG Vorrang hat. Diese Frage stellt sich aber immer nur dann, wenn eine unmittelbare oder mittelbare Diskriminierung eines ausländischen Bewerbers aus einem EU-Mitgliedsstaat vorliegt. In einem solchen Fall kann neben § 7 Abs. 1 AGG nämlich auch ein Verstoß gegen das Diskriminierungsverbot des Art. 45 Abs. 2 AEUV vorliegen.[147] Eine ausdrückliche Regelung im Vertrag über die Europäische Union zum Konkurrenzverhältnis zwischen Art. 45 Abs. 2 AEUV und § 7 Abs. 1 AGG findet sich nicht. Jedoch ist in § 2 Abs. 3 AGG geregelt, dass die Geltung sonstiger Benachteiligungsverbote oder Gebote der Gleichbehandlung durch das AGG nicht berührt werden. Die h. M.[148] ist sich zudem seither über einen Anwendungsvorrang des supranationalen Europarechts einig, also auch über einen Vorrang des Art. 45 Abs. 2 AEUV gegenüber der Regelung in § 7 Abs. 1 AGG. Begründet wird der Vorrang des Unionsrecht richtigerweise damit, dass ein Verfassungsverbund, der in einer Weise organisatorisch verdichtet ist wie die EU, handlungsunfähig werden würde, wenn die Anwendung des für alle geltenden Unionsrechts unter dem Vorbehalt einfachgesetzlicher Regelung einzelner EU-Mitgliedsstatten stehen würde.[149] Demnach kommt Art. 45 Abs. 2 AEUV vorrangig zur Anwendung, wenn neben Art. 45 Abs. 2 AEUV auch gegen das Diskriminierungsverbot des § 7 Abs. 1 AGG verstoßen wird. Aus der Vorschrift des § 2 Abs. 3 AGG wird ebenfalls klar, dass Art. 3 Abs. 3 GG neben den vorgenannten Regelungen Anwendung findet.

IV. Zusammenfassung

Zwar ist der Arbeitgeber aufgrund seiner grundrechtlich durch Art. 12 Abs. 1 GG geschützten unternehmerischen Freiheit grundsätzlich frei, bestimmte sprachliche Anforderungen an einen Arbeitsplatz und seinen (zukünftigen) Mitarbeiter zu stellen. Diese unternehmerische Freiheit des Arbeitgebers gilt jedoch nicht grenzenlos und findet seine Schranken in den gesetzlichen Diskriminierungsverboten: Die Forderung eines Arbeitgebers einen deutschen „Muttersprachler" bei der Besetzung einer Stelle vorzusehen, stellt eine unmittelbare

147 Erfurter-Ko, AGG, § 2, Rn. 16.

148 Calliess/Ruffert, AEUV, Art. 1, Rn. 16; Däubler, AGG, § 2, Rn. 173; Nettesheim, EuR 2006, 737.

149 Calliess/Ruffert, AEUV, Art. 1, Rn. 17.

Benachteiligung eines Bewerbers i.S.d. Art 45 Abs. 2 AEUV und Art. 3 Abs. 3 GG dar, die nicht zu rechtfertigen ist. Dies vor dem Hintergrund, dass auch ausländische Bewerber über „gute bis sehr gute“ bzw. „nahezu perfekte“ Deutschkenntnisse verfügen können. Auch verbietet § 7 Abs. 1 AGG die Besetzung einer Stelle mit einem deutschen Muttersprachler. Die Forderung nach einem gewissen Sprachniveau bei dem einzustellenden Bewerber lässt sich jedoch grundsätzlich rechtfertigen. Gleichwohl ist eine solche Forderung des Arbeitgebers als mittelbare Diskriminierung/Benachteiligung i.S.d. Art. 45 Abs. 2, Art. 3 Abs. 3 GG und § 3 Abs. 2 AGG zu qualifizieren. Bei einer ungerechtfertigten unterschiedlichen Behandlung eines Bewerbers i.S.d. Art. 45 Abs. 2 AEUV oder i.S.d. § 7 Abs. 1 AGG kommt gleichermaßen als Rechtsfolge ein Schadensersatzanspruch und/oder Entschädigungsanspruch gemäß § 15 Abs. 1 und Abs. 2 AGG des jeweiligen ausländischen Arbeitnehmers gegen den Arbeitgeber in Betracht, wobei ausländische Bewerber gem. § 15 Abs. 6 AGG keinen Anspruch auf Begründung eines Beschäftigungsverhältnisses haben. Die Forderung eines Arbeitgebers nach Deutschkenntnissen bei seinen Bewerbern verstößt schließlich auch gegen Art. 3 Abs. 3 S. 1 GG. Das Gleiche gilt, wenn der Arbeitgeber bei der Besetzung einer Stelle ausschließlich „Muttersprachler“ mit deutscher Herkunft berücksichtigt. Aus Art. 3 Abs. 3 S. 1 GG lässt sich als Rechtsfolge ableiten, dass der bevorzugte Arbeitnehmer eingestellt bleibt. Der Arbeitgeber hat jedoch zukünftig solche Forderungen bei der Besetzung einer Stelle zu unterlassen.

B. Die Sprache und die Kommunikation bei und unmittelbar nach Begründung eines Arbeitsverhältnisses

I. Einleitung

Im nachfolgenden Kapitel ist die Sprache bei der Begründung eines Arbeitsverhältnisses zu untersuchen. Dabei stellt sich zu Beginn die Frage, auf welcher Sprache ein Arbeitsvertrag zu schließen ist bzw. ob gesetzliche Formerfordernisse bestehen, die den Arbeitgeber und Arbeitnehmer dazu verpflichten, einen Arbeitsvertrag auf Deutsch oder ggf. in einer anderen Sprache zu schließen. Danach gilt es zu untersuchen, wer beim Abschluss eines mündlichen oder schriftlichen Arbeitsvertrages den Kommunikationserfolg als das Verstehen des Arbeitsvertrages zu gewährleisten hat. Schließlich ist zu prüfen, ob bei Abschluss eines mündlichen Arbeitsvertrages mit einem nicht deutschsprachigen Arbeitnehmer, der Nachweis der Arbeitsbedingungen i.S.d. § 2 Abs. 1 NachwG in der

Muttersprache oder einer anderen für den ausländischen Arbeitnehmer verständlichen Sprache zu erfolgen hat.

II. Die Sprache eines Arbeitsvertrages

In Deutschland besteht keine gesetzliche Regelung, die eine bestimmte Sprache, z. B. die deutsche Sprache für den Abschluss eines Arbeitsvertrages verbindlich für die Vertragsparteien vorgibt. Das Gegenteil ist der Fall: Gem. § 105 Satz 1 GewO können Arbeitgeber und Arbeitnehmer grundsätzlich Abschluss, Inhalt und Form des Arbeitsvertrages frei vereinbaren, soweit nicht zwingende gesetzliche Vorschriften, Bestimmungen eines anwendbaren Tarifvertrages oder einer Betriebsvereinbarung entgegenstehen. Demnach besteht keine bestimmte Vorgabe zur Sprache eines Arbeitsvertrages, die den Inhalt eines Arbeitsvertrages betrifft, so dass die Sprache eines Arbeitsvertrages frei durch Arbeitnehmer und Arbeitgeber vereinbar ist.[150]

III. Die Kommunikation beim Abschluss eines mündlichen oder schriftlichen Arbeitsvertrages mit einem sprachunkundigen Arbeitnehmer

1. Problemstellung

Nachdem nunmehr geklärt ist, dass ein Arbeitsvertrag grundsätzlich in jeder erdenklichen Sprache geschlossen werden kann, stellt sich die Frage, ob der Arbeitgeber dafür Sorge tragen muss, dass ein sprachunkundiger Arbeitnehmer, den Inhalt eines Arbeitsvertragsangebots versteht.

2. Allgemeines zu den Voraussetzungen für einen Arbeitsvertragsschluss

Beim Abschluss eines mündlichen oder schriftlichen Arbeitsvertrages tauschen Arbeitgeber und Arbeitnehmer Willenserklärungen aus, die auf den Abschluss eines Arbeitsvertrages gerichtet sind. Zu den essentialia negotii eines jeden Arbeitsvertragsangebots gehört die Angabe der beiden Vertragsparteien (Arbeitgeber und Arbeitnehmer), die vom Arbeitnehmer zu erbringende Leistung sowie die Angabe, dass die Leistung des Arbeitnehmers vergütet wird.[151] Die Höhe der

150 So auch Rieble, S. 229; Schaub, Arbeitsrechts-Handbuch, § 27, Rn. 35 und BAG, BeckRS 2014, 70206.

151 BAG, NZA 2008, 760; Boemke/Schönfelder, NZA 2015, 1224.

Vergütung ist nicht notwendiger Bestandteil des Arbeitsvertragsangebots, wie § 612 Abs. 2 BGB verdeutlicht. Sofern die Höhe der Vergütung nicht vereinbart ist, gilt gem. § 612 Abs. 2 BGB die Vergütung als vereinbart, die in gleichen oder ähnlichen Gewerben oder Berufen am gleichen Ort für vergleichbare Tätigkeiten unter Berücksichtigung der persönlichen Verhältnisse des Arbeitnehmers (Lebensalter, Familienstand, Kinderzahl) gezahlt wird.[152]

Der Arbeitnehmer stimmt einem solchen vorgenannten Arbeitsvertragsangebot dann in der Regel zu.[153] Demnach handelt es sich bei beiden Erklärungen um empfangsbedürftige Willenserklärungen: Arbeitsvertragsangebot des Arbeitgebers und Annahme dieses Angebots durch den (ausländischen) Arbeitnehmer zum Abschluss eines Arbeitsvertrages gem. den §§ 145 ff. BGB, die wechselseitig abzugeben sind und bei der jeweiligen anderen Partei erst mit Zugang wirksam werden.[154]

3. *Die Kommunikation beim Abschluss eines mündlichen Arbeitsvertrages*

Bei einem mündlichen Arbeitsvertrag werden mündliche empfangsbedürftige Erklärungen zwischen Arbeitgeber und Arbeitnehmer ausgetauscht, sog. nicht verkörperte Willenserklärungen[155], die zwischen den anwesenden Parteien wechselseitig abgegeben werden und zugehen müssen. § 130 Abs. 1 Satz 1 BGB findet insoweit zur Festlegung des Zugangszeitpunktes von nicht verkörperten Willenserklärungen keine Anwendung, da die Norm nur bei verkörperten Willenserklärungen, d. h. nur bei physikalisch auf einem Medium gespeicherte Erklärungen, Anwendung findet.[156] Für den Zugang nicht verkörperter Willenserklärungen enthält das Gesetz keine Regelungen.

a. *Angebot des Arbeitgebers auf Abschluss eines mündlichen Arbeitsvertrages*

Für den Abschluss eines mündlichen Arbeitsvertrages ist es zunächst – wie dargelegt – erforderlich, dass der Arbeitgeber dem Arbeitnehmer ein Angebot zum Abschluss eines mündlichen Arbeitsvertrages unterbreitet. Hierfür muss

152 Erfurter-KO, BGB, § 611, Rn. 42.
153 Schaub, Arbeitsrechts-Handbuch, § 32, Rn. 3.
154 MüKo, BGB, § 130, Rn. 1.
155 BeckOK, BGB, § 130 Rn. 28.
156 BeckOK, BGB, § 130, Rn. 27.

der Arbeitgeber ein Angebot gegenüber dem sprachunkundigen Arbeitnehmer abgegeben haben, welches dem Arbeitnehmer auch zugegangen ist.

aa. Abgabe eines Angebots des Arbeitgebers zum Abschluss eines mündlichen Arbeitsvertrages

Für die Abgabe eines Angebots des Arbeitgebers zum Abschluss eines Arbeitsvertrages gegenüber einem sprachunkundigen Arbeitnehmer ist es erforderlich, dass der Arbeitgeber das Angebot nach außen hin mit Wissen und rechtlichem Wollen dergestalt für den Arbeitnehmer wahrnehmbar macht, dass dieser an der Endgültigkeit der Äußerung keinen vernünftigen Zweifel mehr haben kann.[157] Diese Voraussetzungen für die Abgabe eines Angebots des Arbeitgebers zum Abschluss eines Arbeitsvertrages liegen regelmäßig vor, wenn der Arbeitgeber gegenüber einem anwesenden (ausländischen) Arbeitnehmer das mündliche Angebot unterbreitet, mit diesem einen Arbeitsvertrag zu schließen.

bb. Zugang eines mündlichen Angebots des Arbeitgebers zum Abschluss eines Arbeitsvertrages

Fraglich ist, unter welchen Voraussetzungen der Zugang eines mündlichen Angebots zum Abschluss eines Arbeitsvertrages gegenüber einem sprachunkundigen Arbeitnehmer angenommen werden kann. Dies vor dem Hintergrund, dass es sich bei diesem Angebot des Arbeitgebers um eine nicht verkörperte Willenserklärung handelt und der Zugang einer solchen nicht verkörperten Willenserklärung im Gesetz nicht geregelt ist. Zu dieser Frage werden insbesondere die nachfolgenden zwei Theorien vertreten:

(1) Zugang nach der sog. strengen Vernehmungstheorie

Nach der sog. strengen Vernehmungstheorie[158] geht eine unter Anwesenden abgegebene Willenserklärung – mit ihrem gem. §§ 133, 157 BGB ermittelten Inhalt – dann zu, wenn der Erklärungsempfänger sie akustisch richtig verstanden hat. Gefordert wird danach für den Zugang also die tatsächliche Kenntniserlangung des Empfängers, so dass grundsätzlich der Erklärende, hier der Arbeitgeber, sicherstellen muss, dass der Arbeitnehmer seine Erklärungen richtig vernommen hat. Demnach geht einem ausländischen Arbeitnehmer ein mündliches Angebot des Arbeitgebers zum Abschluss eines Arbeitsvertrages

157 Vgl. dazu auch BGH NJW-RR 2003, 384; NJW 1989, 1671, 1672 f.; BGHZ 65, 13, 14 f.

158 BeckOK, BGB § 130 Rn. 96; Jauernig/Mansel, § 130, Rn. 12.

nur dann zu, wenn dieser die Erklärung des Arbeitgebers tatsächlich objektiv richtig verstanden hat.

(2) Zugang nach der sog. abgeschwächten Vernehmungstheorie

Nach der von der h. M.[159] vertretenen sog. abgeschwächten Vernehmungstheorie geht eine nicht verkörperte Erklärung zu, wenn der Erklärende nach den für ihn erkennbaren Umständen davon ausgehen darf, dass der Empfänger die Erklärung richtig und vollständig verstanden hat.[160] Demnach muss der ggf. sprachunkundige Arbeitnehmer Sorge tragen, dass er eine Erklärung des Arbeitgebers, also das Angebot zum Abschluss eines Arbeitsvertrages, richtig versteht, wenn er dem Arbeitgeber gegenüber den Anschein vermittelt, die Erklärung richtig und vollständig verstanden zu haben.

(3) Streitentscheid

Da die beiden Ansichten hinsichtlich des Zugangs einer nicht verkörperten Willenserklärung zu unterschiedlichen Ergebnissen gelangen, ist zu entscheiden, welcher Auffassung der Vorzug einzuräumen ist.

Gegen die strenge Vernehmungstheorie spricht, dass diese Theorie kein überzeugendes Argument dafür liefert, weshalb bei einer verkörperten Willenserklärung unter An- oder Abwesenden die Möglichkeit der Kenntnisnahme für den Zugang ausreichen soll, für den Zugang einer nicht verkörperten Erklärung aber die tatsächliche Kenntnisnahme des Empfängers erforderlich sein soll. Darüber hinaus hat die strenge Vernehmungstheorie zur Folge, dass für die nicht verkörperte Willenserklärung unter Anwesenden die normative Auslegung der Erklärung gem. §§ 133, 157 BGB faktisch leerläuft. Für die abgeschwächte Vernehmungstheorie spricht demnach, dass sie Gleichlauf mit den an den Zugang einer verkörperten Willenserklärung unter Abwesenden gestellten Anforderungen schafft. Mit der von der h. M. vertretenen abgeschwächten Vernehmungstheorie lässt sich die Gefahr des Nichtverstehens zwischen Arbeitgeber und Arbeitnehmer im Interesse der Verkehrssicherheit aber auch gerechter verteilen: Eine mündliche Erklärung des Arbeitgebers muss nämlich bereits dann zugehen, wenn aus seiner Sicht keine Anhaltspunkte vorliegen, die Anlass zu Zweifeln geben können, dass der Arbeitnehmer die Erklärung richtig

---

159 BGH WM 1989, 650, 652 f. = LM § 108 Nr. 5; BAG ZIP 1982, 1466, 1467; BayObLG NJW-RR 1996, 524, 525 = ZMR 1996, 151.

160 BGH WM 1989, 652; BAG ZIP NJW 2005, 1533; Palandt, BGB, § 130, Rn. 13; Moll, RdA 2001, 314.

und vollständig vernommen hat. Erst wenn Zweifel daran bestehen, dass dieser richtig verstanden wurde, muss sich der Arbeitgeber danach also vergewissern, ob die Erklärung auch tatsächlich vom Arbeitnehmer verstanden wurde. Dies auch vor dem Hintergrund des Gebots des fairen Verhandelns. Danach ist der Arbeitgeber aufgrund seiner gemäß § 311 Abs. 2 Nr. 1 i. V. m. § 241 Abs. 2 BGB bestehenden Rücksichtnahmepflicht angehalten, bei objektiv erkennbaren unzureichenden Sprachkenntnissen beim Arbeitnehmer Hinweise zu gebe, was mit der Erklärung gemeint ist, wenn dieser Anhaltspunkte vorliegen hat, dass der Arbeitnehmer wegen unzureichender Sprachkenntnisse das Angebot zum Abschluss eines Arbeitsvertrages nicht versteht.[161] Solange dem Arbeitgeber jedoch keine objektiven Anhaltspunkte dafür vorliegen, dass ein ausländischer Arbeitnehmer sein Angebot zum Abschluss eines Arbeitsvertrages nicht versteht, muss er daher davon ausgehen können, dass der Arbeitnehmer seine Erklärung, also das Angebot zum Abschluss eines mündlichen Arbeitsvertrages richtig verstanden hat.

cc. Zwischenergebnis

Ein vom Arbeitgeber mündlich abgegebenes Angebot zum Abschluss eines Arbeitsvertrages geht einem ausländischen Arbeitnehmer zu, sofern der Arbeitgeber keine objektiven Anhaltspunkte dafür vorliegen hat, dass ein ausländischer Arbeitnehmer seine Erklärung nicht versteht.

b. Annahme eines Angebots auf Abschluss eines mündlichen Arbeitsvertrages durch einen ausländischen Arbeitnehmer

Sofern das mündliche Angebot zum Abschluss eines Arbeitsvertrages gegenüber einem ggf. sprachunkundigen Arbeitnehmer zugegangen ist, da keine objektiven Anhaltspunkte vorlagen, dass der Arbeitnehmer das Angebot nicht (richtig) verstanden hat, stellt sich die Frage, unter welchen Voraussetzungen ein solches Angebot vom Arbeitnehmer angenommen wird. Wie bei dem Angebot des Arbeitgebers zum Abschluss eines Arbeitsvertrages muss die Annahme eines Angebots auf Abschluss eines mündlichen Arbeitsvertrages ebenfalls dem Arbeitgeber gegenüber abgegeben und zugegangen sein. Voraussetzung für die Abgabe einer Annahmeerklärung ist zunächst, dass überhaupt eine Willenserklärung des (ausländischen) Arbeitnehmers hinsichtlich der Annahme des Angebots zum Abschluss eines mündlichen Arbeitsvertrages vorliegt.

---

161 So auch BAG, NZA 2019, 688.

aa. Voraussetzungen für das Vorliegen eines objektiven Erklärungstatbestands hinsichtlich der Annahme eines Angebots des Arbeitgebers zum Abschluss eines mündlichen Arbeitsvertrages

Notwendiger Bestandteil einer Willenserklärung ist zunächst ein objektiver Erklärungstatbestand. Der objektive Erklärungstatbestand der Willenserklärung erfordert ein bestimmtes Verhalten, das den Schluss auf einen Rechtsbindungswillen zulässt.[162] Als Mittel zur Kundgabe kommt willensgesteuertes Verhalten jeglicher Art in Betracht.[163] Möglichkeiten der Kundgabe können ausdrückliche (mündliche) Erklärungen sein[164], z. B. ein „Ja" auf das Angebot des Arbeitgebers zum Abschluss eines Arbeitsvertrages; ebenso kann der Wille eines Arbeitnehmers zum Abschluss eines Arbeitsvertrages durch schlüssiges konkludentes Handeln ausgedrückt werden, also solche Verhaltensweisen, die auf einen inneren Willen schließen lassen[165], z. B. ein Kopfnicken auf das Angebot des Arbeitgebers zum Abschluss eines Arbeitsvertrages. Sofern ein ausländischer Arbeitnehmer ein ausdrückliches oder konkludentes Verhalten zeigt, das den Schluss auf die Annahme des Angebots eines Arbeitgebers auf Abschluss eines Arbeitsvertrages zulässt, liegt der objektive Erklärungstatbestand einer Willenserklärung zur Annahme eines Angebots des Arbeitgebers zum Abschluss eines mündlichen Arbeitsvertrages vor.

bb. Voraussetzungen für das Vorliegen eines subjektiven Tatbestand hinsichtlich der Annahme eines Angebots des Arbeitgebers zum Abschluss eines mündlichen Arbeitsvertrages

Des Weiteren besteht eine Willenserklärung aus einem subjektiven Erklärungstatbestand. Dieser subjektive Erklärungstatbestand wird traditionell in drei Bestandteile aufgliedert: dem Handlungswillen, dem Erklärungsbewusstsein und dem Geschäftswillen.[166]

(1) Handlungswille

Notwendiger Bestandteil des subjektiven Tatbestands einer Willenserklärung ist zunächst der Handlungswille, d. h. das Bewusstsein in irgendeiner Weise zu handeln (bewusster Willensakt).[167] Die Erklärung ist z. B. nicht von einem

---

162 BGH, NJW-RR 1992, 772; Palandt, § 133 Rn. 5.
163 BeckOK, BGB § 133 Rn. 8 m.w.Nachw.
164 Palandt, Einf § 116 Rn. 6.
165 BGH WM 1984, 243; OLG Brandenburg NJW-RR 2009, 1145, 1146.
166 Brox, AT, Rn. 82 ff.
167 BeckOK, BGB, § 133 Rn. 5 m.w.Nachw.

Willen des Erklärenden gesteuert, wenn der Erklärende bzw. der Arbeitnehmer im Schlaf oder unter Hypnose handelt.

(2) Erklärungsbewusstsein

Weiterer Bestandteil des subjektiven Erklärungstatbestands ist das Erklärungsbewusstsein. Das Erklärungsbewusstsein ist der Wille, durch eigenes Verhalten eine rechtsgeschäftliche Erklärung abzugeben. Der Erklärende muss das Bewusstsein haben „irgendetwas rechtlich Erhebliches" zu erklären.[168] Sofern ein ausländischer Arbeitnehmer das Arbeitsvertragsangebot des Arbeitgebers nicht annehmen will, fehlt es an einem Erklärungsbewusstsein. In der Literatur und in der Rechtsprechung ist man sich uneinig, welche Rechtsfolgen das Fehlen eines Erklärungsbewusstseins zur Folge haben soll:

(a) Nach der sog. Willenstheorie

Nach – vor allem früher vertretener Ansicht[169] – soll eine ohne Erklärungswillen abgegebene Willenserklärung nichtig sein. Dies könne aus § 118 BGB gefolgert werden, denn wenn danach schon eine Erklärung nichtig sei, bei der der Erklärende die rechtliche Erheblichkeit gekannt habe und nur gehofft habe, dass der Erklärungsempfänger den Mangel der Ernstlichkeit bemerken werde, müsse die Nichtigkeit erst recht Rechtsfolge solcher Erklärungen sein, die der Erklärende ohne Kenntnis ihrer rechtlichen Erheblichkeit abgegeben habe. Demnach wäre eine Willenserklärung eines ausländischen Arbeitnehmers nichtig, die zwar den objektiven Erklärungstatbestand erfüllt, aber ohne Erklärungsbewusstsein abgegeben wurde.

(b) Nach der sog. Erklärungstheorie

Nach h. M[170] soll das Fehlen des Erklärungsbewusstseins nicht die Nichtigkeit, sondern lediglich die Anfechtbarkeit der Willenserklärung zur Folge habe. Voraussetzung dafür ist jedoch, dass der Erklärende bei pflichtgemäßer Sorgfalt hätte erkennen können, dass sein Verhalten als Willenserklärung zu deuten ist („sog. potenzielles Erklärungsbewusstsein"). Dies wird damit begründet, dass aus § 118 BGB nicht zu schließen sei, dass fehlendes Erklärungsbewusstsein immer

---

168 BGH BeckRS 2013, 20959.

169 So i.Erg. die Vertreter der sog. „Willenstheorie", Canaris, Die Vertrauenshaftung im dt. PrivatR, 1971, S. 427 f., 550 f.

170 So BGH, NJW-RR 1986, 415; NJW 1990, 1656 (1658); Palandt, Vorb. § 116 Rdnr. 17; § 151 Rn. 2; MüKo, BGB, § 151 Rn. 50.

zur Nichtigkeit führen müsse. Wolle der Erklärende im Sinne von § 118 BGB bewusst keine Bindung in der Erwartung, dass dies auch erkannt werde, so entspricht die Nichtigkeit seinem Willen; ihm brauche die Wahl, das Erklärte gegen und für sich gelten zu lassen oder nach § 119 BGB anzufechten, nicht eröffnet werden. Damit nicht zu vergleichen sei eine Erklärung ohne das Bewusstsein, dass sie als rechtsgeschäftliche verstanden wird. Sie stehe der irrtümlichen, als rechtserheblich gewollten Erklärung sehr viel näher. Wer daher, z. B. etwa erkläre zu kaufen, sich aber Verkauf vorstellt, befinde sich in einer ganz ähnlichen Lage wie derjenige, der das für Kauf übliche Zeichen gibt, aber nicht an Kauf denkt.[171] Demnach führt allein das Fehlen eines Erklärungsbewusstseins bei einem ausländischen Arbeitnehmer nicht zur Nichtigkeit einer abgegebenen Erklärung, wenn ein potentielles Erklärungsbewusstsein bei diesem zuzurechnen ist. Einem ausländischen Arbeitnehmer kann immer dann ein potentielles Erklärungsbewusstsein zuzurechnen sein, wenn in einer konkreten Situation über das Zustandekommen eines Arbeitsverhältnisses gesprochen wird, insbesondere in einer für ihn unverständlichen Sprache und sich der Arbeitnehmer dieser Situation durchaus bewusst ist und er trotzdem ein objektives Verhalten gegenüber dem Arbeitgeber zeigt, welches den objektiven Erklärungstatbestand einer Willenserklärung erfüllt. Dies kann durch ein ausdrückliches „Ja" erfolgen, oder durch ein schlüssiges Verhalten des Arbeitnehmers, z. B. durch ein „Kopfnicken" o. Ä.

(c) Streitentscheid

Da die beiden vorgenannten Theorien zu unterschiedlichen Ergebnissen gelangen, ist ein Streitentscheid notwendig.

Für die h. M. spricht, dass sie die Interessen beider Parteien zu einem angemessenen Ausgleich führt. So baut das Recht der Willenserklärung nicht nur auf der Selbstbestimmung des Erklärenden auf, sondern schützt nach den §§ 119, 157 BGB auch das Vertrauen des Erklärungsempfängers und die Verkehrssicherheit, indem es den Erklärenden auch an nicht vorgestellte und (gleichermaßen) an nicht bewusst in Geltung gesetzte Rechtsfolgen bindet. Schließlich spricht für diese Ansicht, dass Erklärungen, die ohne Erklärungsbewusstsein abgegeben worden sind, auch nur unter bestimmten Voraussetzungen wirksam sind. So soll eine Willenserklärung bei fehlendem Erklärungsbewusstsein nur vorliegen, wenn sie als solche dem Erklärenden zugerechnet werden kann. Dies setzt voraus, dass dieser bei Anwendung der im Verkehr erforderlichen Sorgfalt hätte

---

171 BGHZ 91, 324; 109, 171; Flume, BGB AT II, § 20; Medicus, BGB AT, Rn. 607; Palandt, Einf. v. § 116 BGB Rn. 17.

erkennen und vermeiden können, dass seine Erklärung oder sein Verhalten vom Empfänger nach Treu und Glauben und mit Rücksicht auf die Verkehrssitte als Willenserklärung aufgefasst werden durfte, der Erklärungsempfänger also aufgrund hervorgerufenen Vertrauens schutzwürdig war.[172] Der Erklärungstheorie ist daher zu folgen.

(d) Zwischenergebnis

Für das Vorliegen eines subjektiven Erklärungstatbestands einer Willenserklärung zur Annahme eines Arbeitsvertragsangebots des Arbeitgebers ist es ausreichend, wenn der Erklärende bei pflichtgemäßer Sorgfalt hätte erkennen können, dass sein Verhalten als Willenserklärung zu deuten war. In einem solchen Fall liegt ein sog. potentielles Erklärungsbewusstsein vor, was zur Folge hat, dass die Willenserklärung nicht bereits wegen fehlendem Erklärungsbewusstsein nichtig ist. Dies bedeutet für den Fall, dass ein sprachunkundiger Arbeitnehmer nicht in dem Bewusstsein handelte, dass sein Handeln die Annahme eines Angebots zum Abschluss eines Arbeitsvertrages begründet, den subjektiven Erklärungstatbestand einer Willenserklärung dennoch erfüllen kann. Dies ist insbesondere immer dann der Fall, wenn der Arbeitnehmer bei pflichtgemäßer Sorgfalt hätte erkennen können, dass sein Verhalten als Annahme eines Angebots zum Abschluss eines Arbeitsvertrages zu deuten war. Eine Abweichung von diesem Ergebnis erscheint hier auch nicht notwendig, da der Arbeitnehmer seine Willenserklärung gemäß § 119 Abs. 1 Alt. 2 BGB analog anfechten kann.[173] Dem Arbeitgeber kann in einem solchen Fall auch keinen Vorwurf gemacht werden, das Gebot des fairen Verhandelns verletzt zu haben, wenn er objektiv nicht erkennen konnte, dass der Arbeitnehmer über unzureichende Sprachkenntnisse verfügte als er das Angebot annahm.

(3) Geschäftswille

Der dritte Bestandteil des subjektiven Erklärungstatbestands einer Willenserklärung ist der Geschäftswille, d. h. die Absicht, ein konkretes Geschäft abzuschließen und so eine bestimmte Rechtsfolge herbeizuführen.[174] Anders als beim Erklärungsbewusstsein genügt für den Geschäftswillen die Vorstellung, irgendeine rechtserhebliche Erklärung abzugeben, nicht. Vielmehr muss der Wille des Erklärenden auf ein ganz bestimmtes Rechtsgeschäft konkretisiert sein.[175] Der

172 BGHZ 91, 324; BGH NJW 1995, 953; Palandt, Einf. v. § 116 BGB Rn. 17.

173 Siehe Ausführungen ab Seite 103 ff.

174 BGH, MDR 1969, 731.

175 Brox, BGB AT, Rn. 86.

Geschäftswille ist jedoch nicht notwendiger Bestandteil einer Willenserklärung; jedoch kann der Erklärende, wenn kein Geschäftswille vorlag, seine Erklärung ggf. gem. den §§ 119 ff. BGB anfechten.[176] Wenn einem sprachunkundigen Arbeitnehmer ein Erklärungsbewusstsein für die Annahme eines Angebots zum Abschluss eines Arbeitsvertrages nach der vorgenannten Erklärungstheorie zugerechnet werden kann, so fehlt in der Regel auch immer der Geschäftswille. Ein fehlender Geschäftswille führt aber nicht zur Nichtigkeit einer Willenserklärung und ist demnach keine zwingende Voraussetzung für das Vorliegen des subjektiven Erklärungstatbestands einer Willenserklärung.

cc. Zwischenergebnis

Im Ergebnis ist festzuhalten, dass eine wirksame Willenserklärung des Arbeitnehmers zur Annahme eines Angebots zum Abschluss eines Arbeitsvertrages vorliegen kann, selbst wenn der Arbeitnehmer nicht mit Erklärungsbewusstsein handelte. Voraussetzung hierfür ist jedoch, dass der sprachunkundige Arbeitnehmer bei pflichtgemäßer Sorgfalt hätte erkennen können, dass sein Verhalten als Annahme des Angebots des Arbeitgebers zum Abschluss eines Arbeitsvertrages zu deuten war. Der in diesem Fall ebenfalls fehlende Geschäftswille führt aber auch nicht zur Nichtigkeit der Annahmeerklärung des Arbeitnehmers.

c. Ergebnis

Ein Angebot zum Abschluss eines mündlichen Arbeitsvertrages des Arbeitgebers gegenüber einem ausländischen Arbeitnehmer geht diesem immer dann zu, wenn für den Arbeitgeber kein objektiver Anlass besteht, daran zu zweifeln, dass der (ausländische) Arbeitnehmer die Erklärung verstanden hat. Ein solches Angebot zum Abschluss eines mündlichen Arbeitsvertrages kann von einem sprachunkundigen Arbeitnehmer wirksam angenommen worden sein, selbst wenn der Arbeitnehmer nicht mit Erklärungsbewusstsein oder Geschäftswillen handelte, und zwar dann, wenn der sprachunkundige Arbeitnehmer bei pflichtgemäßer Sorgfalt hätte erkennen können, dass sein Verhalten eine solche Annahme des Angebots begründen könnte. Beim Abschluss eines mündlichen Arbeitsvertrages muss also der sprachunkundige Arbeitnehmer Sorge dafür tragen, dass dieser den Inhalt verstanden hat. Dies, wenn dieser zumindest den Anschein gegenüber dem Arbeitgeber erweckt, dass dieser das Angebot des Arbeitgebers zum Abschluss eines Arbeitsvertrages versteht und das Angebot

---

176 BGH, NJW 1984, 2279.

durch ein objektiv erkennbares Verhalten annimmt. Dieses Ergebnis ist auch mit dem Gebot des fairen Verhandelns vereinbar, da in dem vorgenannten Fall der Arbeitgeber gar nicht erkennt, dass der Arbeitnehmer seine Willenserklärung nicht verstanden hat und dann auch keine weitergehenden Handlungen vornehmen kann.

4. Die Kommunikation beim Abschluss eines schriftlichen Arbeitsvertrages

Sofern Arbeitgeber und Arbeitnehmer, wie in der Praxis üblich, überein kommen, einen schriftlichen Arbeitsvertrag zu schließen, anstatt sich mündlich über einen Arbeitsvertrag zu einigen, stellt sich die Frage, ob das Angebot des Arbeitgebers zum Abschluss eines Arbeitsvertrages auch dann wirksam angenommen wurde, wenn der nicht oder nur teilweise ausreichend deutschsprechende Arbeitnehmer einen Arbeitsvertrag (teilweise) unverstanden unterschreibt.

a. Angebot des Arbeitgebers auf Abschluss eines schriftlichen Arbeitsvertrages

aa. Abgabe eines Angebots des Arbeitgebers zum Abschluss eines Arbeitsvertrages

Ein Angebot des Arbeitgebers zum Abschluss eines schriftlichen Arbeitsvertrages gegenüber einem (sprachunkundigen) Arbeitnehmer liegt vor, wenn der Arbeitgeber sein Angebot mit dem Willen erkennbar so geäußert hat, dass an der Endgültigkeit des Angebots kein Zweifel besteht.[177] Diese Voraussetzung für die Abgabe eines schriftlichen Angebots zum Abschluss eines Arbeitsvertrages ist erfüllt, wenn der Arbeitgeber ein von ihm erstelltes Vertragsangebot unterschreibt.

bb. Zugang eines schriftlichen Angebots des Arbeitgebers zum Abschluss eines Arbeitsvertrages gegenüber einem sprachunkundigen Arbeitnehmer

Neben der Abgabe eines Angebots des Arbeitgebers zum Abschluss eines Arbeitsvertrages muss dieses Angebot dem ausländischen Arbeitnehmer auch zugehen, damit es wirksam ist. Hierbei ist zwischen dem Zugang eines Angebots gegenüber einem abwesenden und einem anwesenden sprachunkundigen Arbeitnehmer zu unterscheiden.

---

177 BGH 65, 13, NJW-RR 2003, 384.

(1) Zugang eines Angebots gegenüber einem abwesenden sprachunkundigen Arbeitnehmer

Der Zugang eines Angebots des Arbeitgebers zum Abschluss eines schriftlichen Arbeitsvertrages gegenüber einem abwesenden sprachunkundigen Arbeitnehmer ist in § 130 Abs. 1 Satz 1 BGB geregelt. Danach wird eine Willenserklärung, die einem anderen (Abwesenden) gegenüber abzugeben ist, wirksam, sobald sie diesem zugeht. Für den Zugang einer schriftlichen Willenserklärung unter Abwesenden i.S.d. § 130 Abs. 1 Satz 1 BGB müssen nach h. M.[178] zwei Voraussetzungen erfüllt sein. Zum einen muss die Willenserklärung in verkehrsüblicher Art in die tatsächliche Verfügungsgewalt des Empfängers oder eines empfangsberechtigten Dritten gelangen und zum anderen muss für den Empfänger unter gewöhnlichen Umständen eine Kenntnisnahme vom Inhalt der Willenserklärung zu erwarten sein. Dabei kann unter gewöhnlichen Umständen eine Kenntnisnahme vom Inhalt der Willenserklärung zu erwarten sein, sobald die tatsächliche Möglichkeit der Kenntnisnahme von dem Inhalt der Erklärung besteht.[179] Für den Zugang einer verkörperten Willenserklärung ist es demnach unerheblich, wann der Empfänger die Erklärung tatsächlich zur Kenntnis genommen hat und ob er daran durch besondere Umstände zunächst gehindert war.[180] Die Sprachunkundigkeit eines Arbeitnehmers ist daher für den Zugang der Willenserklärung des Arbeitgebers irrelevant. Bei Sprachunkenntnis, handelt es sich nach h. M.[181] nämlich um einen individuellen Umstand, der dem Risikobereich des Arbeitnehmers zuzuordnen ist. Mit der Übersendung eines vom Arbeitgeber unterschriebenen Arbeitsvertrages geht dem ausländischen Arbeitnehmer gem. § 130 Abs. 1 Satz 1 BGB somit ein wirksames Angebot zum Abschluss eines Arbeitsvertrages zu, unabhängig davon, ob der ausländische Arbeitnehmer Kenntnis vom Inhalt des Angebots erlangt hat.

(2) Zugang des Angebots gegenüber einem anwesenden sprachunkundigen Arbeitnehmer

Sofern Arbeitgeber und Arbeitnehmer in beiderseitiger Anwesenheit einen schriftlichen Arbeitsvertrag schließen möchte, stellt sich ebenfalls die Frage, ob

178 BAG, NZA 2019, 1490; BGH NJW-RR 2011, 1184, 1185; NJW 1983, 929, 930; BGHZ 67, 271, 275 = NJW 1977, 194; BAG NJW 1993, 1093.

179 BGH NJW-RR 2011, 1184, 1185; NJW 1983, 929, 930; BGHZ 67, 271, 275 = NJW 1977, 194; BAG NJW 1993, 1093.

180 BGH NJW 2004, 1320; BAG NJW 1993, 1093, 1094.

181 So auch Rieble, S. 239 f.; Palandt, BGB, § 130, Rn. 15.

und wann die Erklärung des Arbeitgebers dem ausländischen Arbeitnehmer gegenüber zugeht. Der Zugang empfangsbedürftiger Willenserklärungen unter Anwesenden ist gesetzlich nicht geregelt. Die Regelungen des § 130 Abs. 1 Satz 1 BGB werden jedoch entsprechend für diesen Fall angewendet.[182] Demnach ist für den Zugang eines Angebots zum Abschluss eines Arbeitsvertrages darauf abzustellen, ob die Willenserklärung des Arbeitgebers dergestalt in den Machtbereich des sprachunkundigen Arbeitnehmers gelangt ist, dass unter normalen Umständen mit seiner Kenntnisnahme gerechnet werden kann.[183] Dabei gehen verkörperte Willenserklärungen unter Anwesenden grundsätzlich mit der Aushändigung an den Empfänger zu, da dann die Möglichkeit der tatsächlichen Kenntnisnahme besteht.[184]

(3) Die Pflicht zur Übersetzung eines schriftlichen Arbeitsvertrages durch den Arbeitgeber aufgrund seiner Rücksichtnahmepflicht bzw. dem Gebot des fairen Verhandelns

Im Zusammenhang mit dem Zugang von empfangsbedürftigen verkörperten Willenserklärung des Arbeitgebers, insbesondere beim Zugang eines schriftlichen Angebots des Arbeitgebers gegenüber Anwesenden oder Abwesenden zum Abschluss eines Arbeitsvertrages wird vertreten[185], dass der Arbeitgeber gegenüber einem nicht (ausreichend) deutschsprachigen Arbeitnehmer aufgrund seiner Rücksichtnahmepflicht ihm gegenüber zur Übersetzung des Arbeitsvertrages verpflichtet ist und das Angebot zum Abschluss eines Arbeitsvertrages dem sprachunkundigen Arbeitnehmer erst dann zugeht, wenn der Arbeitgeber für eine Übersetzung der Erklärung gesorgt hat und diese vor Abschluss des Arbeitsvertrages dem Arbeitnehmer zur Verfügung gestellt hat.

Hierbei wird die Frage diskutiert, ob der Arbeitgeber aufgrund seiner Rücksichtnahmepflicht nach § 241 Abs. 2 BGB die Pflicht haben kann, einen Arbeitsvertrag in eine Sprache zu übersetzen, die der ausländische Arbeitnehmer versteht, damit diesem das Angebot zum Abschluss des Arbeitsvertrages zugehen kann. Die Rücksichtnahmepflicht des Arbeitgebers beinhaltet Schutz-, Sorgfalts- und Aufklärungspflichten und beginnt bereits in der Phase der Arbeitsvertragsverhandlungen.[186] Eine Übersetzungspflicht des Arbeitgebers hinsichtlich der

182 Palandt, BGB, § 130, Rn. 12.

183 BGH NJW-RR 2011, 1184, 1185; NJW 1983, 929, 930; BGHZ 67, 271, 275 = NJW 1977, 194; BAG NJW 1993, 1093.

184 Palandt, BGB, § 130, Rn. 13.

185 Vgl. Rieble, S. 239 f. hierzu.

186 BAG 21.11.2000 – 3 AZR 415/99, NZA 01, 661.

Vereinbarungen im Arbeitsvertrag wird hierbei durch die Aufklärungspflicht des Arbeitgebers gegenüber seiner Arbeitnehmer hergeleitet. Eine Herleitung einer Übersetzungspflicht des Arbeitgebers aus seiner Aufklärungspflicht ist zwar logisch, bedarf es aber vorliegend nicht. Der Arbeitgeber hat nämlich nach dem Gebot des fairen Verhandelns, welches ebenfalls aus der Rücksichtnahmepflicht des Arbeitgebers abgeleitet wird, ohnehin ein Mindestmaß an Fairness im Vorfeld eines Vertragsschlusses zu gewährleisten,[187] was bedeutet, dass der Arbeitgeber bei objektiv erkennbar unzureichenden Sprachkenntnissen des Arbeitnehmers dazu verpflichtet sein kann, den Arbeitsvertrag in eine für den Arbeitnehmer verständlichen Sprache zu übersetzen, damit das Angebot zum Abschluss eines Arbeitsvertrages zugeht.

Gegen eine Übersetzungspflicht des Arbeitgebers könnte jedoch sprechen, dass auch Arbeitsverträge nach dem in Art. 2 Abs. 1 GG, Art. 12 Abs. 1 GG und § 105 GewO verbürgten Grundsatz der Vertragsfreiheit geschlossen werden.[188] Danach ist jeder (voll geschäftsfähige) Bürger und demnach auch Arbeitnehmer selbst dafür verantwortlich, ihre wirtschaftlichen Interessen bei der Eingehung von Rechtsgeschäften wahrzunehmen. Jede Vertragsseite trägt grundsätzlich im Rahmen ihrer gem. Art. 12 Abs. 1 S. 1 GG gewährleisteten Vertragsfreiheit selbst die Verantwortung, ob und wie sie ein Rechtsgeschäft (günstig oder nachteilig) abschließt.[189] Die Auferlegung einer Übersetzungspflicht gegenüber dem Arbeitgeber könnte demnach zu einer Verletzung/Einschränkung der Vertragsfreiheit des Arbeitgebers führen, wenn dieser nunmehr dafür verantwortlich wäre, einem ausländischen Arbeitnehmer alle Vereinbarungen eines schriftlichen Arbeitsvertrages im Detail näher zu bringen, bevor dieser den Arbeitsvertrag unterschreibt. Demgegenüber lässt sich jedoch einwenden, dass ein ausländischer Arbeitnehmer, der einen schriftlichen Arbeitsvertrag nicht versteht, selbst in seiner Vertragsfreiheit beschränkt ist, wenn der Arbeitgeber nicht für eine Übersetzung des Vertrages sorgen muss. Denn dieser versteht den Arbeitsvertrag ohne Übersetzung nicht und kann dementsprechend auch keine Änderungen an dem Arbeitsvertrag mit dem Arbeitgeber verhandeln. Eine Übersetzungspflicht des Arbeitgebers von sich aus – bei entsprechender Kenntnisnahme über die Sprachdefizite eines Arbeitnehmers vor oder bei Vertragsschluss – Vereinbarungen eines Arbeitsvertrages zu übersetzen, wäre auch nicht

187 BAG, NZA 2019, 688.

188 BVerfGE 72, 155, 170; Däubler/Hjort/Schubert/Wolmerath, ArbeitsR, GG, Art. 2, Rn. 3; Boemke, NZA 1993, 532 m.w.Nachw.

189 Erfurter-Kommentar, BGB, § 611, Rn. 311.

zu weitgehend.[190] Meistens sind Übersetzungen schnell angefertigt bzw. der Arbeitgeber hat bereits zweisprachige Arbeitsverträge in seiner Mustersammlung. Eine Übersetzung muss auch nicht zwangsläufig in der Muttersprache des Arbeitnehmers erfolgen, sondern es wäre ausreichend, wenn die Übersetzung in einer vom Arbeitnehmer beherrschten Sprache erfolgt, z. B. auch auf Englisch. Es kann daher Aufgabe und Pflicht des Arbeitgebers sein, gegenüber seinem Arbeitnehmer durch eine auf seine Kosten erstellte Übersetzung des Arbeitsvertrags zu sorgen.[191] Dies gerade dann, wenn für den Arbeitgeber objektiv erkennbar ist, dass der Arbeitnehmer sein Angebot auf Abschluss eines schriftlichen Arbeitsvertrages aufgrund von sprachlichen Defiziten nicht oder nur teilweise verstehen wird. Dann gebietet das Gebot des fairen Verhandelns, dass ein schriftlicher Arbeitsvertrag für einen Arbeitnehmer vom Arbeitgeber übersetzt wird, damit dieses Arbeitsvertragsangebot dem Arbeitnehmer zugeht.

cc. Zwischenergebnis

Mit der Übersendung eines vom Arbeitgeber unterschriebenen Arbeitsvertrages geht einem (sprachunkundigen) Arbeitnehmer ein wirksames Angebot zum Abschluss eines Arbeitsvertrages i.S.d. § 130 Abs. 1 Satz 1 BGB zu, wenn der Arbeitsvertrag in einer dem Arbeitnehmer verständlichen Sprache erfolgt. Das Gleiche gilt, wenn einem ausländischen oder sprachunkundigen Arbeitnehmer ein Arbeitsvertrag ausgehändigt wird. Die Sprachkenntnis eines Arbeitnehmers hindert den Zugang eines Angebots des Arbeitgebers zum Abschluss eines Arbeitsvertrages. Aber nur dann, wenn die Sprachunkenntnis des Arbeitnehmers für den Arbeitgeber objektiv erkennbar ist. Der Arbeitgeber ist dann nämlich aufgrund des Gebots des fairen Verhandelns verpflichtet, einen Arbeitsvertrag in einer für den sprachunkundigen Arbeitnehmer verständlichen Sprache zu übersetzen, damit der Zugang des Angebots eintreten kann.

b. Annahme eines schriftlichen Angebots des Arbeitgebers zum Abschluss eines Arbeitsvertrages durch einen sprachunkundigen Arbeitnehmer

Sofern ein sprachunkundiger Arbeitnehmer ein ihm zugegangenes schriftliches Angebot des Arbeitgebers zum Abschluss eines Arbeitsvertrages erhält und dieser den Inhalt des Arbeitsvertrages versteht und den von ihm unterschriebenen Arbeitsvertrag wieder zurück an den Arbeitgeber übersendet, wurde das Arbeitsvertragsangebot des Arbeitgebers angenommen.

---

190 A.A. BAG 22.01.2009 AP Nr. 46 zu § 242 BGB Auskunftspflicht = NZA 2009, 608.
191 BAG, NZA 2017, 740; LAG Rheinland-Pfalz, BeckRS 2012, 66863.

Fraglich ist jedoch, ob auch dann von der wirksamen Abgabe einer Annahmeerklärung durch den Arbeitnehmer hinsichtlich eines Angebots des Arbeitgebers auf Abschluss eines Arbeitsvertrages ausgegangen werden kann, wenn ein sprachunkundiger Arbeitnehmer den Inhalt eines Arbeitsvertrages nicht oder nur teilweise versteht, der Arbeitgeber dies jedoch nicht erkennen konnte, der Arbeitnehmer den Arbeitsvertrag aber dennoch unterschreibt und dem AG aushändigt oder übersendet. Für eine wirksame Annahme eines Arbeitsvertrages in einem solchen Fall spricht, dass bei einem vom Arbeitnehmer unterzeichneten Arbeitsvertrag von dem Vorliegen einer wirksamen Willenserklärung auszugehen ist, da in einem solchen Fall der objektive und subjektive Erklärungstatbestand einer Willenserklärung vorliegt:

Mit der Unterschrift des Arbeitnehmers unter einem Arbeitsvertrag liegt ein für den Arbeitgeber äußerlich erkennbares Verhalten des Arbeitnehmers vor, eine bestimmte Rechtsfolge eintreten zu lassen.

Auch liegt ein Handlungswille vor, indem der Arbeitnehmer den Arbeitsvertrag unterschreibt. Schließlich handelt ein Arbeitnehmer auch mit Handlungswillen, wenn er ein Schriftstück unterschreibt. In einem solchen Fall kann auch dahinstehen, ob ein ausländischer Arbeitnehmer mit Erklärungsbewusstsein einen Arbeitsvertrag unterschrieben hat. Derjenige, der eine Unterschrift leistet, weiß in der Regel, dass er mit seiner Unterschrift ggf. eine rechtserhebliche Erklärung abgibt. Dies umso mehr, wenn ein sprachunkundiger Arbeitnehmer gegenüber einem potentiellen Arbeitgeber eine Unterschrift abgibt. In einem solchen Fall liegt zumindest ein potenzielles Erklärungsbewusstsein vor.[192] Das Vorhandensein eines Geschäftswillens eines sprachunkundigen Arbeitnehmers kann dabei dahinstehen, da der Geschäftswille nicht notwendiger Bestandteil einer Willenserklärung ist. Der Zugang der Annahme eines solchen Angebots zum Abschluss eines Arbeitsvertrages tritt dann ein, wenn der Arbeitnehmer ein von ihm unterschriebenes Exemplar des Arbeitsvertrages an den Arbeitgeber aushändigt, oder ihm übersendet, so dass der Arbeitgeber die Möglichkeit erhält, unter normalen Umständen Kenntnis von dem vom Arbeitnehmer unterschriebenen Arbeitsvertrag zu nehmen. Im Ergebnis liegt demnach eine wirksam abgegebene und dem Arbeitgeber zugegangene Annahmeerklärung des Arbeitnehmers hinsichtlich des Angebots des Arbeitgebers zum Abschluss eines schriftlichen Arbeitsvertrages vor, wenn ein sprachunkundiger Arbeitnehmer

192 So auch Rieble, S. 232.

einen Arbeitsvertrag unterschreibt, auch wenn er den Inhalt eines Arbeitsvertrages nicht oder nur teilweise versteht.[193]

c. *Ergebnis*

Mit der Übersendung oder Übergabe eines vom Arbeitgeber unterschriebenen Arbeitsvertrages geht einem sprachunkundigen Arbeitnehmer ein wirksames Angebot zum Abschluss eines schriftlichen Arbeitsvertrages nur dann zu, wenn dieses eine Übersetzung der Regelungen in einer vom Arbeitnehmer verständlichen Sprache enthält. Vorausgesetzt, dass der Arbeitgeber objektiv erkennen konnte, dass der Arbeitnehmer das Arbeitsvertragsangebot aufgrund seiner Sprachunkenntnis nicht versteht. Sollte es für den Arbeitgeber nicht erkennbar sein, dass der Arbeitnehmer sein Arbeitsvertragsangebot nicht versteht, wird ein solches Angebot mit der Unterzeichnung des Arbeitsvertrages durch den sprachunkundigen Arbeitnehmer angenommen, wenn dieser den Inhalt des Arbeitsvertrags nicht zur Kenntnis genommen hat oder den Inhalt aufgrund fehlender Sprachkenntnisse nicht versteht.

5. *Anfechtbarkeit eines mündlich oder schriftlich geschlossenen Arbeitsvertrages durch einen sprachunkundigen Arbeitnehmer*

Wenn ein ausländischer Arbeitnehmer die Annahme eines mündlichen oder schriftlichen Arbeitsvertrages erklärt, obwohl er tatsächlich gar keine Erklärung abgeben wollte, ihm aber ein potentielles Erklärungsbewusstsein zuzurechnen ist, stellt sich die Frage, ob der Arbeitnehmer seine Annahmeerklärung anfechten kann. Die gleiche Frage nach einem Anfechtungsgrund stellt sich bei ausländischen Arbeitnehmern auch dann, wenn diese einem mündlichen oder schriftlichen Arbeitsvertrag zustimmen oder unterschreiben, den Inhalt des Arbeitsvertrages aber nicht richtig verstehen oder nicht zur Kenntnis nehmen wollen. Als Anfechtungsgründe für die dargestellten Konstellationen könnte

---

193 So auch BAG, Urteil vom 19.03.2014 – 5 AZR 252/12, BeckRS 2014, 70206; vgl. BGH 27. Oktober 1994 – IX ZR 168/93 – zu II 1 b der Gründe; LAG Niedersachsen 18. März 2005 – 10 Sa 1990/04 – zu II 2 a bb der Gründe; Hessisches LAG 11. September 1986 – 9 Sa 421/86 –; 7. Juni 1974 – 8 Sa 45/74 –; LAG Baden-Württemberg 30. Dezember 1970 – 4 Sa 64/70 –; 12. Juli 1968 – 4 Sa 37/68 –; LAG Hamm 7. September 1992 – 19 Sa 531/92 –; Freckmann, BB 2000, 1402, 1405 f.; Moll/Reichel RdA 2001, 308, 314; Rieble FS Löwisch 2007 S. 229, 232 ff.; Herbert/Oberrath DB 2010, 391, 392; Hinrichs/Stütze NZA-RR 2011, 113, 117; Mückl/Butz ArbRAktuell 2013, 34.

dem Arbeitnehmer ein Anfechtungsgrund nach § 119 Abs. 1 Alt 2 BGB (direkt oder analog), oder nach § 119 Abs. 1 Alt. 1 BGB zustehen.

a. *Anfechtung eines mündlich oder schriftlich geschlossenen Arbeitsvertrages durch einen sprachkundigen Arbeitnehmer gem. § 119 Abs. 1 Alt. 2 BGB (analog)*

Gem. § 119 Abs. 1 Alt. 2 BGB kann eine Erklärung angefochten werden, wenn eine Erklärung mit einem falschen Inhalt abgegeben wurde. Fraglich ist, ob § 119 Abs. 1 Alt. 2 BGB im Falle eines nur potentiell vorhandenen Erklärungsbewusstseins direkte Anwendung findet. Der Anfechtungsgrund des § 119 Abs. 1 Alt. 2 BGB findet nämlich grundsätzlich nur dann Anwendung, wenn dem Erklärenden die Umsetzung seines Erklärungswillens missglückt, indem er (objektiv) etwas anderes äußert, als er eigentlich (subjektiv) will, weil er sich z. B. verspricht, verschreibt oder vergreift. Bei einem sprachunkundigen Arbeitnehmer, der ein Angebot zum Abschluss eines Arbeitsvertrages annimmt, weil er eine ihm objektiv zurechenbare Willenserklärung abgibt, ohne dies zu wollen, ihm aber ein potentielles Erklärungsbewusstsein zugerechnet wird nach der o.g. Erklärungstheorie, hat faktisch kein Erklärungsbewusstsein. Ein solcher Fall ist demnach nicht mit einem Erklärungsirrtum i.S.d. § 119 Abs. 1 Alt. 2 BGB identisch. Deshalb wendet die h. M.[194] in diesen Fällen § 119 Abs. 1 Alt. 2 BGB nicht direkt, sondern analog an. Begründet wird dies damit, dass, wenn schon derjenige seine Willenserklärung anfechten könne, der sich im äußeren Erklärungszeichen vergreift, so müsse erst recht derjenige seine Willenserklärung anfechten können, der bereits die Bedeutung seines Erklärungszeichens als Willenserklärung verkennt. Dieser Annahme ist zu folgen, da in den beiden vorgenannten Konstellationen kein Unterschied im Hinblick auf die Anfechtungsmöglichkeiten gemacht werden kann. Dem Arbeitnehmer steht demnach ein Anfechtungsgrund gem. § 119 Abs. 1 Alt. 2 BGB analog zu, wenn dieser ohne Erklärungsbewusstsein, aber mit potentiellem Erklärungsbewusstsein das Angebot des Arbeitgebers zum Abschluss eines Arbeitsvertrages angenommen hat.

---

194 BGH BeckRS 2013, 20959; NJW 1984, 2279, 2280.

b. Anfechtung eines mündlich oder schriftlich geschlossenen Arbeitsvertrages durch einen sprachunkundigen Arbeitnehmer wegen eines Inhaltsirrtums i.S.d. § 119 Abs. 1 Alt. 1 BGB

Nicht nur bei ausländischen Arbeitnehmern, die einen mündlichen oder schriftlichen Arbeitsvertrag u. a. aufgrund eines potentiellen Erklärungsbewusstseins annehmen, stellt sich die Frage nach dem Vorliegen von Anfechtungsgründen, sondern auch dann, wenn ein sprachunkundiger Arbeitnehmer einem mündlichen Arbeitsvertrag zustimmt, den Inhalt des Arbeitsvertrages aber falsch versteht oder nicht zur Kenntnis nimmt. Ein Erklärungsirrtum i.S.d. § 119 Abs. 1 Alt. 2 BGB scheidet in einem solchen Fall aus, da einem ausländischen Arbeitnehmer mit der Zustimmung zum Abschluss eines Arbeitsvertrages die Umsetzung seines Erklärungswillens gelingt und demnach kein Irrtum in der Erklärungshandlung vorliegt. Als Anfechtungsgrund kommt in einem solchen Fall die Anfechtung wegen eines Inhaltsirrtums nach § 119 Abs. 1 Alt. 1 BGB in Betracht. Ein Inhaltsirrtum i.S.d. § 119 Abs. 1 Alt. 1 BGB ist das unbewusste Auseinanderfallen von Wille und Erklärung. Ein Inhaltsirrtum liegt demzufolge nicht vor, wenn jemand eine Annahmeerklärung abgibt, obwohl der Inhalt des Angebots nicht zur Kenntnis genommen wurde.[195] Danach liegt kein Inhaltsirrtum i.S.d. § 119 Abs. 1 Alt. 1 BGB vor, wenn ein ausländischer Arbeitnehmer einen mündlichen Arbeitsvertrag akzeptiert, einen schriftlichen Arbeitsvertrag unterschreibt und sich dieser keine nähere Vorstellung über den Inhalt des hierdurch geschlossenen Arbeitsvertrages macht.[196] Im Umkehrschluss bedeutet dies jedoch, dass eine Anfechtung wegen eines Inhaltsirrtums i.S.d. § 119 Abs. 1 Alt. 1 BGB immer dann in Betracht kommt, wenn ein sprachunkundiger Arbeitnehmer zwar einen Arbeitsvertrag unverstanden akzeptiert oder unterschreibt, er sich von dessen Inhalt aber eine unrichtige Vorstellung gemacht hat[197], z. B. indem er denkt, dass er einen unbefristeten Arbeitsvertrag schließt, tatsächlich aber ein befristeter Arbeitsvertrag geschlossen wird. Allein nur in einem solchen Fall besteht gem. § 119 Abs. 1 Alt. 1 BGB das Recht des ausländischen Arbeitnehmers zur Anfechtung eines mündlich oder schriftlich geschlossenen Arbeitsvertrages wegen eines Inhaltsirrtums.

---

195 BAG, 22, 424.

196 So auch BAG, Urteil vom 19.03.2014 – 5 AZR 252/12, BeckRS 2014, 70206.

197 Vgl. hierzu BAG, Urteil vom 05.04.1990 – Az. 2 AZR 337/89.

c. *Anfechtungsfrist gem. § 121 Abs. 1 Satz 1 BGB und Anfechtungserklärung gem. § 143 BGB*

Damit ein ausländischer Arbeitnehmer einen mündlichen oder schriftlichen Arbeitsvertrag wegen eines Irrtums nach § 119 Abs. 1 Alt. 1 BGB oder gem. § 119 Abs. 1 Alt. 2 BGB analog anfechten kann, muss er gegenüber dem Arbeitgeber gem. § 143 BGB die Anfechtung erklären, und zwar ohne schuldhaftes Zögern i.S.d. § 121 Abs. 1 Satz 1 BGB, nachdem er von dem Anfechtungsgrund Kenntnis erlangt hat.

d. *Rechtsfolgen einer Anfechtung*

Es besteht Einigkeit darüber, dass die Regelungen des BGB über die Anfechtung eines Rechtsgeschäftes (§§ 119 ff. BGB) im Ausgangspunkt grundsätzlich auch für die Anfechtung eines Arbeitsvertrages nach § 119 Abs. 1 Alt. 1 BGB gelten, auch bei einer Anfechtung nach § 119 Abs. 1 Alt. 2 BGB analog.[198] Demgemäß wird ein von einem ausländischen oder sprachunkundigen Arbeitnehmer wirksam angefochtener Arbeitsvertrag nach § 142 Abs. 1 BGB mit rückwirkender Kraft (ex-tunc-Wirkung) beseitigt. Dieses Ergebnis gilt jedenfalls unstreitig für einen noch nicht in Vollzug gesetzten Arbeitsvertrag. Wird ein solcher Arbeitsvertrag wirksam angefochten, ist die rechtsgeschäftlich getroffene Regelung nichtig. Daher wird der Arbeitnehmer nicht zur Leistung der versprochenen Dienste verpflichtet, und es besteht auch kein rechtsgeschäftlich begründeter Anspruch auf das vereinbarte Arbeitsentgelt.[199]

Sofern das Arbeitsverhältnis bereits in Vollzug gesetzt wurde, hat sich im Grundsatz allgemeiner Konsens dahingehend gebildet, dass das anfechtbar begründete Arbeitsverhältnis dann, wenn die Arbeit aufgenommen worden ist, so behandelt wird, als läge ein fehlerfrei begründetes Arbeitsverhältnis vor; die Nichtigkeit des Arbeitsvertrags kann demnach dann nicht mehr mit rückwirkender Kraft geltend gemacht werden.[200] Dies vor dem Hintergrund, dass eine Rückabwicklung ausschließlich zu Lasten des sprachunkundigen Arbeitnehmers erfolgen würde, der regelmäßig bezogenes Arbeitsentgelt an den Arbeitgeber

---

198 BAG AP Nr. 3 zu § 119 BGB.

199 Richardi, Münchener Handbuch zum Arbeitsrecht, Band 1: Individualarbeitsrecht I, Rn. 46.

200 Grundlegend BAG 15.11.1957 – 1 AZR 189/57, AP BGB § 125 Nr. 2; BAG 19.06.1959 – 1 AZR 565/57, AP BGB § 611 Doppelarbeitsverhältnis Nr. 1; BAG 03.12.1998 – 2 AZR 754/97, NZA 1999, 584; MHdB ArbR, § 38 Fehlerhaft geschlossene Arbeitsverträge Rn. 48 mw.Nachw.

zurückerstatten müsste. Der Arbeitsvertrag ist damit mit Zugang der Anfechtungserklärung beim Anfechtungsgegner unwirksam.

e. Schadensersatzpflicht dessprachunkundigen Arbeitnehmers bei Anfechtung eines Arbeitsvertrages nach § 119 Abs. 1 BGB

Für den Fall, dass ein sprachunkundiger Arbeitnehmer einen mündlich oder schriftlich geschlossenen Arbeitsvertrag gem. § 119 Abs. 1 Alt. 1 BGB oder § 119 Abs. 1 Alt. 2 BGB analog anficht, sieht § 122 Abs. 1 BGB eine Schadensersatzpflicht des Anfechtenden vor. § 122 Abs. 1 BGB gilt dabei auch für den Fall, dass eine Erklärung wegen fehlendem, aber potentiell zurechenbaren Erklärungsbewusstsein angefochten wird.[201] Dieser Schadensersatzanspruch umfasst dabei den Schaden, der dadurch entstanden ist, dass der andere Teil auf die Wirksamkeit der Willenserklärung vertraut hat (sog. negatives Interesse)[202], d. h. ein Arbeitgeber ist bei einer Anfechtung so zu stellen, als wäre ein Arbeitsvertrag mit einem sprachunkundigen Arbeitnehmer nicht zustande gekommen. Zu ersetzen sind z. B. Kosten für die Einrichtung des Arbeitsplatzes für den Arbeitnehmer oder für die Einschaltung eines Personalberaters. Oberste Grenze eines solchen Schadensersatzes ist das Erfüllungsinteresse des Arbeitgebers, sog. positives Interesse (Wie stünde der Arbeitgeber bei Gültigkeit der Willenserklärung des Arbeitnehmers?).[203]

f. Zwischenergebnis

Dem Arbeitnehmer steht demnach ein Anfechtungsgrund gem. § 119 Abs. 1 Alt. 2 BGB analog zu, wenn dieser ohne Erklärungsbewusstsein, aber mit potentiellem Erklärungsbewusstsein das Angebot des Arbeitgebers zum Abschluss eines Arbeitsvertrages angenommen hat. Daneben kommt eine Anfechtung wegen eines Inhaltsirrtums i.S.d. § 119 Abs. 1 Alt. 1 BGB in Betracht, wenn ein sprachunkundiger Arbeitnehmer zwar einen Arbeitsvertrag unverstanden akzeptiert oder unterschreibt, er sich von dessen Inhalt aber eine unrichtige Vorstellung gemacht hat. Bei einer Anfechtung ist der Arbeitgeber so zu stellen, als wäre ein Arbeitsvertrag mit einem ausländischen Arbeitnehmer nicht zustande gekommen, d. h. der Arbeitnehmer hat den Schaden zu ersetzen, der dadurch entstanden ist, dass der Arbeitgeber auf die Wirksamkeit der Annahmeerklärung des Arbeitnehmers vertraut hat.

---

201 BGH, NJW 1984, 1950; Palandt, BGB, § 122, Rn. 4.

202 BGH, NJW 1984, 1950; Palandt, BGB, § 122, Rn. 4.

203 BeckOK, BGB § 122 Rn. 9.

6. *Ergebnis*

Als zusammenfassendes Ergebnis ist festzuhalten, dass Arbeitgeber und Arbeitnehmer grundsätzlich in der Verwendung einer Sprache für einen Arbeitsvertrag frei sind und dass beim Abschluss eines mündlichen oder schriftlichen Arbeitsvertrages der sprachunkundige Arbeitnehmer dafür Sorge tragen muss, dass er den Inhalt des Arbeitsvertrages versteht. Sofern ein objektiv erkennbar sprachunkundiger Arbeitnehmer einen vom Arbeitgeber bereits unterschriebenen schriftlichen Arbeitsvertrag erhält, hat der Arbeitgeber aufgrund des Gebots des fairen Verhandelns zu ermöglichen, dass dieser den Arbeitsvertrag versteht, z. B. durch eine Übersetzung. Dies vor dem Hintergrund, dass der Arbeitgeber, den Arbeitnehmer nicht überrumpelt und der Arbeitnehmer bei Willensmängeln in seiner Entscheidungsfreiheit eingeschränkt wird.

IV. Die Verwendung von Allgemeinen Geschäftsbedingungen in einem Arbeitsvertrag gegenüber einem sprachunkundigen Arbeitnehmer

Fraglich ist, wie sich Sprachprobleme auf die Wirksamkeit von Allgemeinen Geschäftsbedingungen i.S.d. § 305 Abs. 1 BGB in dem vom Arbeitgeber zur Verfügung gestellten Arbeitsvertrag auswirken; insbesondere, ob und unter welchen Voraussetzungen die Einbeziehung von Allgemeinen Geschäftsbedingungen gegenüber sprachunkundigen Arbeitnehmer erfolgt; ob ein Anspruch des Arbeitnehmers gegenüber seinem Arbeitgeber besteht, Allgemeine Geschäftsbedingungen in eine für ihn verständlichen Sprache übersetzen zu lassen, und ob § 305c BGB und/oder § 307 Abs. 1 Satz 2 BGB in einem solchen Fall Anwendung findet.

1. *Voraussetzungen für das Vorliegen von Allgemeinen Geschäftsbedingungen i.S.d. § 305 Abs. 1 BGB*

Voraussetzung dafür, dass es sich um Allgemeine Geschäftsbedingungen in einem schriftlichen Arbeitsvertrag handelt, die ein Arbeitgeber gegenüber einem sprachunkundigen Arbeitnehmer verwenden will, ist zunächst das Vorliegen von vorformulierten Vertragsbedingungen i.S.d. § 305 Abs. 1 BGB. Allgemeine Geschäftsbedingungen sind für eine Vielzahl von Arbeitsverträgen vorformulierte Vertragsbedingungen, die der Arbeitgeber dem Arbeitnehmer bei Abschluss eines Arbeitsvertrags einseitig stellt. Für eine Vielzahl von Verträgen vorgesehen sind Vertragsbedingungen, wenn sie für eine mindestens dreimalige Verwendung bestimmt sind.[204] Werden Vertragsbedingungen tatsächlich mehrfach verwendet, spricht dies für eine entsprechende Verwendungsabsicht.[205] Ist eine entsprechende Verwendungsabsicht schon anfänglich gegeben, handelt es sich bereits bei der ersten Verwendung um Allgemeine Geschäftsbedingungen.[206]

2. *Einbeziehung von deutschsprachigen Allgemeinen Geschäftsbedingungen gegenüber einem sprachunkundigen Arbeitnehmer*

Sofern ein Arbeitgeber z. B. deutschsprachige Allgemeine Geschäftsbedingungen gegenüber einem nicht-deutschsprachigen Arbeitnehmer verwenden will, stellt sich zunächst die Frage, ob und unter welchen Voraussetzungen die von dem Arbeitgeber einseitig gestellten Allgemeinen Geschäftsbedingungen i.S.d. § 305 Abs. 1 BGB Bestandteil des Arbeitsvertrages werden und ob für den Arbeitgeber wegen der Sprachschwierigkeiten des Arbeitnehmers gegebenenfalls erhöhten Anforderungen an der Einbeziehung in den Arbeitsvertrag bestehen bzw. der Arbeitgeber zur Übersetzung der Allgemeinen Geschäftsbedingungen verpflichtet ist.

a. *Erhöhte Anforderungen für die Einbeziehung von Allgemeinen Geschäftsbedingungen in einen Arbeitsvertrag trotz Unanwendbarkeit des § 305 Abs. 2 und Abs. 3 BGB auf Arbeitsverträge gemäß § 310 Abs. 4 Satz 2 Halbsatz 2 BGB*

Die Einbeziehung von Allgemeinen Geschäftsbedingungen richtet sich grundsätzlich nach § 305 Abs. 2 und Abs. 3 BGB. Gemäß § 305 Abs. 2 Nr. 1 und Nr. 2 BGB werden Allgemeine Geschäftsbedingungen nur dann Bestandteil eines Vertrags, wenn der Verwender bei Vertragsschluss die andere Vertragspartei erkennbar auf diese hinweist (Nr. 1) und wenn der Verwender bei Vertragsschluss der anderen Vertragspartei die Möglichkeit verschafft, in zumutbarer Weise die auch eine für den Verwender erkennbare körperliche Behinderung der anderen Vertragspartei angemessen berücksichtigt (Nr. 2).

Die Einbeziehungsregelungen des § 305 Abs. 2 und Abs. 3 BGB sind auf Arbeitsverträge jedoch ausdrücklich nicht anzuwenden, wie sich aus § 310

---

204 BAG v. 23.09.2010, 8 AZR 897/08, NZA 2011, 89; v. 18.03.2008, 9 AZR 186/07, NZA 2008, 1004, 1005 f; v. 25.05.2005, 5 AZR 572/04, NZA 2005, 1111, 1116.

205 BGH v. 26.09.1996, VII ZR 318/95, NJW 1997, 135.

206 BGH v. 26.09.1996, VII ZR 318/95, NJW 1997, 135.

Abs. 4 Satz 2 Halbsatz 2 BGB ergibt. Ausreichend für die Einbeziehung von Allgemeinen Geschäftsbedingungen in einem Arbeitsvertrag ist demnach, dass der Arbeitnehmer das Arbeitsvertragsangebot nebst den Allgemeinen Geschäftsbedingungen annimmt, d. h. die vom Arbeitgeber vorgelegten Allgemeinen Geschäftsbedingungen akzeptiert, unabhängig davon, ob er vom Arbeitgeber auf diese hingewiesen wird.[207]

Trotz der ausdrücklichen vorgenannten gesetzlichen Regelung zur Unanwendbarkeit des § 305 Abs. 2 und Abs. 3 BGB auf Arbeitsverträge wird vereinzelt vertreten[208], dass § 305 Abs. 2 BGB dennoch auf Arbeitsverträge Anwendung finden soll, wenn dem Arbeitgeber bei Vertragsschluss erkennbar gewesen ist, dass der Arbeitnehmer nicht über ausreichende Sprachkenntnisse verfügt, um den Inhalt des Arbeitsvertrages zur Kenntnis zu nehmen. In einem solchen Fall soll beim Arbeitnehmer eine sprachliche Behinderung i.S.d. § 305 Abs. 2 Nr. 2 BGB vorliegen, mit der Folge, dass die einseitig vom Arbeitgeber gestellten Arbeitsbedingungen nur dann Bestandteil des Arbeitsvertrages werden, wenn der Arbeitgeber einem Arbeitnehmer die von ihm erstellten Allgemeinen Geschäftsbedingungen in hinreichend verständlicher Weise und zwar vor Abschluss des Vertrages, übermittelt. Eine solche Übermittlung an den Arbeitnehmer würde voraussetzen, dass der Arbeitgeber die Allgemeinen Geschäftsbedingungen in eine für den Arbeitnehmer verständliche Sprache übersetzen lässt und die Übersetzung an den ausländischen Arbeitnehmer vor Vertragsschluss aushändigt.[209]

Gegen die Anwendbarkeit des § 305 Abs. 2 Nr. 2 BGB in einem solchen Fall spricht jedoch, dass auf den Vertragsschluss zwischen den Arbeitsvertragsparteien § 305 Abs. 2 Nr. 2 BGB wegen der in § 310 Abs. 4 Satz 2 (2. Hs.) BGB ausdrücklichen statuierten Nichtanwendbarkeit der Norm auf Arbeitsverträge keine Anwendung finden kann. Der Gesetzgeber hielt insoweit die Nachweispflicht nach § 2 NachwG für ausreichend, um den Arbeitnehmer Kenntnis von seinen Arbeitsbedingungen zu verschaffen.[210] Auch wenn der Gesetzgeber bei der Konzeption des § 310 Abs. 4 Satz 2 BGB wohl übersehen hat, dass die Erfüllung der in § 2 NachwG statuierten Nachweispflichten keine Wirksamkeitsvoraussetzung für arbeitsvertragliche Vereinbarungen ist und die Norm wohl nur bei mündlich geschlossenen Arbeitsverträgen von Relevanz wird, ist

---

207 Palandt, BGB, § 305, Rn. 25.
208 Schäfer, JZ 2003, 880.
209 Westphalen, NJW 2002, 12, 13.
210 BT-Drucks. 14/6857, S. 54.

der gesetzliche Ausschluss der Einbeziehungsregeln des § 305 Abs. 2 Nr. 2 BGB unmissverständlich eindeutig.[211]

Des Weiteren beschränkt sich der Wortlaut des § 305 Abs. 2 Nr. 2 BGB in seinem Anwendungsbereich ausschließlich auf „erkennbar körperliche Behinderungen". Dass Sprachhindernisse als Sprachbehinderung vergleichbar einer Sehbehinderung zu erhöhten Einbeziehungsanforderungen führen sollen, ist nicht nachvollziehbar, weil die Norm ausschließlich körperliche Behinderungen benennt und körperliche Behinderungen nicht vergleichbar sind mit Sprachdefiziten bei Arbeitnehmern, die mit Hilfe von Sprachunterrichtet behoben werden können.[212] Mit der Regelung des § 305 Abs. 2 Nr. 2 BGB wollte der Gesetzgeber dem besonderen Schutzbedürfnis Sehbehinderter Rechnung tragen.[213] Die Gesetzesbegründung zum § 305 Abs. 2 Nr. 2 BGB verlangt z. B. für die wirksame Einbeziehung Allgemeiner Geschäftsbedingungen, dass der Verwender der Allgemeinen Geschäftsbedingungen der anderen Vertragspartei entweder eine Sehhilfe zur Verfügung stellt oder eine Übergabe in elektronischer oder akustischer Form oder in Brailleschrift stattfindet.[214] Der Schutzzweck der Vorschrift ist demnach bewusst auf körperliche Gründe für die begrenzte Wahrnehmungsfähigkeit der anderen Vertragspartei beschränkt worden.[215] Bei Sprachdefiziten handelt es sich nicht um eine körperliche Behinderung. Eine Anwendung des § 305 Abs. 2 Nr. 2 BGB auf alle Arbeitnehmer mit fehlenden Sprachkenntnissen scheidet demnach auch deshalb aus, da keine körperliche Behinderung bei Arbeitnehmern anzunehmen ist, nur weil diese nicht über ausreichend Sprachkenntnisse verfügen, um vom Inhalt des Arbeitsvertrages Kenntnis zu nehmen. Eine Anwendung des § 305 Abs. 2 Nr. 2 BGB auf vom Arbeitgeber vorformulierte Arbeitsverträge, die mit sprachunkundigen Arbeitnehmern geschlossen werden, scheidet demnach aus.

b. Allgemeine Geschäftsbedingungen als überraschende Klauseln i.S.d. § 305c Abs. 1 BGB

Weiter könnten Allgemeine Geschäftsbedingungen, die gegenüber einem sprachunkundigen Arbeitnehmer verwendet werden, als überraschende Klauseln

211 Erfurter-KO, BGB, §§ 305–310, Rn. 31; Habersack, FS Ulmer, S. 1199, 1200 ff; Richardi, NZA 2002, 1057, 1059.

212 Rieble, FS Löwisch, S. 239; Westphalen NJW 2002, 12, 13.

213 Schäfer, JZ 2003, 880.

214 BT-Drucks. 14/6040, 150.

215 BT-Drucks. 14/6040, 150 f.

gemäß § 305c Abs. 1 BGB anzusehen sein, ebenfalls mit der Folge, dass diese nicht in den Arbeitsvertrag mit einbezogen werden und somit unwirksam sind.

Gemäß § 305c Abs. 1 BGB werden Bestimmungen in Allgemeinen Geschäftsbedingungen, die nach den Umständen, insbesondere nach dem äußeren Erscheinungsbild des Vertrags, so ungewöhnlich sind, dass der Vertragspartner des Verwenders mit ihnen nicht zu rechnen braucht, nicht Vertragsbestandteil. Eine Klausel ist dann i.S.d. § 305c Abs. 1 BGB ungewöhnlich, wenn die andere Vertragspartei vernünftigerweise nicht mit ihr zu rechnen brauchte.[216] Hierbei sind die Gesamtumstände des Vertragsschlusses zu berücksichtigen.[217] Die Ungewöhnlichkeit der Klausel kann sich insbesondere aus der Stellung der Klausel im Gesamtwerk der Allgemeinen Geschäftsbedingungen ergeben, so wenn sie in einem systematischen Zusammenhang steht, in dem der Vertragspartner sie nicht zu erwarten braucht.[218] Maßgeblich sind dabei nicht die Erkenntnismöglichkeiten des konkreten Vertragspartners und insbesondere nicht das Verständnis eines Juristen. Abzustellen ist vielmehr auf die Verständnismöglichkeiten des typischerweise bei derartigen Verträgen zu erwartenden Durchschnittskunden.[219] Deswegen findet § 305c Abs. 1 BGB auch keine Anwendung bei der Verwendung von Allgemeinen Geschäftsbedingungen gegenüber einem sprachunkundigen Arbeitnehmer, da auf das objektive Erscheinungsbild des Arbeitsvertrages abzustellen ist und gerade nicht auf das Verständnisbild eines einzelnen (ausländischen) Arbeitnehmers.[220] Für einen Arbeitnehmer, der Allgemeine Geschäftsbedingungen im Arbeitsvertrag nicht versteht, können Klauseln im Arbeitsvertrag alleine aus dem Grund, dass der Arbeitnehmer sie nicht lesen kann, daher auch nicht überraschend i.S.d. § 305c Abs. 1 BGB sein.[221]

c. Zwischenergebnis

Es bestehen keine erhöhten Anforderungen für den Arbeitgeber in Bezug auf die Einbeziehung von Allgemeinen Geschäftsbedingungen in einen Arbeitsvertrag, der mit einem sprachunkundigen Arbeitnehmer geschlossen wird.

---

216 BGH NJW 1994, 1657.
217 BAG NJW 2000, 3300.
218 BGH NJW 2010, 3152.
219 BGH NJW 1995, 2638.
220 So auch BAG, NZA 2014, 1076; Rieble, FS Löwisch, S. 239.
221 So auch LAG Köln, Urteil vom 16.11.2001 – 11 Sa 752/01; Schäfer, JZ 2003, 882.

3. Auslegung von Allgemeinen Geschäftsbedingungen gegenüber einem sprachunkundigen Arbeitnehmer – Vorliegen von Zweifeln i.S.d. § 305c Abs. 2 BGB

Allgemeine Geschäftsbedingungen in Arbeitsverträgen, die gegenüber sprachunkundigen Arbeitnehmern verwendet werden, könnten weiter gemäß § 305c Abs. 2 BGB unwirksam sein. Gemäß § 305c Abs. 2 BGB gehen Zweifel bei der Auslegung Allgemeiner Geschäftsbedingungen zu Lasten des Verwenders, also im vorliegenden Fall zu Lasten des Arbeitgebers. Fraglich ist, ob im Falle eines Nichtverstehens einzelner bzw. aller Klauseln im Arbeitsvertrag überhaupt von Zweifeln i.S.d. des § 305c Abs. 2 BGB beim sprachunkundigen Arbeitnehmer die Rede sein kann.[222]

Gegen eine solche Ansicht spricht, dass § 305c Abs. 2 BGB die Schaffung einer Auslegungsregel für Zweifelsfälle bei objektiv mehrdeutigen Klauseln bezweckt.[223] Somit ergänzt § 305c Abs. 2 BGB die Auslegungsregeln der §§ 133, 157 BGB.[224] Die Norm erfasst folglich nur Zweifelsfälle, bei denen eine oder mehrere Vertragsbedingungen objektiv mehrdeutig gelesen werden können. Vor diesem Hintergrund setzt die Anwendung des § 305c Abs. 2 BGB voraus, dass die jeweilige Klausel von dem Arbeitnehmer zumindest gelesen werden kann.

Darüber hinaus ist bei § 305c Abs. 2 BGB stets von einem normativen Maßstab zur Beurteilung der Frage auszugehen, ob eine Klausel Zweifel bei der Auslegung Allgemeiner Geschäftsbedingungen auslöst oder nicht, d. h. dass Allgemeine Geschäftsbedingungen nach ihrem objektiven Inhalt und typischen Sinn entsprechend einheitlich in der Weise auszulegen sind, wie es redliche Vertragspartner unter Abwägung der beiderseitigen Interessen üblicherweise tun würden.[225] Demnach wird unter Berufung auf den Massenverkehr zentral auf den objektiven Gehalt einer Klausel aus der Sicht eines redlichen Dritten abgestellt. Zwar kann sich die Ungewöhnlichkeit ausnahmsweise auch aus einem Widerspruch zu den konkreten Vertragsverhandlungen ergeben, doch setzt dies stets einen objektiv inhaltlichen Widerspruch zwischen individueller Angabe im Vorfeld und einer bestimmten Klausel voraus, der jedenfalls nicht schon aus

---

222 So Schlechtriem, Das „Sprachrisiko" – ein neues Problem?, FG Weitnauer, 1980, S. 129 ff.

223 Erfurter-KO, BGB, §§ 305–310, Rn. 34.

224 Palandt, BGB, § 305c, Rn 18.

225 BAG NZA 2007, 974, 975; BAG NZA 2006, 202, 204; BGH NJW 2002, 3232, 3233; Palandt, BGB, § 305c, Rn. 16; Schäfer, JZ 2003, 882.

einer während der Verhandlung offenbar werdenden Herkunft des Arbeitnehmers und seiner sprachlichen Fähigkeiten folgt.[226]

Das Verständnisbild und etwaige Sprachschwierigkeiten eines Arbeitnehmers, der (einzelne) Klauseln aufgrund seiner fehlenden Sprachfertigkeiten nicht versteht, sind bei der Auslegung i.S.d. § 305c Abs. 2 BGB nicht zu berücksichtigen, so dass § 305c Abs. 2 BGB keine Anwendung zugunsten eines Arbeitnehmers findet. Im Ergebnis ist daher festzuhalten, dass keine Zweifel i.S.d. § 305c Abs. 2 BGB vorliegen, wenn der Arbeitnehmer Klauseln aufgrund seiner fehlenden Sprachkenntnisse nicht versteht.

4. *Eröffnung Inhaltskontrolle bei der Verwendung von Allgemeinen Geschäftsbedingungen gegenüber einem sprachunkundigen Arbeitnehmer*

Weiter könnten Allgemeine Geschäftsbedingungen, die gegenüber einem sprachunkundigen Arbeitnehmer verwendet werden, einer Inhaltskontrolle nach den §§ 307–309 BGB unterliegen. Als Schranke der Inhaltskontrolle ist jedoch zunächst § 307 Abs. 3 BGB zu beachten. Hiernach sind nur Bestimmungen in Allgemeinen Geschäftsbedingungen, durch die von Rechtsvorschriften abweichende oder diese ergänzende Regelungen vereinbart werden, nach § 307 Abs. S. 1, Abs. 2 sowie §§ 308, 309 BGB kontrollfähig und ggf. unwirksam. Fraglich ist, ob ein allein z. B. in Deutsch abgefasster Arbeitsvertrag von Rechtsvorschriften abweicht oder Rechtsvorschriften ergänzt. In welcher Sprache ein Arbeitsvertrag zu schließen ist, wurde gesetzlich nicht geregelt, so dass die Parteien grundsätzlich frei sind in der Wahl der Vertragssprache. In § 105 Satz 1 GewO heißt es dazu, dass Arbeitgeber und Arbeitnehmer Abschluss, Inhalt und Form eines Arbeitsvertrages frei vereinbaren können, so dass die Sprache frei wählbar ist. Sofern ein Arbeitgeber deutschsprachige Klauseln in Arbeitsverträgen verwendet, beabsichtigt dieser, dass deutschsprachige Klauseln Inhalt des Arbeitsvertrages werden. Er weicht hierdurch nicht von einer bestehenden dispositiven Rechtslage ab, da eine solche nicht existiert. Es handelt sich demnach auch nicht um die Ergänzung einer Norm. Folglich ist die Inhaltskontrolle nach den §§ 307–309 BGB allein nicht deshalb bereits eröffnet, weil der Arbeitgeber deutschsprachige Allgemeine Geschäftsbedingungen gegenüber einem nicht-deutschsprachigen Arbeitnehmer verwendet, die dieser sprachlich nicht versteht.[227]

---

226 BGH NJW 1990, 576; BGH NJW 1987, 2011; Schäfer, JZ 2003, 882.
227 So auch im Ergebnis Boemke/Schönfelder, NZA 2015, 1224.

5. *Ergebnis*

Sofern sprachunkundige Arbeitnehmer bei Abschluss eines Arbeitsvertrages Allgemeine Geschäftsbedingungen im Arbeitsvertrag nicht verstehen, wirken sich diese Sprachprobleme nicht auf die Wirksamkeit (einzelner oder aller) Allgemeiner Geschäftsbedingungen aus. Dies resultiert zum einen daraus, dass keine erhöhten Anforderungen an die Einbeziehung von Allgemeinen Geschäftsbestimmungen bestehen, d. h. § 305 Abs. 2 und Abs. 3 auch bei der Verwendung von Allgemeinen Geschäftsbedingungen gegenüber sprachunkundigen Arbeitnehmern keine Anwendung findet wegen der ausdrücklichen Regelung im § 310 Abs. 4 Satz 2 2. Halbsatz BGB und zum anderen daraus, dass es sich bei Allgemeinen Geschäftsbedingungen auch nicht um überraschende Klauseln i.S.d. § 305c Abs. 1 BGB handelt, nur weil diese gegenüber einem sprachunkundigen Arbeitnehmer verwendet werden. Die §§ 307 ff. BGB finden ebenfalls keine Anwendung, da mit der Verwendung einer bestimmten Sprache keine Bestimmung in Allgemeinen Geschäftsbedingungen angenommen werden kann, durch die von Rechtsvorschriften abgewichen wird oder solche ergänzt werden gem. § 307 Abs. 3 Satz 1 BGB.

Auch wenn als Zwischenergebnis festzuhalten ist, dass sprachunkundige Arbeitnehmer dafür Verantwortung tragen, dass diese Allgemeine Geschäftsbedingungen in einem Arbeitsvertrag verstehen, so ist dieses Ergebnis nicht sachgerecht und anhand des Gebots des fairen Verhandelns zu hinterfragen und einer anderen Bewertung zuzuführen:

Wenn aufgrund des Gebots des fairen Verhandelns die Pflicht des Arbeitgebers besteht, einen Arbeitsvertrag in eine Sprache zu übersetzen, die der Arbeitnehmer versteht, damit diesem das Angebot zum Abschluss des Arbeitsvertrages zugehen kann, dann gebietet das Gebot des fairen Verhandelns erst Recht auch die Übersetzung eines Arbeitsvertrages mit Allgemeinen Geschäftsbedingungen, um von einem Zugang des Arbeitsvertrages mit solchen Allgemeinen Geschäftsbedingungen auszugehen. Das Gebot des fairen Verhandelns beinhaltet – wie bereits aufgezeigt – auch Aufklärungs- bzw. Übersetzungspflichten, gerade dann, wenn der Arbeitgeber teils komplizierte Formulierungen im Arbeitsvertrag vorgibt. Andernfalls wird ein sprachunkundiger Arbeitnehmer unangemessen benachteiligt. Eine freiheitlich, demokratische und zur Ermöglichung einer Kommunikation gerichtete Sichtweise gebietet es, wenn in einem solchen Fall auch die Allgemeinen Geschäftsbedingungen in einem Arbeitsvertrag übersetzt werden. Folglich besteht eine Übersetzungspflicht des Arbeitgebers aufgrund des Gebots des fairen Verhandelns für Allgemeine Geschäftsbedingungen, die er verwendet. Dem Arbeitgeber obliegt es daher, dem Arbeitnehmer vor Abschluss eines Arbeitsvertrages Kenntnis vom Inhalt des Arbeitsvertrages zu verschaffen, z. B. durch eine Übersetzung des Arbeitsvertrages in eine Sprache, die der Arbeitnehmer beherrscht. Andernfalls geht der Arbeitsvertrag dem sprachunkundigen Arbeitnehmer nicht zu.

V. Die Sprache des Nachweises i.S.d. § 2 Abs. 1 NachwG bei Abschluss eines mündlichen Arbeitsvertrages gegenüber einem sprachunkundigen Arbeitnehmer

1. Allgemeines

Sofern sich Arbeitnehmer und Arbeitgeber darauf verständigt haben, einen mündlichen Arbeitsvertrag zu schließen und ein solcher auch wirksam zustande gekommen ist, stellt sich die Frage, in welcher Sprache der Nachweis der Arbeitsbedingungen nach dem NachwG zu erfolgen hat und ob der Arbeitnehmer den arbeitsrechtlichen Nachweis auch in einer anderen vom Arbeitnehmer verstandenen Sprache von seinem Arbeitgeber verlangen kann.

2. Keine Festlegung der Sprache des Nachweises in § 2 Abs. 1 NachwG

Gemäß § 2 Abs. 1 Satz 1 NachwG muss der Arbeitgeber spätestens einen Monat nach dem vereinbarten Beginn des Arbeitsverhältnisses die wesentlichen Vertragsregelungen schriftlich niederlegen, die Niederschrift unterzeichnen und dem Arbeitnehmer aushändigen, sofern kein schriftlicher Arbeitsvertrag geschlossen wurde, der diesen Voraussetzungen Rechnung trägt. Der Nachweis der Arbeitsbedingungen hat dabei mindestens die in § 2 Abs. 1 Satz 2 NachwG genannten Vertragsbedingungen zu enthalten. In § 2 NachwG und in anderen Vorschriften des NachwG ist nicht geregelt, auf welcher Sprache der Arbeitgeber den Nachweis über die Arbeitsbedingungen dem Arbeitnehmer auszuhändigen hat.

3. Die Auslegung des § 2 Abs. 1 NachwG zur Bestimmung der Sprache des Nachweises

Aufgrund dessen, dass das NachwG keine Regelungen zur Sprache des Nachweises der für ein Arbeitsverhältnis geltenden wesentlichen Bedingungen enthalten, könnte sich aus der Auslegung des NachwG eine verbindliche Vorgabe des Arbeitgebers, auf welcher Sprache er den Nachweis der Arbeitsbedingungen zu erbringen hat, erschließen.

a. *Sprachlich-grammatikalische Auslegung*

Bei der sprachlich-grammatikalischen Auslegung untersucht man den Wortlaut einer Vorschrift. Sie ist regelmäßig der Ausgangspunkt der Gesetzesauslegung.[228] Der Wortsinn ergibt sich aus dem allgemeinen Sprachgebrauch, dem Sprachgebrauch der Juristen, soweit die Fassung des Gesetzes auf ihm beruht, oder aus einem besonderen Sprachgebrauch des auszulegenden Gesetzes, sofern ein solcher feststellbar ist. Ist der Wortlaut einer Norm klar und eindeutig, ist der Rückgriff auf die anderen Auslegungsmethoden nicht gestattet.[229]

Der Wortlaut des § 2 Abs. 1 Satz 1 NachwG gibt keine Auskunft auf die vom Arbeitgeber zu verwendenden Sprache für den Nachweis. In § 2 Abs. 1 Satz 1 NachwG ist lediglich festgelegt, dass der Arbeitgeber die wesentlichen Vertragsbedingungen schriftlich i.S.d. § 126 Abs. 1 BGB niederzulegen hat und die Niederschrift unterzeichnen muss. Fraglich könnte sein, ob die Schriftform i.S.d. § 126 Abs. 1 BGB nicht eingehalten ist, wenn der Nachweis der Arbeitsbedingungen nicht in der Muttersprache des Arbeitnehmers erfolgt. Das Schriftformerfordernis kann jedoch in jeder denkbaren toten oder lebendigen Sprache erfüllt werden.[230] Der Nachweis der Arbeitsbedingungen kann demnach nach der sprachlich-grammatikalischen Auslegung in jeder erdenklichen Sprache erbracht werden.

b. *Historische Auslegung*

Des Weiteren könnte die historische Auslegung des § 2 NachwG ergeben, auf welcher Sprache der Nachweis der Arbeitsbedingungen zu erfolgen hat. Die historische Auslegung ermittelt die Vorstellungen und Absichten der an der Gesetzgebung beteiligten Personen und Organe bei Erlass des Gesetzes (historischer Kontext der Norm). Diese Ansichten sind jedoch nur berücksichtigungsfähig, wenn sie in den Entwürfen, Motiven oder Protokollen zu dem Gesetz zum Ausdruck gekommen sind.[231] Das Nachweisgesetz, welches am 28.07.1995 in Kraft getreten ist,[232] dient der Umsetzung der am 14.10.1991 vom Europäischen Rat verabschiedeten EG-Richtlinie über die Pflichten des Arbeitgebers zur

---

228 BGH 46, 74, Hamm OLGZ 82, 481; Engisch, Einführung in das juristische Denken, D. 76.

229 Staudinger/Hertel, BGB, Einl., Rn. 139.

230 Staudinger/Hertel, BGB, § 126 Rn. 108; Palandt/Heinrichs, BGB, § 126 Rn. 2; Herbert/Oberrath, DB 2009, 2434 (2438).

231 BGH 46, 74/80, 62, 340/50, NJW BGH 2003, 290.

232 Birk, NZA 1996, 284; BGBl. I, S. 946.

Unterrichtung des Arbeitnehmers über die für seinen Arbeitsvertrag geltenden Arbeitsbedingungen (sog. Nachweis-Richtlinie – Richtlinie 91/533/EWG).[233] Die einschlägigen Rechtsvorschriften der Mitgliedstaaten wichen zum damaligen Zeitpunkt in wesentlichen Punkten erheblich voneinander ab, so etwa bei der der Pflicht zur schriftlichen Unterrichtung des Arbeitnehmers über die wesentlichen Bedingungen seines Arbeitsvertrags oder Arbeitsverhältnisses.[234] Die Mitgliedstaaten sahen sich daher veranlasst, durch den Erlass der Richtlinie Maßnahmen zu ergreifen, um die Arbeitsverhältnisse bestimmten gemeinsamen Formerfordernissen zu unterziehen.[235] Das Europäische Parlament hatte in einem „Vorschlag für die Richtlinie des Rates über einen Nachweis für Arbeitsverhältnisse", gegenüber dem Rat der Europäischen Gemeinschaft den Änderungswunsch geäußert, dass der Nachweis zu den wesentlichen Arbeitsbedingungen in einer dem Arbeitnehmer bekannten Sprache abzufassen ist.[236] Dieser Änderungswunsch des Europäischen Parlaments wurde vom Rat der Europäischen Gemeinschaft jedoch nicht berücksichtigt mit der Begründung, dass im Interesse der Vermeidung von übermäßigen bürokratischen Belastungen für die Unternehmen, dem Arbeitgeber der Aufwand, die Kosten und das Risiko für die Übersetzung des Nachweisdokuments erspart bleiben sollen.[237] Aus dem Gesetzesentwurf der Bundesregierung Deutschlands zum NachwG vom 24.05.1994 ergibt sich nicht, auf welcher Sprache der Nachweis der Bedingungen zu erfolgen hat.[238] Aufgrund des nicht übernommenen Vorschlages des Europäischen Parlaments vom Rat der Europäischen Gemeinschaft, den Nachweis in der Sprache des Arbeitnehmers zu erbringen, ergibt die historische Auslegung des NachwG, dass der Nachweis der Arbeitsbedingungen nach dem NachwG auf Deutsch zu erfolgen hat, da der europäische Gesetzgesetzgeber ausdrücklich davon abgesehen hat, den Nachweis der Arbeitsbedingungen in einer anderen Sprache für den jeweiligen Arbeitnehmer zu verfassen.

c. *Teleologische Auslegung*

Den Nachweis der Arbeitsbedingungen in der Sprache des Arbeitnehmers zu überreichen, könnte sich trotz der historischen Auslegung des NachwG aus dem

---

233 Birk, NZA 1996, 284; RL 91/533/EWG; ABIEG. 18.10.1991 Nr. L 288 S.32.
234 RL 91/533/EWG.
235 RL 91/533/EWG.
236 ABl. EG Nr. C 24 vom 31. Januar 1991 S. 3.
237 Feldgen, Nachweisgesetz, Rn. 121; Moll, RdA 2001, 308.
238 BT-Drucks. 12/7630, S. 8.

Schutzzweck des NachwG ergeben. Für das Auslegungsergebnis ist grundsätzlich die teleologische Auslegung, die sich am Gesetzeszweck (ratio legis) orientiert, maßgebend. Zur ratio legis gehören die mit der konkreten Norm verfolgten Zwecke.[239] Die Rechtsprechung bezeichnet die teleologische Auslegung als Auslegung nach dem Sinn und Zweck des Gesetzes.[240]

Das Nachweisgesetz dient durch die Verpflichtung zur schriftlichen Fixierung der wesentlichen Arbeitsbedingungen der größeren Rechtssicherheit im Arbeitsverhältnis. Zum einen sollen dem Arbeitnehmer zuverlässige Angaben zum Inhalt seines Arbeitsvertrages gemacht werden, damit der Arbeitnehmer zum einen seine Rechte und Pflichten aus dem Arbeitsverhältnis kennt, und zum anderen soll den Parteien der Inhalt der Vereinbarung vor Augen geführt werden.[241] Dies kommt insbesondere den Arbeitnehmern zugute, die keinen schriftlichen Arbeitsvertrag besitzen. Fraglich ist, ob dieser Zweck des Nachweisgesetzes eingehalten werden kann, wenn der Arbeitnehmer aufgrund seiner fehlenden Sprachkenntnisse keine Kenntnis vom Inhalt eines in der Regel auf Deutsch abgefassten Nachweises nehmen kann. In einem solchen Fall ist dem Zweck des NachwG nicht genüge getan. Ein sprachunkundiger Arbeitnehmer kann keine Kenntnis vom Nachweis nehmen, wenn dieser nicht in einer für ihn verständlichen Sprache abgefasst ist.[242]

Folglich ist nach der teleologischen Auslegung des NachwG abzuleiten, dass der Nachweis der Arbeitsbedingungen in einer bestimmten oder in einer für einen Arbeitnehmer verständlichen Sprache zu erfolgen hat.

d. Systematische Auslegung

Schließlich könnte eine systematische Auslegung des § 2 NachwG Auskunft über die Frage geben, auf welcher Sprache der Nachweis über die Arbeitsbedingungen des ausländischen Arbeitnehmers zu erbringen ist. Bei der systematischen Auslegung ist darauf abzustellen, dass einzelne Rechtssätze, die der Gesetzgeber in einen sachlichen Zusammenhang gestellt hat, grundsätzlich so zu interpretieren sind, dass sie logisch miteinander vereinbar sind. Denn es ist davon auszugehen, dass der Gesetzgeber sachlich Zusammenhängendes so geregelt hat, dass die gesamte Regelung einen durchgehenden, verbindlichen Sinn ergibt.[243]

---

239 Palandt, BGB, Einleitung, Rn. 46.

240 BGHZ 2, 176 (184); BGHZ 54, 264 (268); BGHZ 78, 263 (265); BGHZ 87, 381 (383).

241 BT-Drucks. 12/7630, S. 8.

242 So auch Riesenhuber, NZA 1999, 798.

243 BVerfGE 48, 257.

Aus der Systematik des NachwG lässt sich keine Pflicht zur Erbringung des Nachweises in die Sprache des ausländischen Arbeitnehmers herleiten, so lässt § 2 Abs. 3 NachwG einige Informationen nach dem NachwG durch einen Verweis auf Gesetzes- und Kollektivvereinbarungen zu, die für das Arbeitsverhältnis gelten, womit grundsätzlich auf deutschsprachige Vereinbarungen verwiesen wird, insbesondere bei dem Verweis auf gesetzliche Regelungen, da diese ausschließlich auf Deutsch verfasst sind, was darauf hinweist, dass der Nachweis der Arbeitsbedingungen auch auf Deutsch zu erfolgen hat.

Bei Heranziehung des AÜG wird ebenfalls deutlich, dass der Gesetzgeber wohl auf eine Übersetzungspflicht des NachwG außerhalb des Arbeitnehmerüberlassungsgesetzes bewusst verzichtet hat, denn § 11 Abs. 2 S. 3 AÜG bestimmt, dass ausschließlich Leiharbeitnehmer einen Anspruch auf Aushändigung eines Merkblatts und des Nachweises der wesentlichen Vertragsbedingungen in ihrer Sprache haben. Sofern der Gesetzgeber es gewollt hätte, dass nicht nur der Leiharbeitnehmer einen Anspruch auf Erteilung des Nachweises in seiner Muttersprache erhält, hätte das NachwG ebenfalls eine dem § 11 Abs. 2 Satz 3 AÜG vergleichbare Regelung enthalten.

Folglich ergibt auch die systematische Auslegung des NachwG, dass eine Erbringung des Nachweises über die Arbeitsbedingungen des Arbeitgebers auf Deutsch zu erfolgen hat.

e. *Zwischenergebnis*

Die historische und systematische Auslegung des § 2 Abs. 1 Satz 1 NachwG haben ergeben, dass der Nachweis der Arbeitsbedingungen durch den Arbeitgeber gegenüber seinen (ausländischen) Arbeitnehmern auf Deutsch zu erfolgen hat und nicht in der (Mutter-)Sprache des jeweiligen ausländischen Arbeitnehmers. Aus der sog. Nachweis-Richtlinie lässt sich kein gegenteiliges Ergebnis herleiten, wie die vorstehenden Ausführungen ergeben haben. Auch wenn der Gesetzgeber bewusst wohl auf eine Übersetzungspflicht des Arbeitgebers verzichtet hat, gebietet die Rücksichtnahmepflicht des Arbeitgebers aus § 241 Abs. 2 BGB, dass die vielen in § 2 Abs. 1 Satz 2 NachwG genannten Arbeitsbedingungen einem sprachunkundigen Arbeitnehmer auf eine für ihn verständliche Sprache inhaltlich vermittelt werden. Zur Verwirklichung des Leistungsinteresses kann der Arbeitgeber nämlich zu leistungssichernden Maßnahmen verpflichtet sein. Dazu gehört auch die Pflicht des Arbeitgebers, im Zusammenwirken mit dem Arbeitnehmer die kommunikativen Voraussetzungen für die Durchführung des Vertrags zu schaffen, Erfüllungshindernisse nicht entstehen zu lassen oder zu beseitigen und dem anderen Teil den angestrebten Leistungserfolg zukommen zu lassen[244]. Der angestrebte Leistungserfolg kann nur eintreten, wenn der Arbeitnehmer Kenntnis darüber hat, welche Arbeitsbedingungen für ihn gelten. Zu der Nachweispflicht des § 2 NachwG gehört es u. a., dass der Arbeitgeber auch die Tätigkeit des Arbeitnehmers charakterisiert oder beschreibt (vgl. hierzu § 2 Abs. 1 Satz 2 Nr. 5 NachwG). Vor diesem Hintergrund ist es gerechtfertigt, dass der Arbeitgeber aufgrund seiner Rücksichtnahmepflicht, den Nachweis der Arbeitsbedingungen i.S.d. § 2 NachwG in einer Sprache erbringt, die vom Arbeitnehmer verstanden wird.

4. *Ergebnis*

Als Ergebnis ist festzuhalten, dass der Nachweis der Arbeitsbedingungen grundsätzlich in einer für den Arbeitnehmer verständlichen Sprache zu erfolgen hat.

VI. Die Sprache eines Tarifvertrages und einer Betriebsvereinbarung und die Kommunikation beim Abschluss eines Tarifvertrages oder einer Betriebsvereinbarung

Für einen Arbeitnehmer sind nicht nur die arbeitsvertraglich vereinbarten Bedingungen bei der Begründung eines Arbeitsverhältnisses von Relevanz, sondern auch Vereinbarungen in einem Tarifvertrag oder einer Betriebsvereinbarung.

Gem. § 4 Abs. 1 Satz 1 TVG gelten Rechtsnormen eines Tarifvertrages, die den Inhalt, den Abschluss oder die Beendigung von Arbeitsverhältnissen ordnen, unmittelbar und zwingend zwischen den beiderseits Tarifgebundenen, die unter den Geltungsbereich des Tarifvertrages fallen. Betriebsvereinbarungen gelten gemäß § 77 Abs. 4 BetrVG ebenfalls unmittelbar und zwingend und zwar nicht nur zwischen den beiderseits Tarifgebundenen, sondern zwischen Arbeitgeber und Arbeitnehmer. Es stellt sich die Frage, ob Arbeitnehmer gegenüber ihrem Arbeitgeber einen Anspruch auf Übersetzung eines Tarifvertrages oder einer Betriebsvereinbarung haben, sofern der Tarifvertrag oder die Betriebsvereinbarung nicht verstanden wird und ob das sprachliche Verständnis einzelner Regelungen im Tarifvertrag oder in einer Betriebsvereinbarung Wirksamkeitsvoraussetzung sein kann.

---

244 Vgl. etwa BAG 19. Mai 2010 – 5 AZR 162/09 – Rn. 26 m.w.N., BAGE 134, 29.

1. *Keine gesetzliche Festlegung der Sprache eines Tarifvertrages oder einer Betriebsvereinbarung*

Im TVG ist die Sprache eines Tarifvertrages nicht geregelt. In § 1 Abs. 2 TVG ist lediglich bestimmt, dass die Tarifvertragsparteien einen Tarifvertrag in Schriftform schließen müssen, d. h. es gilt § 126 Abs. 1 BGB: Der Tarifvertrag muss demnach von den Tarifvertragsparteien bzw. deren Vertretern eigenhändig unterzeichnet werden. Das Gleiche gilt für den Abschluss einer Betriebsvereinbarung. § 77 Abs. 2 BetrVG sieht vor, dass Betriebsvereinbarungen vom Betriebsrat und Arbeitgeber gemeinsam zu beschließen und schriftlich niederzulegen sind. Danach bedarf eine Betriebsvereinbarung zwingend der Schriftform und der Unterschrift beider Betriebsparteien auf der Vereinbarung selbst.

[245]Demnach geben § 1 Abs. 2 TVG und § 77 Abs. 2 BetrVG lediglich vor, dass Tarifverträge oder Betriebsvereinbarungen schriftlich abzufassen sind, jedoch nicht, in welcher Sprache diese Verträge/Vereinbarungen abgefasst sein müssen. Vielmehr steht es den Tarif- bzw. Betriebsvertragsparteien frei, den Tarifvertrag oder die Betriebsvereinbarung in Deutsch oder auch in einer anderen Sprache als Deutsch zu verfassen.[246]

Auch in anderen Gesetzen findet sich keine Regelung zur Sprache eines Tarifvertrages oder einer Betriebsvereinbarung, so dass die Sprache eines Tarifvertrages oder einer Betriebsvereinbarung demnach frei wählbar wäre zwischen den Tarif- oder Betriebsvertragsparteien.

2. *Die Pflicht zur Übersetzung eines Tarifvertrages oder einer Betriebsvereinbarung durch den Arbeitgeber gegenüber einem sprachunkundigen Arbeitnehmer*

Sofern Arbeitnehmer einen oder mehrere im Betrieb des Arbeitgebers geltende Tarifverträge oder Betriebsvereinbarungen aufgrund von fehlenden oder mangelnden Sprachkenntnissen nicht verstehen, stellt sich trotz fehlender gesetzlicher Regelung zur Sprache eines Tarifvertrages oder einer Betriebsvereinbarung die Frage, ob der Arbeitgeber verpflichtet sein kann, einen Tarifvertrag oder eine

245 BAG 23.08.2016 – 1 ABR 22/14 – NZA 2017, 194; 14.02.1978 – 1 AZR 154/76 – AP Nr. 60 zu Art. 9 GG Arbeitskampf; 11.11.1986 – 3 ABR 74/85 – AP Nr. 18 zu § 77 BetrVG 1972; ebenso für Änderungen ArbG Hamburg 16.05.2008 – 16 Ca 150/08 – ArbuR 2008, 321.

246 Ebenso Wiedemann/Thüsing, § 1 Rn. 312; Löwisch/Rieble, § 1 Rn. 539; Däubler, TVG, § 1, Rn. 163.

Betriebsvereinbarung für diese Arbeitnehmer zu übersetzen. Eine solche Pflicht könnte sich aus § 8 TVG, aus dem NachwG, aufgrund der Rücksichtnahmepflicht des Arbeitgebers, oder dem Gebot der Rechtsquellenklarheit ergeben.

a. *Pflicht zur Übersetzung eines Tarifvertrages durch den Arbeitgeber gemäß § 8 TVG*

Eine Pflicht des Arbeitgebers zur Übersetzung der zwischen Arbeitgeber und Arbeitnehmer geltenden Tarifverträge könnte sich zunächst aus § 8 TVG ergeben. Gemäß § 8 TVG ist der Arbeitgeber verpflichtet, die für den Betrieb maßgebenden Tarifverträge an geeigneter Stelle auszulegen. Der Tarifvertrag muss in einer Weise bekannt gemacht werden, dass die Arbeitnehmer ohne besondere Mühe die Möglichkeit haben, den Tarifvertrag zur Kenntnis zu nehmen.[247] Dies kann durch Auslage im Betrieb an geeigneter Stelle, aber auch durch elektronische Veröffentlichung im Intranet geschehen.

Danach könnte der Arbeitgeber verpflichtet sein, die maßgebenden Tarifverträge in allen (Mutter-)Sprachen seiner Arbeitnehmer im Betrieb auszulegen. Aus dem Wortlaut des § 8 TVG lässt sich eine solche Übersetzungspflicht des Arbeitgebers jedoch nicht herleiten. Auch aus dem Normzweck des § 8 TVG lässt sich keine Übersetzungspflicht des Arbeitgebers ableiten. Die Auslagepflicht nach § 8 TVG dient der Information der Arbeitnehmer über den Tarifinhalt. Mit der Auslage der maßgebenden Tarifverträge im Betrieb hat der Arbeitgeber aber bereits ausreichend dafür Sorge getragen, dass die Arbeitnehmer die Möglichkeit erhalten, Klarheit über ihre tariflichen Rechte zu bekommen. Sprachunkundige Arbeitnehmer haben demnach eigenverantwortlich dafür Sorge zu tragen, dass Sie nach der Auslegung der maßgeblichen Tarifverträge, den Inhalt dieser Tarifverträge, notfalls z. B. unter Hinzunahme eines Dolmetschers, oder durch eine eigens veranlasste Übersetzung der maßgeblichen Tarifverträge zur Kenntnis zu nehmen. Eine Übersetzungspflicht der im Betrieb geltenden Tarifverträge durch den Arbeitgeber nach § 8 TVG besteht jedenfalls nicht. Der Arbeitgeber ist gemäß § 8 TVG lediglich gehalten, den einschlägigen und maßgebenden Tarifvertrag im Originaltext im Betrieb auszulegen, damit sich die Arbeitnehmer über ihre tariflichen Rechte gegenüber dem Arbeitgeber informieren können.[248]

---

247 BT-Drs. 18/4062 S. 15; ErfK/Franzen TVG § 8 Rn. 1; BAG BAG 05.11.1963, AP TVG § 1 Bezugnahme auf Tarifvertrag Nr. AP TVG § 11; Hohenhaus NZA 2001, 1107 ff.; BeckOK ArbR/Giesen TVG § 8 Rn. 1.

248 Löwisch/Rieble, TVG, § 8, Rn. 20; BAG BAG 05.11.1963, AP TVG § 1 Bezugnahme auf Tarifvertrag Nr. AP TVG § 11; Hohenhaus NZA 2001, 1107 ff.; BeckOK ArbR/Giesen TVG § 8 Rn. 1.

Es ist daher davon auszugehen, dass der Arbeitgeber seiner gesetzlichen Pflicht zur Auslegung des Tarifvertrages an geeigneter Stelle auch dann genügt, wenn einzelne Arbeitnehmer den Tarifvertrag aufgrund fehlender Sprachkenntnisse nicht verstehen. Eine Pflicht des Arbeitgebers zur Übersetzung der zwischen Arbeitgeber und Arbeitnehmer geltenden Tarifverträge besteht gemäß § 8 TVG demnach nicht.

b. Übersetzungspflicht des Arbeitgebers gemäß NachwG

Fraglich ist, ob eine gesetzliche Pflicht des Arbeitgebers zur Übersetzung eines zwischen Arbeitgeber und Arbeitnehmer geltenden Tarifvertrages oder einer Betriebsvereinbarung aus dem NachwG begründet werden kann. Das NachwG findet jedoch grundsätzlich keine Anwendung auf den Abschluss von Tarifverträgen oder Betriebsvereinbarungen. Im NachwG sind auch keine Vorschriften existent, die eine Übersetzung bzw. eine bestimmte Sprache für den Abschluss und die Veröffentlichung von Tarifverträgen oder Betriebsvereinbarungen vorsehen. Auch ergeben sich aus der Gesamtschau der Vorschriften des NachwG keine Bestimmungen, die ggf. analog eine Übersetzungspflicht des Arbeitgebers begründen könnten. Dies gilt insbesondere für § 2 NachwG, der ausdrücklich keine Nachweispflicht für Vereinbarungen eines Tarifvertrages oder einer Betriebsvereinbarung statuiert. Gemäß § 2 Abs. 1 Nr. 10 NachwG ist der Arbeitgeber lediglich verpflichtet, einen in allgemeiner Form gehaltenen Hinweis auf Tarifverträge und Betriebsvereinbarungen zu machen, die auf das Arbeitsverhältnis anzuwenden sind. Eine detaillierte Angabe aller auf das Arbeitsverhältnis anwendbaren Tarifverträge soll nach dem Willen des Gesetzgebers nicht erforderlich sein.[249] Folglich besteht keine Pflicht des Arbeitgebers zur Übersetzung eines Tarifvertrages oder einer Betriebsvereinbarung nach dem NachwG.

c. Übersetzungspflicht des Arbeitgebers aufgrund seiner Rücksichtnahmepflicht

Jedoch könnte aus der Rücksichtnahmepflicht des Arbeitgebers aus § 241 Abs. 2 BGB folgen, dass der Arbeitgeber dafür Sorge zu tragen hat, dass ein Tarifvertrag oder eine Betriebsvereinbarung auch in die Sprachen der sprachunkundigen Mitarbeiter im Betrieb übersetzt wird und dies gegenüber den Arbeitnehmern kommuniziert, damit auch diese Kenntnis vom Inhalt eines Tarifvertrages oder einer Betriebsvereinbarung nehmen können. Grundsätzlich gehört

249 Vgl. BT-Drs. 13/668 S. 10 f.; ErfK/Preis NachwG § 2 Rn. 23; krit. Höland AuR 1996, 87, 91; Wank RdA 1996, 23.

zur Rücksichtnahmepflicht des Arbeitgebers verstanden als Unterbestandteile einer gleichberechtigten Kommunikation mit den Arbeitnehmern auch eine Aufklärungspflicht, die zu einer Übersetzungspflicht des Arbeitgebers gegenüber seinen Arbeitnehmern führen kann.[250] Es stellt sich jedoch die Frage, ob diese Rücksichtnahmepflicht, die aus dem Individualarbeitsrecht entstammt, so weit reicht, dass sie sich auch auf Tarifverträge oder Betriebsvereinbarungen erstrecken kann, die von den Tarifvertragsparteien im Rahmen ihrer nach Art. 9 Abs. 3 GG zustehenden Tarifvertragsfreiheit bzw. den Betriebsparteien gemäß § 77 Abs. 2 BetrVG zustehenden Betriebsautonomie, ausgehandelt wurden.[251] Die Tarifvertragsparteien oder Betriebsparteien könnten nämlich bei Annahme einer Übersetzungspflicht des Arbeitgebers nicht mehr autonom über die Sprache des Tarifvertrages oder der Betriebsvereinbarung verhandeln, die ebenfalls Verhandlungsgegenstand eines jeden Tarifvertrages oder einer jeden Betriebsvereinbarung sein kann.[252] Vor dem Hintergrund, dass sich der einzelne Arbeitnehmer mit der Mitgliedschaft in einer Gewerkschaft oder durch die Wahl eines Betriebsrats in die Verhandlungs- und Abschlusskompetenz der Gewerkschaft oder des Betriebsrats unterwirft, ist es daher nicht sachgerecht, wenn die Vertragsfreiheit der Tarifvertragsparteien oder der Betriebsparteien nachträglich durch eine Übersetzung des Tarifvertrages oder der Betriebsvereinbarung durch den Arbeitgeber beschränkt werden würde, die im Ergebnis nichts anderes als eine Tarifvertrags- bzw. Betriebsvereinbarungsänderung darstellt. Die Sprache eines Tarifvertrages gehört genauso wie die Sprache einer Betriebsvereinbarung zum Vertragsinhalt.[253] Des Weiteren kann es bei Annahme einer Übersetzungspflicht des Arbeitgebers angesichts der möglichen Vielzahl an Übersetzungen eines Tarifvertrages oder einer Betriebsvereinbarung in den verschiedenen Sprachen der Arbeitnehmer zu ungewollten Fehlübersetzungen kommen, so dass Vereinbarungen im Tarifvertrag oder in einer Betriebsvereinbarung falsch dargestellt werden und nicht mehr dem entsprechen, was die Tarif- oder Betriebsparteien

---

250 BAG 21.11.2000 – 3 AZR 415/99, NZA 01, 661; MüKo, BGB, § 611, Rn. 1003 m.w.Nachw.

251 ErfK/Kania BetrVG § 77 Rn. 36; BAG GS 07.11.1989 AP BetrVG 1972 § 77 Nr. 46; 19.10.2005 BB 2006, 1747 zu Wiedereinstellungsansprüchen; DKKW/Berg Rn. 81 ff.; Fitting Rn. 45 ff.; ausführl. dazu GK-BetrVG/Kreutz Rn. 93 ff.

252 BVerfG 29.12.2004 – 1 BvR 2582/03, NZA 2005, 153; BVerfG 88, 103; BVerfGE 94, 268; BVerfGE 103, 293; Grobys/Panzer-Heemeier, StichwortKommentar Arbeitsrecht, Tarifvertrag, Rn. 1.

253 So auch Löwisch/Rieble, § 8 TVG, Rn. 20.

ausgehandelt haben.[254] Aus der Rücksichtnahmepflicht des Arbeitgebers lässt sich daher im Ergebnis auch keine Pflicht zur Übersetzung eines deutschsprachigen Tarifvertrages oder einer Betriebsvereinbarung für den Arbeitgeber oder die Tarifvertragsparteien sowie die Betriebspartner ableiten.[255] Der Arbeitgeber kann somit nach Abschluss der Verhandlungen über einen Tarifvertrag mit der Gewerkschaft oder einer Betriebsvereinbarung mit dem Betriebsrat auch nicht aufgrund seiner Rücksichtnahmepflicht gehalten sein, einen Tarifvertrag oder eine Betriebsvereinbarung in allen (Mutter-)Sprachen seiner Arbeitnehmer im Betrieb zu übersetzen.

d. Übersetzungspflicht des Arbeitgebers aufgrund des Gebots der Rechtsquellenklarheit

Eine Pflicht des Arbeitgebers zur Übersetzung der zwischen Arbeitgeber und Arbeitnehmer geltenden Tarifverträge oder Betriebsvereinbarungen könnte sich schließlich aus dem Gebot der Rechtsquellenklarheit ergeben. Nach dem Gebot der Rechtsquellenklarheit müssen normative Regelungen, wozu Tarifverträge oder Betriebsvereinbarungen gehören, dem sog. Gebot der Rechtsquellenklarheit genügen.[256] Danach müssen nicht nur Normurheberschaft und Normumsetzungswille der jeweiligen Normgeber im Interesse der Rechtssicherheit und Rechtsklarheit deutlich und überprüfbar im Tarifvertrag oder in der Betriebsvereinbarung hervortreten[257], sondern es muss auch Klarheit darüber herrschen, was im Tarifvertrag oder in der Betriebsvereinbarung vereinbart wurde[258]. Damit sich sprachunkundige Arbeitnehmer Klarheit über den Inhalt eines Tarifvertrages oder Betriebsvereinbarung verschaffen können, könnte eine Übersetzung der Vereinbarung durch den Arbeitgeber notwendig sein. Gegen eine solche Übersetzungspflicht des Arbeitgebers spricht jedoch auch hier, dass – wie zuvor dargestellt – die Verhandlungs- und Abschlusskompetenz der Gewerkschaft oder der Betriebsparteien beschränkt werden würde, wenn der Arbeitgeber eine Übersetzung der Vereinbarung herbeiführen müsste. § 310 Abs. 4 BGB sieht gerade vor, dass Tarifverträge und Betriebsvereinbarungen einer inhaltlichen Kontrolle entzogen sind.

254 So auch Löwisch/Rieble, § 8 TVG, Rn. 20.
255 So auch Däubler, § 8 TVG Rn. 14; Erfurter-KO, § 8 TVG, Rn. 3.
256 BAG, BeckRS 2008, 54091; BAG, NZA 2019, 1065.
257 BAG, BeckRS 2008, 54091, BAGE 41, 307, 314; BAG, NZA 2019, 1065.
258 BAG, BeckRS 2008, 54091; BAG, NZA 2019, 1065.

Damit haben sich prinzipielle Überlegungen im Hinblick auf die Rücksichtnahmepflicht des Arbeitgebers, der daraus folgenden Kommunikation mit den betroffenen Arbeitnehmern sowie das Gebot der Rechtsnormenklarheit wegen der besonderen Urheberschaft der Normen aus einem Tarifvertrag oder einer Betriebsvereinbarung nicht als geeignet erwiesen, eine Übersetzungspflicht des Arbeitgebers zu begründen. Dies liegt vor allem in der jeweils anzunehmenden Autonomie bei der Herstellung solcher verbindlichen Regelungen. Beachtet man diese Besonderheit, so rückt aber eine direkte Bindung der Tarifvertragsparteien und der Betriebspartner in den Blick:

Allerdings dürfen Betriebspartner nach § 75 Abs. 2 BetrVG den einzelnen Arbeitnehmer nicht benachteiligen[259], während die Tarifpartner an das Grundrecht aus Art. 3 Abs. 3 GG gebunden sind. Jedoch wären Arbeitnehmer gem. Art. 3 Abs. 3 Satz 1 GG benachteiligt, die Tarifverträge und Betriebsvereinbarungen, aufgrund von sprachlichen Defiziten nicht verstehen. Vor diesem Hintergrund erscheint es daher sachgerecht, wenn der Arbeitgeber zur nachträglichen Übersetzung eines Tarifvertrages oder einer Betriebsvereinbarung verpflichtet wäre. Zwar gehört die Sprache eines Tarifvertrages und einer Betriebsvereinbarung zum Vertragsgegenstand und -inhalt. Die Übersetzung einer solchen Vereinbarung tangiert den Vertragsgegenstand und -inhalt jedoch nicht, sondern ermöglicht, dass Arbeitnehmer Kenntnis vom Vertragsgegenstand bzw. -inhalt nehmen können, also auch von den Voraussetzungen zur Durchführung des Arbeitsverhältnisses. Dies ist notwendig, damit beide Parteien Kenntnis von ihren Rechten und Pflichten in einem Arbeitsverhältnis nehmen können. Daher kann auch eine Pflicht des Arbeitgebers zur Übersetzung der zwischen Arbeitgeber und Arbeitnehmer geltenden Tarifverträge oder Betriebsvereinbarungen aus dem Gebot der Rechtsquellenklarheit abgeleitet werden.[260] Die Wirksamkeit von einem Tarifvertrag oder einer Betriebsvereinbarung bleibt hiervon unberührt, da ansonsten die Verhandlungs- und Abschlusskompetenz der Gewerkschaft oder der Betriebsparteien beschränkt werden würde.

3. Ergebnis

Sofern die Arbeitnehmer eine/n im Betrieb des Arbeitgebers geltenden Tarifvertrag oder Betriebsvereinbarung aufgrund von fehlenden Sprachkenntnissen nicht verstehen, ist der Arbeitgeber verpflichtet, Tarifverträge oder

259 ErfK/Kania BetrVG § 75 Rn. 9; Fitting Rn. 167.
260 BAG, NZA 2019, 1065.

Betriebsvereinbarungen für diese Arbeitnehmer zu übersetzen. Eine solche Pflicht kann sich aus dem Gebot der Rechtsquellenklarheit ergeben. Tarifverträge oder Betriebsvereinbarungen, die von den Tarifvertrags- bzw. Betriebsparteien – ohne Berücksichtigung der Sprachkenntnisse des Arbeitnehmers – abgeschlossen werden, bleiben jedoch wirksam, unabhängig von der Übersetzungspflicht des Arbeitgebers.

VII. Zusammenfassung

Für den Abschluss von Arbeitsverträgen besteht grundsätzlich Formfreiheit, d. h. die Sprache eines Arbeitsvertrages ist frei vereinbar zwischen Arbeitgeber und Arbeitnehmer.

Bei mündlichen Arbeitsverträgen muss der Arbeitgeber gewährleisten, dass der Arbeitnehmer aufgrund fehlender Sprachkenntnisse seine Willenserklärung zum Abschluss des Arbeitsvertrages mit den darin enthaltenen Arbeitsbedingungen versteht, wenn ihm erkennbar ist, dass der Arbeitnehmer seine Erklärung nicht verstanden hat. Das Gleiche gilt beim Abschluss eines schriftlichen Arbeitsvertrages. Sofern ein Arbeitnehmer, der der Vertragssprache nicht ausreichend mächtig ist, einen schriftlichen Arbeitsvertrag unterschreibt oder einem mündlich geschlossenen Arbeitsvertrag zustimmt, obwohl er den Inhalt nicht verstanden hat, besteht eine Übersetzungspflicht des Arbeitgebers als weitere Zugangsvoraussetzung, da es Aufgabe des Arbeitgebers ist, im Rahmen seiner Rücksichtnahmepflicht, dem Arbeitnehmer die Bestimmungen im Arbeitsvertrag verständlich zu machen, wenn erkennbar ist, dass der Arbeitnehmer nicht über ausreichende Sprachkenntnisse verfügt.

Bei der Verwendung von Allgemeinen Geschäftsbedingungen gegenüber einem nicht-deutschsprachigen Arbeitnehmer sind zwar keine erhöhten Anforderungen an die Einbeziehung von Allgemeinen Geschäftsbedingungen in den Arbeitsvertrag zu stellen. Die Regelung des § 305 Abs. 2 Nr. 2 BGB findet zum einen keine Anwendung, weil Sprachunkenntnis keine Behinderung i.S.d. § 305 Abs. 2 Nr. 2 BGB darstellt und weil zum anderen die Vorschrift gem. § 310 Abs. 4 BGB weder direkt noch analog auf Arbeitsverhältnisse übertragbar ist. Die fehlenden oder mangelnden Sprachkenntnisse des Arbeitnehmers können auch keine Zweifel an der Auslegung von Bestimmungen in Allgemeinen Geschäftsbedingungen gemäß § 305c Abs. 2 BGB begründen, da bei sprachlichen Defiziten beim Arbeitnehmer das Vertragswerk nicht gelesen bzw. verstanden werden kann und somit schon keine Zweifel an der Auslegung der Allgemeinen Geschäftsbedingungen hervorgerufen werden kann. Im Übrigen ist bei der Auslegung von zweideutigen Klauseln ein normativer Maßstab anzulegen, d. h. es muss auf einen sog. verständigen und redlichen Arbeitnehmer abgestellt und danach gefragt werden, wie dieser die in Rede stehende Klausel versteht. Dabei wird vorausgesetzt, dass ein solcher Arbeitnehmer die Klausel zumindest lesen kann. Danach kommt es auf das Verständnis eines redlichen Vertragspartners mit ausreichenden Deutschkenntnissen an. Sprachliche Unkenntnis begründet somit keine Zweifel bei der Auslegung von Allgemeinen Geschäftsbedingungen gemäß § 305c Abs. 2 BGB. Allgemeine Geschäftsbedingungen unterliegen auch nicht nur deswegen einer Inhaltskontrolle nach den §§ 307 ff. BGB, nur weil solche Bedingungen auf Deutsch verfasst sind. Bei deutschsprachigen Allgemeinen Geschäftsbedingungen handelt es sich nämlich nicht um inhaltliche Abweichungen oder Ergänzungen von einer Rechtsvorschrift i.S.d. § 307 Abs. 3 Satz 1 BGB. Es besteht jedoch eine Übersetzungspflicht des Arbeitgebers in Bezug auf die von ihm verwendeten Allgemeinen Geschäftsbedingungen, damit die von ihm verwendeten Bedingungen wirksam sind, da aus der Rücksichtnahmepflicht des Arbeitgebers eine solche Pflicht hergeleitet werden kann. Anderenfalls besteht eine Benachteiligung des Arbeitnehmers gem. Art. 3 Abs. 3 Satz 1 GG. Anderenfalls wäre die Kommunikation auf Basis der Rechte und Pflichten in einem Arbeitsverhältnis, verbunden mit einer fortlaufenden Kommunikation auch kaum vorstellbar.

Beim Abschluss eines mündlichen Arbeitsvertrages besteht mit der gesetzlichen Regelung des § 2 NachwG ein spezielles Formerfordernis, das den Arbeitgeber zur schriftlichen Abfassung der wesentlichen Arbeitsbedingungen zum Zweck der Verbesserung der Rechtssicherheit für den Arbeitnehmer verpflichtet. Aus dem Wortlaut des § 2 Abs. 1 NachwG ergibt sich dabei nicht, auf welcher Sprache der Nachweis über die Arbeitsbedingungen zu verfassen ist. Aus der teleologischen Auslegung des § 2 Abs. 1 NachwG konnte jedoch geschlussfolgert werden, dass der Nachweis über die Arbeitsbedingungen, in der Sprache des Arbeitnehmers erfolgen muss.

Im Ergebnis bleibt somit festzuhalten, dass bei der Begründung eines Arbeitsverhältnisses der Arbeitgeber dafür Sorge tragen muss, dass der Arbeitnehmer die arbeitsvertraglichen Bestimmungen versteht.

Sofern die Arbeitnehmer eine/n im Betrieb des Arbeitgebers geltende/n Tarifvertrag/Betriebsvereinbarung aufgrund von fehlenden Sprachkenntnissen nicht versteht, ist der Arbeitgeber verpflichtet, den Tarifvertrag oder die Betriebsvereinbarung für diese Arbeitnehmer zu übersetzen. Der Tarifvertrag oder die Betriebsvereinbarung ist aber auch ohne eine Übersetzung in die Sprache des (ausländischen) Arbeitnehmers wirksam.

C. Die Sprache und die Kommunikation bei der Durchführung eines Arbeitsverhältnisses

I. Einleitung

Nicht nur bei und unmittelbar nach der Begründung eines Arbeitsverhältnisses bzw. beim Abschluss eines Arbeitsvertrages kann die Sprache oder die Kommunikation zwischen Arbeitgeber und Arbeitnehmer von Bedeutung sein, sondern auch bei der Durchführung eines Arbeitsverhältnisses. Bei der Durchführung eines Arbeitsverhältnisses stellt sich zunächst die Frage, welche Möglichkeiten bestehen, um die Sprache in einem Arbeitsverhältnis zu vereinbaren, ob und unter welchen Voraussetzungen ein Arbeitgeber die Erfüllung der Leistungspflichten eines jeden Arbeitnehmers auf einer bestimmten Sprache verlangen kann, insbesondere ob er kraft seines Direktionsrechts die deutsche Sprache als Sprache anweisen darf und welche Rechte des Arbeitnehmers hierbei zu berücksichtigen sind. Die Sprache bestimmt, in welcher Sprache der Arbeitnehmer seine vertraglich geschuldete Leistung erbringen muss. Sodann ist zu untersuchen, ob kraft einer betrieblichen Übung eine Sprache festgelegt werden kann. Anschließend daran stellen sich die Frage nach der Sprache und die Kommunikation bei der Unterrichtung des Arbeitgebers über einen Betriebsübergang i.S.d. § 613a Abs. 5 BGB gegenüber seinen sprachunkundigen Arbeitnehmern. Während der Durchführung des Arbeitsverhältnisses kann es nämlich vorkommen, dass ein Betrieb durch ein Rechtsgeschäft auf einen neuen Inhaber übergeht.

II. Möglichkeiten zur Bestimmung einer Sprache

1. Arbeitsvertragliche Vereinbarung einer Sprache

Arbeitsleistung setzt Sprachkenntnisse voraus.[261] Dabei geht es um die Kommunikationsfähigkeit im Arbeitsprozess, d. h. die Kommunikation zwischen Arbeitgeber und Arbeitnehmer, aber auch zu Kunden des Arbeitgebers.[262] Arbeitgeber in Deutschland können mit ihren Arbeitnehmern grundsätzlich im Arbeitsvertrag vereinbaren, dass die Erbringung ihrer Arbeitsleistung in einer bestimmten Sprache zu erfolgen hat. Die ausdrückliche Regelung, dass z. B. die deutsche Sprache bei der Ausübung der Tätigkeit anzuwenden, ist aufgrund der

261 Rieble, S. 230.
262 Rieble, S. 230.

Vertragsfreiheit der Parteien grundsätzlich möglich.[263] Auch verbietet Art. 3 Abs. 3 Satz 1 GG eine solche Vereinbarung nicht bei einem entsprechenden Entgegenkommen des Arbeitgebers, indem dieser im Gegenzug Sprachkurse für die Arbeitnehmer anbietet, die im Umgang mit der geforderten Leistungssprache noch Defizite haben[264]. Allerdings hat der Arbeitgeber gem. § 2 Abs. 1 Nr. 2 AGG bei der Durchführung eines Arbeitsverhältnisses, also auch bei der einvernehmlichen Festlegung einer Sprache, das Diskriminierungsverbot des § 7 Abs. 2 AGG zu beachten, so dass die arbeitsvertragliche Festlegung einer Sprache gem. § 3 Abs. 2 AGG im Einzelfall begründet sein muss, um eine ansonsten vorliegende mittelbare Diskriminierung eines ausländischen Arbeitnehmers wegen seiner ethnischen Herkunft zu rechtfertigen.[265] Anderenfalls sind arbeitsvertragliche Bestimmungen zur Sprache gem. § 7 Abs. 2 AGG unwirksam, ohne dass der Arbeitsvertrag als solcher in seiner Gesamtheit unwirksam wird.[266]

2. *Vertragsauslegung zur Bestimmung einer Sprache bei fehlender arbeitsvertraglicher Vereinbarung*

Ausdrückliche Vereinbarungen zur Sprache werden in einem Arbeitsvertrag nur getroffen, wenn bereits bei Vertragsschluss Klarheit über die Anforderungen besteht, die der Arbeitsplatz in Zukunft stellen wird.[267] Für gewöhnlich fehlen arbeitsvertragliche Regelungen zur Sprache jedoch in einem Arbeitsvertrag.[268] Sofern die Parteien keine ausdrückliche Regelung zur Sprache im Arbeitsvertrag getroffen haben, könnte sich zunächst aus der Auslegung eines Arbeitsvertrages gemäß §§ 133, 157 BGB ergeben, in welcher Sprache, die vom Arbeitnehmer auszuübende Tätigkeit zu verrichten ist.[269] Bei der Auslegung des Arbeitsvertrages im Hinblick auf die zu verwendende Sprache kann dabei die Position, die Tätigkeit oder die Stellenbeschreibung von Bedeutung sein, um die Sprache zu bestimmen.[270] So darf beispielsweise bei der Schadenssachbearbeiterin einer Versicherung oder bei einem Autoverkäufer in Deutschland ohne

263 Gutmann, Ausländische Arbeitnehmer, S. 164, Rn. 14; Herbert/Oberrath, DB 2009, 2436, Herbert/Oberrath, Recht im Dialog, S. 483.

264 Siehe hierzu Ausführungen auf den Seiten 8 ff.

265 Herbert/Oberrath, Recht im Dialog, S. 483.

266 Erfurter-KO, AGG, § 7, Rn. 6.

267 Wisskirchen/Bissels/Schmidt, NZA 2008, 1386.

268 Latzel, RdA 2013, 73.

269 So auch HWK/Thüsing, § 611, Rn. 289; Herbert/ Oberrath DB 2010, 391, 391.

270 Wisskirchen/Bissels/Schmidt NZA 2008, 1386.

Weiteres davon ausgegangen werden, dass die entsprechenden Arbeitsleistungen in deutscher Sprache zu erbringen sind, da diese Gruppe gegenüber Kunden des Arbeitgebers auf Deutsch kommunizieren müssen.[271] Die jeweiligen Sprachanforderungen können sich demnach auch aus der im Arbeitsvertrag angegebenen Position, Tätigkeit oder Stellenbeschreibung ergeben.[272]

3. *Die Bestimmung einer Sprache kraft Direktionsrecht des Arbeitgebers*

Für den Fall, dass die Sprache nicht verbindlich im Arbeitsvertrag festgelegt wurde, die Auslegung des Arbeitsvertrages hierüber auch keinen Aufschluss gibt, könnte der Arbeitgeber den Arbeitnehmer im Rahmen seines ihm gem. § 106 Satz 1 GewO zustehenden Direktionsrechts anweisen, eine bestimmte Sprache bei der Umsetzung seiner Leistungspflicht anzuwenden.[273]

a. *Grenzen des Direktionsrechts des Arbeitgebers bei der Festlegung einer Sprache*

Das Direktionsrecht des Arbeitgebers wird jedoch nicht grenzenlos gewährleistet, d. h. die Ausübung des Weisungsrechts des Arbeitgebers muss gem. § 106 Satz 1 GewO nach billigem Ermessen erfolgen[274], ansonsten ist der Weisung des Arbeitgebers zur Anwendung einer bestimmten Sprache nicht Folge zu leisten.[275] Hierbei ist zu berücksichtigen, dass die Forderung nach der Verwendung einer bestimmten Sprache, die der Arbeitnehmer nach seinen sprachlichen Fähigkeiten nicht besitzt, grundsätzlich unbillig und damit unverbindlich ist, weil der Arbeitgeber vom Arbeitnehmer Unmögliches billigerweise nicht verlangen kann.[276] Die Frage danach, in welchen Fällen der Arbeitgeber den Arbeitnehmer

---

271 Herbert/ Oberrath DB 2010, 391, 391.

272 So auch Günther, ArbRAktuell 2010, 285.

273 Siehe hierzu Wisskirchen/Bissels/Schmidt NZA 2008, 1386; Herbert/Oberrath DB 2010, 391, 391.

274 BAG 18.10.2017 NZA 2017, 1452 Rn. 46; BAG 24.04.1996 NZA 1996, 1088; Erfurter-KO, GewO, § 106, Rn. 11 m.w.Nachw.

275 BAG 18.10.2017 NZA 2017, 1452; BAG 28.06.2018 NZA 2018, 1259; zust. Preis/Rupprecht NZA 2017, 1353; Schwarze JA 2018, 305; Schröder DB 2017, 3078; krit. Hromadka NJW 2018, 7; Schmitt-Rolfes Anm. AP GewO § 106 Nr. 38; abl. Bauer ArbR 2017, 487; a.A. BAG 22.02.2012 NZA 2012, 858; Schmitt-Rolfes AuA 2013, 200, wonach unbillige Weisungen zunächst befolgt werden müssen.

276 Latzel, RdA 2013, 73.

anweisen kann, eine bestimmte Sprache bei der Verrichtung seiner Tätigkeit zu verwenden, stellt sich also nur dann, wenn der Arbeitnehmer über die vom Arbeitgeber geforderten Sprachkenntnisse verfügt und diese nun anwenden soll bei der Verrichtung seiner Tätigkeit. Fraglich ist, ob in einem solchen Fall die Anweisung an den Arbeitnehmer durch den Arbeitgeber, z. B. die deutsche Sprache bei der Verrichtung seiner Tätigkeit zu verwenden, im Rahmen seines ihm gem. § 106 Satz 1 GewO zustehenden billigen Ermessens erfolgt. Die Wahrung billigen Ermessens gemäß der vorstehenden Vorschriften setzt voraus, dass die wesentlichen Umstände des Falles abgewogen und die beiderseitigen Interessen angemessen berücksichtigt werden.[277] Verlangt wird hierbei eine „Abwägung der wechselseitigen Interessen nach den verfassungsrechtlichen und gesetzlichen Wertentscheidungen, den allgemeinen Wertungsgrundsätzen der Verhältnismäßigkeit und Angemessenheit sowie der Verkehrssitte und Zumutbarkeit. Das gebietet eine Berücksichtigung und Verwertung der Interessen unter Abwägung aller Umstände des Einzelfalls. Hierzu gehören im Arbeitsrecht die Vorteile aus einer Regelung, die Risikoverteilung zwischen den Vertragsparteien, die beiderseitigen Bedürfnisse, außervertragliche Vor- und Nachteile, Vermögens- und Einkommensverhältnisse sowie soziale Lebensverhältnisse, wie familiäre Pflichten und Unterhaltsverpflichtungen“.[278] Im Rahmen des billigen Ermessens sind dabei insbesondere die Grundrechte des Arbeitnehmers und des Arbeitgebers zu beachten, da die in § 106 Satz 1 GewO geforderte Billigkeit inhaltlich durch die Grundrechte der Vertragsparteien bestimmt wird.[279] Daneben sind auch die Rechte der Vertragsparteien zu berücksichtigen, die Ihnen das innerstaatliche Gesetz oder der Vertrag über die Arbeitsweise der Europäischen Union (AEUV) zuerkennt[280]. Soweit die deutsche Sprache als Sprache vom Arbeitgeber kraft seines Direktionsrechts festgelegt werden soll, hat der Arbeitgeber die in Art. 45 AEUV normierte Arbeitnehmerfreizügigkeit zu beachten. Gem. Art. 45 Abs. 2 AEUV ist eine Ungleichbehandlung von Arbeitnehmern aus anderen EU-Mitgliedsstaaten aus Gründen der Staatsangehörigkeit verboten. Die Festlegung einer Sprache kann ausländische und aus Europa stammende Arbeitnehmer

277 BAG, NZA 1996, 1088.

278 BAG 21.07.2009 EzA TVG § 4 Luftfahrt Nr. 18; bestätigt in 13.04.2010 AP BGB § 307 Nr. 45; 17.08.2011 NZA 2012, 265; 28.08.2013 NZA-RR 2014, 106 Rn. 40.

279 BAG 10.10.2002 – 2 AZR 472/01 – NZA 2003, 483, 486; BVerfG 30.07.2003 – 1 BvR 792/03 – NZA 2003, 959 f.; BVerfG 19.10.1993 – 1 BvR 567/89, 1 BvR 1044/89 – NJW 1994, 36, 38 f.

280 Moll, Münchener Anwaltshandbuch ArbR, § 1, Rn. 63 f.

gem. Art. 45 Abs. 2 AEUV mittelbar benachteiligen, wenn die Sprache nicht ihre Muttersprache ist, da diesen zum einen der Zugang zu einer Beschäftigung in diesem Betrieb nicht gelingen wird und zum anderen bei einer bereits erfolgten Beschäftigung im Betrieb diese Arbeitnehmer mittelbar benachteiligt werden in Bezug auf ihre europäische Herkunft.[281] Dies vor dem Hintergrund, dass dadurch ausländischen Arbeitnehmern die Leistungserbringung ggf. erschwert wird, aufgrund dessen, dass eine andere Sprache als ihre Muttersprache als Sprache verwendet werden soll.[282] Als weiteres vom Arbeitgeber zu beachtendes Grundrecht bei der Festlegung der Sprache könnte ein Verstoß gegen Art. 3 Abs. 3 GG vorliegen. Gem. Art. 3 Abs. 3 GG ist eine Benachteiligung des Arbeitnehmers wegen seiner Sprache verboten. Eine solche Benachteiligung könnte darin liegen, dass der ausländische Arbeitnehmer nicht mehr seine ihm bekannte (Mutter-)Sprache bei der Leistungserbringung verwenden darf. Bei der Festlegung einer Sprache kann im Übrigen auch ein Verstoß gegen das AGG vorliegen, da § 7 Abs. 1 i.V.m. § 1 AGG eine Benachteiligung wegen der ethnischen Herkunft verbietet. Die Verpflichtung auf eine von der Muttersprache abweichende deutsche Sprache kann insoweit eine mittelbare Benachteiligung ausländischer Arbeitnehmer gem. § 3 Abs. 2 AGG bedeuten, weil die betroffenen ausländischen Arbeitnehmer die deutsche Sprache typischerweise nicht so gut beherrschen wie ihre Muttersprache.[283]

b. Schranken der Arbeitnehmerrechte bei der Festlegung einer Sprache durch den Arbeitgeber

Die zuvor genannten und zu berücksichtigenden Rechte der einzelnen Arbeitnehmer werden nicht schrankenlos gewährleistet, so dass die Festlegung einer Sprache durchaus gerechtfertigt sein kann.

aa. Schranke des Art. 45 Abs. 2 AEUV

Eine mittelbare Benachteiligung i.S.d. Art. 45 Abs. 2 AEUV lässt sich rechtfertigen, sofern die Festlegung einer Sprache nach dem Verhältnismäßigkeitsprinzip gerechtfertigt erscheint,[284] d. h., dass der Arbeitgeber mit der Festlegung der deutschen Sprache als Sprache einen legitimen Zweck verfolgen muss und dieser Zweck überdies geeignet, erforderlich und angemessen sein muss.

---

281 EuGH, Urteil vom 05.02.2015, C-317/14; Calliess/Ruffert, EUV/AEUV, Rn. 50.

282 EuGH, Urteil vom 05.02.2015, C-317/14.

283 Herbert/Oberrath, DB 2009, 2434.

284 EuGH, NZA-RR 2001, 20.

bb. Schranke des Art. 3 Abs. 3 GG

Bei der Schranke des Art. 3 Abs. 3 GG hat eine Abwägung der beiden Grundrechte des Arbeitnehmers mit der durch Art. 12 Abs. 1 GG geschützten Unternehmensfreiheit zu erfolgen, womit ebenfalls im Rahmen einer Verhältnismäßigkeitsprüfung darüber zu entscheiden ist, ob die Festlegung einer Sprache gerechtfertigt erscheint.

cc. Schranke des § 3 Abs. 2 AGG

Gem. § 3 Abs. 2 AGG kann eine mittelbare Benachteiligung gerechtfertigt sein, wenn die Festlegung einer Sprache durch ein rechtmäßiges Ziel sachlich gerechtfertigt ist und die Mittel zur Erreichung dieses Ziels angemessen und erforderlich sind[285], d. h. dass also ebenfalls eine Verhältnismäßigkeitsprüfung[286] vorzunehmen ist.

dd. Zwischenergebnis

Als Zwischenergebnis ist festzuhalten, dass die Festlegung einer Sprache durch den Arbeitgeber im Rahmen der zuvor ermittelten Grenzen gerechtfertigt sein kann.

c. Rechtfertigung eines Eingriffes in die Arbeitnehmerrechte bei Festlegung der deutschen Sprache als Sprache durch den Arbeitgeber

Damit der Eingriff in die vorgenannten Rechte der Arbeitnehmer gerechtfertigt sein kann, müsste die Festlegung der deutschen Sprache als Sprache ein zu rechtfertigendes Ziel verfolgen. Ein zu rechtfertigendes Ziel könnte z. B. vorliegen, wenn Kunden des Arbeitgebers ausschließlich auf Deutsch mit den Arbeitnehmern des Arbeitgebers kommunizieren und der Arbeitserfolg demnach nur dann eintreten kann, wenn Deutsch bei der Kommunikation mit den Kunden des Arbeitgebers oder Dritten unabdingbare Voraussetzung ist. Ein bloßer Kundenwunsch im Hinblick auf die vom Arbeitnehmer zu verwendende Sprache reicht hierzu nicht.[287] In einem solchen Fall erscheint das Ziel als gerechtfertigt,

---

285 BAGE 138, BAGE Band 138 Seite 312 = NZA 2011, 1412; BeckOGK/Baumgärtner AGG § 3 Rn. 86 m.w.Nachw.

286 BAG 23.01.1990 NZA 1990, 778; 28.01.2010 NZA 2010, 625; LAG HE 18.06.2018 NZA-RR 2018, 584.

287 Urteil vom 14.03.2017 – C-188/15 = NZA 2017, 375; AP Richtlinie 2000/78/EG Nr. 38; AuR 2017, 456 (m. Anm. Daniel Hlava) ◊ CELEX 62015CJ0188 ◊ EuGRZ 2017, 277; InfAuslR 2017, 201.

wenn die Arbeitnehmer die Kunden des Arbeitgebers auf Deutsch beraten sollen, um überhaupt einen Arbeitserfolg zu erzielen.

Des Weiteren müsste die Festlegung einer Sprache auch erforderlich sein. Erforderlich ist die Festlegung einer Sprache dann, wenn zur Erreichung des verfolgten Ziels kein milderes Mittel existiert. Bei der Festlegung der deutschen Sprache als Sprache könnte ein milderes Mittel vorliegen, wenn die zu erbringenden Dienste des jeweiligen Arbeitnehmers auch in der jeweiligen Muttersprache des Arbeitnehmers erbracht werden können.

Auch muss die Festlegung einer Sprache angemessen sein. Angemessen ist die Festlegung einer Sprache, wenn die Gründe für die Festlegung einer Sprache gegenüber den betroffenen Rechten der Arbeitnehmer auf den Gebrauch der eigenen Sprache stärkeres Gewicht haben, so dass den Arbeitnehmern die Benutzung einer für sie fremden Sprache zuzumuten ist.

Schließlich muss der Arbeitgeber aufgrund seiner Rücksichtnahmepflicht dafür sorgen, dass Arbeitnehmer in der von ihm geforderten Sprache geschult werden, z. B. durch Sprachkurse[288], wenn diese die Sprache nicht ausreichend beherrschen. Dies folgt daraus, dass der Arbeitgeber im Rahmen seiner Rücksichtnahmepflicht gemäß § 241 Abs. 2 BGB zur Verwirklichung seines Leistungsinteresses zu leistungssichernden Maßnahmen verpflichtet[289], um in der Zukunft eine gleichberechtigte Kommunikation mit dem Arbeitnehmer bei der Durchführung des Arbeitsverhältnisses zu sichern. Dies bedeutet, dass der Arbeitgeber verpflichtet ist, die kommunikativen Voraussetzungen für die Durchführung des Arbeitsvertrages zu schaffen, Erfüllungshindernisse nicht entstehen zu lassen oder zu beseitigen und dem anderen Teil den angestrebten Leistungserfolg zukommen zu lassen[290]. Die Aufforderung zur arbeitsnotwendigen Sprachkursteilnahme stellt dabei auch selbst keine Diskriminierung i.S.d. § 3 Abs. 2 oder Abs. 3 AGG dar[291].

d. Zwischenergebnis

Sofern die Sprache nicht verbindlich im Arbeitsvertrag festgelegt wurde, die Auslegung des Arbeitsvertrages bzw. die Position, Tätigkeit oder Stellenbeschreibung hierüber auch keinen Aufschluss geben, die Tätigkeit aber voraussetzt, dass der Arbeitnehmer z. B. Deutsch zu erbringen hat, kann der Arbeitgeber

288 Vgl. hierzu auch die Ausführungen auf den Seiten 8 ff.
289 BAG, NZA 2017, 740.
290 BAG, NZA 2017, 740.
291 BAG, 8 AZR 48/10.

den Arbeitnehmer im Rahmen seines ihm gem. § 106 GewO zustehenden Direktionsrechts anweisen, die deutsche Sprache bei der Umsetzung seiner Leistungspflicht anzuwenden. Die Festlegung einer deutschen Sprache kraft Direktionsrecht des Arbeitgebers und ein damit verbundener Eingriff in die zuvor dargestellten Rechte des Arbeitnehmers lässt sich aber nur dann rechtfertigen, wenn ein gerechtfertigtes Ziel verfolgt wird und die Arbeitnehmer in der vom Arbeitgeber eingeforderten Sprache geschult werden, wenn diese die Sprache nicht ausreichend beherrschen.

4. Die Bestimmung einer Sprache kraft betrieblicher Übung

Für den Fall, dass die Sprache nicht verbindlich im Arbeitsvertrag festgelegt wurde, die Auslegung des Arbeitsvertrages auch keinen Aufschluss über die Sprache zulässt und der Arbeitgeber auch nicht sein Direktionsrecht ausgeübt hat, um die Sprache festzulegen, könnte sich eine Vorgabe an die Arbeitnehmer zur Verwendung einer bestimmten Sprache auch kraft einer betrieblichen Übung ergeben.

a. Dogmatische Herleitung einer betrieblichen Übung

Auch wenn das Institut der betrieblichen Übung mittlerweile gewohnheitsrechtlich anerkannt ist[292] und zudem durch § 1b Abs. 1 Satz 4 BetrAVG sogar positivrechtliche Anerkennung gefunden hat, bestehen im Wesentlichen zwei unterschiedliche Begründungsansätze zur dogmatischen Herleitung der betrieblichen Übung.

aa. Vertragstheorie

Nach der vom BAG vertretenen Vertragstheorie stellt die regelmäßige Wiederholung bestimmter Verhaltensweisen des Arbeitgebers ein Vertragsangebot dar, das vom Arbeitnehmer gemäß § 151 BGB stillschweigend angenommen wird.[293] Danach entsteht eine betriebliche Übung durch die vorbehaltlose, gleichartige, wiederholte Praktizierung eines bestimmten Verhaltens des Arbeitgebers. Dabei kommt es nicht darauf an, ob der Arbeitgeber mit Verpflichtungswillen gehandelt hat, sondern allein darauf, ob die Arbeitnehmer aus dem Erklärungsverhalten

---

292 Ausführlich zur betrieblichen Übung Waltermann, RdA 2006, 257 ff. und Walker, JuS 2007, 1.

293 Vgl. BAG 29.09.2004 AP BGB § 242 Betriebliche Übung Nr. 67 m.w.N. und BAG, DB 2007, 113.

des Arbeitgebers auf dessen rechtsgeschäftliche Bindung unter Berücksichtigung von Treu und Glauben (§ 242 BGB) sowie aller Begleitumstände gemäß den §§ 133, 157 BGB schließen durften.[294]

bb. Vertrauenstheorie

Die in der Lehre vorherrschende Vertrauenstheorie vertritt die Auffassung, dass der Grund für eine Rechtsbindung kraft betrieblicher Übung darin liegt, dass die Arbeitnehmer durch ein Verhalten des Arbeitgebers auf die Fortsetzung des bisherigen Verhaltens des Arbeitgebers vertrauen und dadurch nach Treu und Glauben ein Vertrauenstatbestand geschaffen wird.[295] Zurechnungsgrund ist hiernach das Vertrauen des Arbeitnehmers auf die Fortsetzung der bisherigen Übung.[296] Eine Bindung des Arbeitgebers entsteht danach, wenn „wegen dieses Vertrauens das Abbrechen der Übung mit dem bisherigen Verhalten des Arbeitgebers in einer gegen Treu und Glauben verstoßenden Weise in Widerspruch stehen würde".[297]

b. Voraussetzungen für die Bestimmung einer Sprache kraft betrieblicher Übung

Nachdem nun die dogmatische Herleitung einer betrieblichen Übung geklärt wurde, stellt sich die Frage, ob und unter welchen Voraussetzungen eine Verpflichtung für Arbeitnehmer zur Verwendung einer Sprache nach den vorgenannten beiden Theorien kraft betrieblicher Übung entstehen kann.

aa. Eröffnung des Anwendungsbereichs einer betrieblichen Übung zur Bestimmung einer Sprache

Zunächst müsste überhaupt der Anwendungsbereich einer betrieblichen Übung für die Bestimmung einer Sprache eröffnet sein. Entwickelt wurde das Rechtsinstitut der betrieblichen Übung nämlich hauptsächlich für Leistungsfälle, wie etwa die Zahlung von Weihnachts- und Urlaubsgeld, die der Arbeitgeber freiwillig über einen gewissen Zeitraum erbracht hat, ohne dazu durch ein Gesetz oder durch einen Tarifvertrag verpflichtet zu sein.[298]

---

294 BAG 29.09.2004 AP BGB § 242 Betriebliche Übung Nr. 67 m.w.N.

295 Vgl. grundlegend Canaris, Die Vertrauenshaftung im deutschen Privatrecht, 1971, S. 387 ff.; Seiter, Die Betriebsübung, 1967. 6 Vgl.

296 Vgl. Münchener Handbuch zum Arbeitsrecht, § 13 Rn. 13.

297 Vgl. Münchener Handbuch zum Arbeitsrecht, § 8 Rn. 13.

298 BAG, NZA 2001, 24, 20.

(1) Nach der Vertragstheorie

Da eine betriebliche Übung nach der Vertragstheorie durch ein als Willenserklärung zu wertendes Verhalten des Arbeitgebers und dessen stillschweigende Annahme durch die Arbeitnehmer zustande kommt, ist sie grundsätzlich für jeden Gegenstand vorstellbar, der arbeitsvertraglich geregelt werden kann.[299] Demnach kann nach der Vertragstheorie auch die Pflicht zur Verwendung einer bestimmten Sprache Inhalt einer betrieblichen Übung sein. Dies vor dem Hintergrund, dass eine Sprache arbeitsvertraglich vereinbart werden kann.

(2) Nach der Vertrauenstheorie

Geltungsgrund für die Verpflichtungswirkung einer betrieblichen Übung nach der Vertrauenstheorie ist die Erwartung der Arbeitnehmer, dass sich der Arbeitgeber – gänzlich losgelöst von einem rechtsgeschäftlichen Willen – konsequent verhalten werde und daher eine betriebliche Übung fortsetzen werde.[300] Dabei kann grundsätzlich jede eingeübte Verhaltensweise des Arbeitgebers geeignet sein, schutzwürdiges Vertrauen auf Arbeitnehmerseite zu begründen.[301] Demnach kann auch unter Zugrundelegung der Vertrauenstheorie, ein Vertrauenstatbestand grundsätzlich bei jedem Verhalten des Arbeitgebers geschaffen werden kann. Folglich kann die Verpflichtung zur Verwendung einer bestimmten Sprache auch nach der Vertrauenstheorie unter den Regelungsgegenstand einer betrieblichen Übung fallen.

(3) Ergebnis

Der Anwendungsbereich einer betrieblichen Übung für die Bestimmung einer Sprache ist nach den beiden vorgenannten Theorien eröffnet.

bb. Voraussetzungen für die Festlegung einer Sprache kraft betrieblicher Übung

Nachdem festgestellt wurde, dass der Anwendungsbereich für die Bestimmung einer Sprache kraft betrieblicher Übung eröffnet sein kann, müssten nunmehr auch die Voraussetzungen für die Festlegung einer Sprache kraft betrieblicher Übung nach der vorgenannten Vertrags- und Vertrauenstheorie gegeben sein, um eine Sprache kraft betrieblicher Übung entstehen zu lassen.

---

299 BAG, NZA 19977, 1009.
300 Singer, ZfA, 1993, 487.
301 Hromadka, NZA 1984, 241.

(1) Nach der Vertragstheorie

Im Hinblick auf die Festlegung einer Sprache wäre nach der vorgenannten Vertragstheorie eine betriebliche Übung denkbar, wenn der Arbeitgeber gegenüber seinen Arbeitnehmern durchgängig, wiederholt und ausschließlich eine bestimmte Sprache zur Leistungserbringung verwendet und fordert, ohne eine solche ausdrücklich kraft seines Direktionsrechts anzuordnen. Dies kann z. B. der Fall sein, wenn ein Arbeitgeber in Deutschland ausschließlich deutschsprachige Kundschaft unterhält und mit diesen auf Deutsch kommuniziert und seine Arbeitnehmer deshalb dieser Kundschaft die geschuldete Leistung stets auf Deutsch erbringt. Durch das regelmäßig wiederholte (konkludente) Angebot zur ausschließlichen Verwendung einer bestimmten Sprache als Sprache kann aus Sicht der Arbeitnehmer ein ausdrückliches Angebot des Arbeitgebers gegenüber seinen Arbeitnehmern geschlossen werden, diese Sprache als Sprache zu verwenden.[302] Die Arbeitnehmer würden demnach aus dem Verhalten des Arbeitgebers schließen, dass der Arbeitgeber sich im Hinblick auf die zu verwendende Sprache verbindlich festlegen will. Dieses Vertragsangebot des Arbeitgebers zur Verwendung einer bestimmten Sprache als Sprache wird von den Arbeitnehmern nach der Vertragstheorie gemäß § 151 BGB stillschweigend angenommen, indem diese sodann ihre Dienste auf dieser Sprache erbringen. Demnach lässt sich anhand der Vertrauenstheorie die Festlegung einer Sprache kraft betrieblicher Übung begründen, sofern der Arbeitgeber den Arbeitnehmern wiederholt und regelmäßig konkludent oder ausdrücklich anbietet, eine bestimmte Sprache als Sprache zu verwenden und die Arbeitnehmer dieses Angebot stillschweigend annehmen, indem sie ihre Dienste auf der vom Arbeitgeber angebotenen Sprache erbringen.

(2) Nach der Vertrauenstheorie

Auch nach der Vertrauenstheorie kann eine Sprache kraft betrieblicher Übung von den Arbeitnehmern zu verwenden sein, und zwar dann, wenn die Sprache aufgrund einer zeitlich fortdauernden und gleichartigen Handhabung zwischen Arbeitnehmer und Arbeitgeber verwendet wurde. In einem solchen Fall können Arbeitnehmer nach der Vertrauenstheorie darauf vertrauen, dass die von den Arbeitnehmern in der Vergangenheit notwendige und zu verwendende Sprache auch zukünftig weiter verwendet wird.

---

302 So auch Aden, ZRP 2011, 120; Vogt/Oltmanns, NZA 2014, 181.

(3) *Zeitraum für das Entstehen einer betrieblichen Übung zur Festlegung einer Sprache*

Weitere Voraussetzung für das Entstehen einer betrieblichen Übung ist, dass ein gewisser Zeitraum vergangen ist, um nach den beiden vorgenannten Theorien zu einer betrieblichen Übung zu gelangen. Fraglich ist, welcher Zeitraum für das Entstehen einer betrieblichen Übung zur Festlegung einer Sprache notwendig erscheint, um nach den beiden vorgenannten Theorien von einer Festlegung einer Sprache kraft einer betrieblichen Übung auszugehen. Grundsätzlich hängt der Zeitraum für das Entstehen einer betrieblichen Übung von der Häufigkeit der angewandten Praxis ab.[303] Ferner ist für den Zeitraum die Dauer der Übung sowie Art und Inhalt der Übung einzubeziehen.[304] Sofern der Arbeitgeber in seinem Betrieb ausschließlich auf einer Sprache die Leistungserbringung toleriert, ist die Zahl der Anwendungsfälle tagtäglich sehr hoch in Abgrenzung zu einer jährlichen Sonderzahlung, die nach Rspr. des Bundesarbeitsgerichts eines dreijährigen Zeitraums bedarf, um eine betriebliche Übung entstehen zu lassen.[305] Dementsprechend kann bereits ein sehr kurzer Zeitraum für das Entstehen einer betrieblichen Übung zur Festlegung einer Sprache ausreichend sein. Hierbei dürfte ein Zeitraum von maximal drei Monaten ausreichen, um nach den beiden vorgenannten Theorien zu einer betrieblichen Übung zu gelangen, da die Mitarbeiter nach Ablauf dieser Zeit davon ausgehen können, dass die zuvor verwendete Sprache weiter zu verwenden ist und vom Arbeitgeber auch entsprechend verlangt wird.

(4) *Zwischenergebnis*

Da die beiden vorgenannten Theorien zu dem gleichen Ergebnis gelangen, nämlich dass eine Sprache kraft betrieblicher Übung von den Arbeitnehmern zu verwenden sein kann, ist ein Streitentscheid zwischen den beiden Theorien entbehrlich.

c. *Grenzen bei der Festlegung einer Sprache kraft betrieblicher Übung*

Auch wenn die Sprache kraft betrieblicher Übung grundsätzlich festgelegt sein kann, sind der Festlegung einer Sprache kraft betrieblicher Übung, Grenzen gesetzt.[306] Das Benachteiligungsverbot des § 7 Abs. 1 i.V.m. Abs. 2 AGG gilt

---

303 Erfurter-KO, § 611, Rn. 220b; BAG 28.07.2004 NZA 2004, 1152.

304 BAG, NZA 2006, 1174; NZA 2008, 941.

305 BAG 14.08.1996 AP BGB § 242 Betriebliche Übung Nr. 47.

306 Siehe hierzu ErfK/Preis, §§ 305–310 Rn. 58 ff.; Lakies, DB 2014, 659 ff.; Dauner-Lieb/Langen, BGB – Schuldrecht, § 611, Rn. 53.

nämlich auch für Vereinbarungen, die kraft einer betrieblichen Übung für den Arbeitnehmer verpflichtenden Charakter erhalten sollen, auch wenn die Gesetzesbegründung zum AGG hierzu keine Angaben enthält, ob auch betriebliche Übungen dem Anwendungsbereich des AGG unterfallen. Der Begriff der Vereinbarung i.S.d. § 2 Abs. 1 Nr. 2 AGG ist weit zu verstehen[307] und erstreckt sich demnach auch auf vertragliche Ansprüche oder auf Ansprüche, die durch einen Vertrauenstatbestand geschaffen wurden und verbindlichen Charakter erhalten haben.[308] Dies führt dazu, dass Vereinbarungen gem. § 7 Abs. 2 AGG unwirksam sind, die zwar kraft einer betrieblichen Übung entstehen, aber als mittelbare oder mittelbare Diskriminierungen i.S.d. § 3 Abs. 1 oder Abs. 2 AGG i.V.m. § 1 AGG anzusehen sind. Bei der Festlegung einer Sprache können ausländische Arbeitnehmer wegen ihrer ethnischen Herkunft gem. § 1 AGG (unmittelbar oder mittelbar) benachteiligt sein, sofern die Festlegung einer Sprache nicht gem. § 3 Abs. 2 AGG begründet ist. Als weitere Grenzen sind Art. 45 Abs. 2 AEUV und Art. 3 Abs. 3 GG zu nennen.[309] Sollte die Sprache kraft einer betrieblichen Übung festgelegt werden können, so hat der Arbeitgeber bei den Arbeitnehmern, die der festgelegten Sprache nicht ausreichend mächtig sind, immer auch gemäß § 241 Abs. 2 BGB leistungssichernde Maßnahmen zu ergreifen, z. B. diesen Arbeitnehmern von ihm bezahlte (interne oder externe) Sprachkurse anzubieten. Der Arbeitgeber ist nämlich verpflichtet, die fortlaufende Kommunikation sicherzustellen.

d. *Einschränkungen des Direktionsrechts des Arbeitgebers durch eine betriebliche Übung*

Sofern eine Sprache durch eine betriebliche Übung festgelegt wurde, kann der Arbeitgeber keine andere Sprache mehr kraft seines Direktionsrechts festlegen. Eine betriebliche Übung begrenzt nämlich die Möglichkeit des Arbeitgebers zur Festlegung einer Sprache kraft seines Direktionsrechts. Dies vor dem Hintergrund, dass eine betriebliche Übung eine individuelle Vorgabe für die Arbeitnehmer in Bezug auf die Verwendung einer bestimmten Sprache macht. Nur durch eine doppelt (qualifizierte) Schriftformklausel im Arbeitsvertrag wird das Entstehen einer betrieblichen Übung zur Festlegung einer betrieblichen Übung verhindert, damit das Direktionsecht des Arbeitgebers u. a. in Bezug auf die

307 BT-Drucks 16/1780, S. 31.

308 BAG 18.03.2003 – 3 AZR 101/02 – NZA 2004, 1099.

309 EuGH, Urteil vom 14.03.2017 – C-188/15; Siehe hierzu die Ausführungen auf den S. 119 f.

Festlegung einer Sprache nicht eingeschränkt wird.[310] Mit einer „doppelten" Schriftformklausel vereinbaren die Parteien, dass nicht nur Vertragsänderungen, sondern auch die Änderung der Schriftformklausel selbst der Schriftform bedürfen. Hierdurch wird verhindert, dass die Schriftformklausel nachträglich konkludent aufgehoben wird und eine betriebliche Übung möglich erscheint.

Im Übrigen gilt eine in der Vergangenheit begründete betriebliche Übung nach dem allgemeinen Gleichbehandlungsgrundsatz auch für die Arbeitnehmer, mit denen ein neues Arbeitsverhältnis begründet wurde, d. h. sofern Arbeitgeber und Arbeitnehmer nicht explizit etwas anderes zur Sprache vereinbaren, ist die in der Vergangenheit als betriebliche Übung begründete Sprache auch für neue Arbeitnehmer im Betrieb und schränkt das Direktionsrecht des Arbeitgebers entsprechend ein.[311]

5. *Ergebnis*

Sofern die Sprache nicht verbindlich im Arbeitsvertrag festgelegt wurde und die Auslegung des Arbeitsvertrages bzw. die Tätigkeit, Position oder Stellenbeschreibung hierüber auch keinen Aufschluss gibt, kann der Arbeitgeber den Arbeitnehmer auch im Rahmen seines ihm gem. § 106 GewO zustehenden Direktionsrechts nach billigem Ermessen anweisen, eine bestimmte Sprache, insbesondere die deutsche Sprache, bei der Umsetzung seiner Leistungspflicht anzuwenden, sofern hierfür sachlich gerechtfertigte Gründe vorliegen und die Anweisung erforderlich und angemessen erscheint. Der Arbeitgeber hat dann aber aufgrund seiner Rücksichtnahmepflicht dafür Sorge zu tragen, dass der Arbeitnehmer, die für die Anwendung der Sprache erforderlichen Kenntnisse vermittelt erhält, wenn diese fehlen. Dies gebietet die aus der Rücksichtnahmepflicht abzuleitende Pflicht zu leistungssichernden Maßnahmen des Arbeitgebers. Daneben kann auch kraft einer betrieblichen Übung die Sprache zwischen Arbeitnehmer und Arbeitgeber festgelegt worden sein. Auch wenn die Festlegung einer Sprache kraft betrieblicher Übung grundsätzlich erfolgen kann, sind der Festlegung einer Sprache kraft betrieblicher Übung Grenzen gesetzt. Das Benachteiligungsverbot des § 7 Abs. 1 i.V.m. Abs. 2 AGG gilt nämlich auch für Vereinbarungen, die kraft einer betrieblichen Übung für den Arbeitnehmer verpflichtenden Charakter erhalten sollen, d. h. sofern die betriebliche Übung ausländische Arbeitnehmer i.S.d. § 1 AGG wegen ihrer ethnischen Herkunft

310 BAG, BeckRS 2003, 41408 m.w.Nachw.

311 BAG, NZA 2009, 196.

(mittelbar) benachteiligen sollte, ist eine betriebliche Übung unwirksam, die eine Sprache festlegt. Daneben sind als Benachteiligungsverbote Art. 45 Abs. 2 AEUV und Art. 3 Abs. 3 GG zu beachten. Falls eine Sprache durch betriebliche Übung festgelegt werden kann, hat der Arbeitgeber die Pflicht dafür Sorge zu tragen, dass der Arbeitnehmer die Sprache anwenden kann, z. B. durch die von ihm bezahlte Gewährung von Sprachkursen.

III. Die Sprache und die Kommunikation bei der Unterrichtung des Arbeitgebers über einen Betriebsübergang i.S.d. § 613a Abs. 5 BGB gegenüber seinen sprachunkundigen Arbeitnehmern

Während der Durchführung des Arbeitsverhältnisses kann es vorkommen, dass ein Betrieb durch ein Rechtsgeschäft auf einen neuen Inhaber übergeht. Bei einem solchen Betriebsübergang kann die Sprache und die Kommunikation bei der Verständigung zwischen Arbeitgeber und Arbeitnehmer vor allem bei der Unterrichtungspflicht des Arbeitgebers bei einem Betriebsübergang gemäß § 613a Abs. 5 BGB von Bedeutung sein. Gemäß § 613a Abs. 5 BGB müssen der bisherige Inhaber und der neue Inhaber eines Betriebs die von einem Übergang betroffenen Arbeitnehmer nämlich vor einem Betriebsübergang über den Zeitpunkt oder den geplanten Zeitpunkt des Übergangs, den Grund für den Übergang, die rechtlichen, wirtschaftlichen und sozialen Folgen des Übergangs für die Arbeitnehmer und die hinsichtlich der Arbeitnehmer in Aussicht genommenen Maßnahmen informieren.

1. Keine Festlegung der Sprache der Unterrichtung über einen Betriebsübergang in § 613a Abs. 5 BGB

In welcher Sprache die Unterrichtung gem. § 613a Abs. 5 BGB erfolgen soll, geht aus dem Wortlaut § 613a Abs. 5 BGB nicht hervor. Angesichts der Rechtsfolgen, die für den Arbeitgeber bei einer Verletzung der Unterrichtungspflicht der Arbeitnehmer über den Betriebsübergang verbunden sind, insbesondere dass die Widerspruchsfrist des § 613a Abs. 6 BGB nicht zu laufen beginnt bei einer fehlerhaften Unterrichtung[312] und der Arbeitnehmer dann ggf. noch Monate oder Jahre später einem Betriebsübergang widersprechen kann, mit der Folge, dass sein Arbeitsverhältnis nicht auf den neuen Inhaber übergeht, stellt sich die

---

312 BAG, Urteil v. 12.11.2009, 8 AZR 751/07; Grobys, NJW Spezial 2007, 321; Grobys, BB 2002, 726; Hauck, NZA 2009, Beilage 1, S. 18 ff.; Gaul/Otto, DB 2002, S. 634.

Frage, ob die Unterrichtung auf Deutsch gem. § 613a Abs. 5 BGB erfolgen kann und ob die Arbeitnehmer, die der deutschen Sprache nicht hinreichend mächtig sind, in ihrer Muttersprache von einem Betriebsübergang mit dem o.g. Inhalt zu unterrichten sind bzw. ob die in deutscher Sprache abgefasste Unterrichtung vom Arbeitgeber übersetzt werden muss.[313]

2. *Auslegung des § 613a Abs. 5 BGB zur Bestimmung der Sprache der Unterrichtung über einen Betriebsübergang*

Da die Sprache einer Unterrichtung nach § 613a Abs. 5 BGB gesetzlich nicht geregelt wurde, könnte die Frage nach der Sprache der Unterrichtung durch die Auslegung des § 613a Abs. 5 BGB zu ermitteln sein.

a. Sprachlich-grammatikalische Auslegung

Die Auslegung einer Rechtsnorm beginnt mit der grammatikalischen Interpretation.[314] Nach der grammatikalischen Auslegung ist anhand des Wortlauts der Vorschrift der Wortsinn aufzuklären. Dieser ergibt sich aus dem allgemeinen Sprachgebrauch, dem Sprachgebrauch der Juristen, soweit die Fassung des Gesetzes auf ihm beruht, oder aus einem besonderen Sprachgebrauch des auszulegenden Gesetzes, sofern ein solcher feststellbar ist. Ist der Wortlaut einer Norm klar und eindeutig, ist der Rückgriff auf die anderen Auslegungsmethoden nicht gestattet.[315] Gem. § 613a Abs. 5 BGB hat der bisherige Arbeitgeber oder der neue Inhaber die von einem Übergang betroffenen Arbeitnehmer vor dem Übergang in Textform i.S.d. § 126b BGB zu unterrichten. Weitergehende Informationen sind der Vorschrift nicht zu entnehmen. Demzufolge ist der Wortlaut unklar im Hinblick auf die Verwendung der Sprache einer Unterrichtung i.S.d. § 613a Abs. 5 BGB. Auch dass die Unterrichtung in Textform zu erfolgen hat, gibt vom Wortlaut her noch keinen Aufschluss über die Sprache einer Unterrichtung über einen Betriebsübergang. Die Textform i.S.d. § 126b BGB verlangt lediglich eine Erklärung in einer Urkunde oder in einer anderen zur dauerhaften Wiedergabe in Schriftzeichen geeigneten Weise.[316] Davon abgesehen kann eine Erklärung, die in Textform i.S.d. § 126b zu erfolgen hat, grundsätzlich in jeder lebenden

313 Zum Streitstand vgl. Rieble, S. 231 f. m.w.Nachw.

314 Looschelders/Roth, Juristische Methodik, S. 130.

315 BGHZ 46, 76.

316 MüKo, BGB, § 126b, Rn. 4; Hähnchen, NJW 2001, 2831 f; Janal, MDR 2006, 368 f.; Röger, NJW 2004, 1764.

oder toten Sprache verfasst werden.[317] Demnach ist wie bei der „strengeren" Schriftform im Sinne des § 126 BGB gleichgültig, in welcher Sprache oder Schrift die Urkunde verfasst ist. Anhand der grammatikalischen Auslegung der §§ 613a, 126b BGB ist die Frage, ob die Unterrichtung auf Deutsch gem. § 613a Abs. 5 BGB erfolgen kann oder ob die Arbeitnehmer, die der deutschen Sprache nicht hinreichend mächtig sind, in ihrer Muttersprache von einem Betriebsübergang mit dem o.g. Inhalt zu unterrichten sind bzw. ob die in deutscher Sprache abgefasste Unterrichtung vom Arbeitgeber übersetzt werden muss, nicht zu beantworten.

b. Systematische Auslegung

Eine systematische Auslegung des § 613a Abs. 5 BGB könnte weiter Aufschluss darüber geben, ob eine Verpflichtung des Arbeitgebers zur Vornahme der Unterrichtung über einen Betriebsübergang in deutscher oder in der (Mutter-)Sprache eines ausländischen Arbeitnehmers besteht. Die systematische Auslegung beruht auf dem Gedanken, dass die Rechtsordnung als Ganzes widerspruchsfrei aufgebaut sein muss und deshalb keine Norm einer anderen Norm widersprechen kann. In diesem systematischen Kontext könnte § 2 Abs. 1 Satz 2 NachwG Aufschluss darüber geben, auf welcher Sprache die Unterrichtung nach § 613a Abs. 5 BGB zu erfolgen hat.

§ 2 Abs. 1 Satz 1 NachwG bestimmt, dass der Arbeitgeber spätestens einen Monat nach dem vereinbarten Beginn des Arbeitsverhältnisses die wesentlichen Vertragsregelungen schriftlich niederzulegen, die Niederschrift zu unterzeichnen und dem Arbeitnehmer auszuhändigen hat. Dabei hat der Nachweis der Arbeitsbedingungen die in § 2 Abs. 1 Satz 2 NachwG genannten Vertragsbedingungen zu enthalten. Eine Vorgabe zur Sprache einer solchen Niederschrift wurde gesetzlich nicht festgelegt. Somit fehlt es bei § 2 NachwG ebenfalls an einer konkreten Festlegung der Sprache. Demnach kann aus § 2 NachwG keine bestimmte Pflicht abgeleitet werden, die Unterrichtung i.S.d. § 613a Abs. 5 BGB auf Deutsch oder in einer anderen Sprache zu verfassen. Eine systematische Auslegung des § 613a Abs. 5 BGB kann demnach nicht weiter Aufschluss darüber geben, ob eine Verpflichtung des Arbeitgebers zur Vornahme der Unterrichtung über einen Betriebsübergang in deutscher oder in der (Mutter-)Sprache eines ausländischen Arbeitnehmers besteht.

---

317 BeckOK BGB § 126b, Rn. 2.

c. *Historische Auslegung*

Die historische Auslegung ermittelt die Vorstellungen und Absichten der an der Gesetzgebung beteiligten Personen und Organe bei Erlass des Gesetzes (sog. historischer Kontext der Norm). Diese Ansichten sind jedoch nur berücksichtigungsfähig, wenn sie in den Entwürfen, Motiven oder Protokollen zu dem Gesetz zum Ausdruck gekommen sind.[318] Eine Informationspflicht des Arbeitgebers gegenüber den Arbeitnehmern des Betriebs über einen Betriebsübergang wurde erst mit der Umsetzung des Art. 7 Abs. 6 der Richtlinie 2001/23/EG eingeführt. Die Richtlinie 2001/23/EG und auch die vorangegangenen Richtlinien (77/187/EWG und 1998/50/EG) bestimmen nicht, in welcher Sprache die Unterrichtung über den Betriebsübergang zu erfolgen hat. Die historische Auslegung des § 613a Abs. 5 BGB gibt folglich keine Auskunft darüber, in welcher Sprache die Unterrichtung zu erfolgen hat.

d. *Teleologische Auslegung*

In welcher Sprache die Unterrichtung i.S.d. § 613a Abs. 5 BGB zu erfolgen hat, könnte sich schließlich aus dem Zweck des § 613a Abs. 5 BGB ergeben. Für das Auslegungsergebnis ist grundsätzlich die teleologische Auslegung, die sich am Gesetzeszweck (ratio legis) orientiert, maßgebend. Der Zweck des § 613a BGB besteht darin, dass der Arbeitgeber im Falle eines Betriebsübergangs die Arbeitnehmer so informieren soll, dass diese sich über die Person des Übernehmers und über die in § 613a Abs. 5 BGB genannten Umstände ein Bild machen können.[319] Der Arbeitnehmer soll durch die Unterrichtung eine ausreichende Wissensgrundlage für die Ausübung oder Nichtausübung seines Widerspruchsrechts erhalten.[320] So soll insbesondere dem Arbeitnehmer auch die Möglichkeit eröffnet werden, sich weitgehend zu erkundigen und ggf. beraten zu lassen und dann auf dieser Grundlage über den Widerspruch gegen den Übergang seines Arbeitsverhältnisses entscheiden.[321] Bei der Verpflichtung zur Unterrichtung des Arbeitnehmers über den Betriebsübergang steht die Informationsfunktion, nicht aber die Beweis- oder Warnfunktion im Vordergrund. Fraglich ist, ob die Informationsfunktion des § 613a Abs. 5 BGB erfüllt werden kann, wenn sprachunkundige Arbeitnehmer mit eingeschränkten oder keinen Deutschkenntnissen ausschließlich auf Deutsch unterrichtet werden, oder der Arbeitgeber bzw. der

318 BGHZ 46, 74, 80, BGHZ 62, 340/50, NJW BGH 2003, 290.

319 Erfurter-KO, § 613a, Rn. 84 m.w.Nachw.

320 BT-Drs. 14/7760, S. 19.

321 BAG, NZA 2006, 1268; NZA-RR 2009, 62; NZA 2010, 89.

neue Inhaber dazu verpflichtet ist, allen ausländischen Arbeitnehmern in deren Muttersprache über den Betriebsübergang zu unterrichten.[322] Da die Informationsfunktion des § 613a Abs. 5 BGB bei der Unterrichtung über einen Betriebsübergang im Vordergrund steht, könnte man aus dem Zweck des § 613a BGB ableiten, dass sprachunkundige Arbeitnehmer die Unterrichtung über einen Betriebsübergang nicht oder nur eingeschränkt verstehen, wenn dieser auf Deutsch erfolgt, so dass der Arbeitgeber deswegen dazu verpflichtet sein könnte, allen ausländischen Arbeitnehmern eine Unterrichtung in deren Muttersprache auszuhändigen, damit diese ordnungsgemäß über den Betriebsübergang unterrichtet sind.[323] Gegen eine solche Übersetzungspflicht des Arbeitgebers spricht jedoch, dass der Arbeitgeber im Rahmen seiner Unterrichtungspflicht i.S.d. § 613a Abs. 5 BGB nicht den konkreten Informationserfolg beim einzelnen Arbeitnehmer schuldet. Die Unterrichtungspflicht des Arbeitgebers zielt nicht darauf ab, bei jedem einzelnen Arbeitnehmer einen Informationserfolg herbeizuführen, weil es dem Arbeitgeber generell nicht möglich und zumutbar ist, sich bei der Vornahme der Unterrichtung nach § 613a Abs. 5 BGB auf die intellektuellen und sprachlichen Fähigkeiten jedes einzelnen Arbeitnehmers einzustellen. Die Verantwortung dafür, dass jeder (ausländische) Arbeitnehmer die übermittelten Informationen über einen Betriebsübergang tatsächlich versteht, kann daher nicht dem Arbeitgeber aufgebürdet werden.[324] Es ist also Sache des Arbeitnehmers, dafür zu sorgen, dass er den Inhalt eines Informationsschreibens vollständig und richtig erfasst. Ein ausländischer Arbeitnehmer kann sich die erforderliche Kenntnis über den Inhalt der Unterrichtung über den Betriebsübergang dann beispielsweise bei einem Dolmetscher, bei einem Rechtsanwalt, der seine (Mutter-)Sprache spricht, bei der Gewerkschaft oder dem Betriebsrat verschaffen. Etwaige Verständnisschwierigkeiten auszuräumen, ist demnach dem Verantwortungsbereich des Arbeitnehmers zuzuordnen.

Im Ergebnis ist festzuhalten, dass zwar die Informationsfunktion des § 613a Abs. 5 BGB bei der Unterrichtung über einem Betriebsübergang im Vordergrund steht, jedoch der Arbeitgeber im Rahmen seiner Unterrichtungspflicht i.S.d. § 613a Abs. 5 BGB nicht den konkreten Informationserfolg beim einzelnen Arbeitnehmer schuldet, d. h. also nach der teleologischen Auslegung des

322 So Schaub, Arbeitsrechts-Handbuch, § 118, Rn. 36.

323 Langner, DB 2008, 2084; BeckOK, BGB, § 613a, Rn. 55.

324 So auch Rieble, Festschrift Löwisch, 2007, 229, 242; a.A. Schaub, Arbeitsrechts-Handbuch, § 118, Rn. 36.

§ 613a Abs. 5 BGB nicht verpflichtet ist, allen ausländischen Arbeitnehmern eine Unterrichtung in deren Muttersprache auszuhändigen.

e. *Zwischenergebnis*

Die Auslegung des § 613a Abs. 5 BGB hat ergeben, dass für die Unterrichtung über einen Betriebsübergang die deutsche Sprache zu wählen ist, und zwar auch für die Unterrichtung über einen Betriebsübergang gegenüber ausländischen Arbeitnehmern.

3. *Die Pflicht zur Übersetzung der Unterrichtung über einen Betriebsübergang i.S.d. § 613a Abs. 5 BGB durch den Arbeitgeber aufgrund seiner Rücksichtnahmepflicht gegenüber seinen sprachunkundigen Arbeitnehmern*

Der Arbeitgeber ist jedoch grundsätzlich aufgrund seiner Rücksichtnahmepflicht gehalten, einem ausländischen Arbeitnehmer das Unterrichtungsschreiben in dessen Muttersprache zur Verfügung zu stellen, sofern es den Anschein macht, das Unterrichtungsschreiben nicht verstanden zu haben. Die Rücksichtnahmepflicht des Arbeitgebers im Sinne des § 241 Abs. 2 BGB umfasst nämlich auch Informations- und Aufklärungspflichten[325]. Aus diesen Pflichten muss der Arbeitgeber daher angehalten sein, nicht nur auf eigene Kosten leistungssichernde Maßnahmen, z. B. in Form von Übersetzungen durchzuführen, sondern auch den Austausch von betriebsinternen Informationen zu gewährleisten, also auch über einen Betriebsübergang i.S.d. § 613a Abs. 5 GBB mittels einer Übersetzung der deutschsprachigen Unterrichtung gegenüber Arbeitnehmer zu sorgen.[326] Dies vor dem Hintergrund, dass der Arbeitgeber häufig auch gar nicht beurteilen kann, ob ein Arbeitnehmer mit ausländischer Herkunft über hinreichende Sprachkenntnisse verfügt, um eine Unterrichtung i.S.d. § 613a Abs. 5 BGB zu verstehen. Eine Übersetzung des Unterrichtungsschreibens dient auch der Verwirklichung des Leistungsinteresses des Arbeitnehmers.[327] Dies vor dem Hintergrund, dass die Leistung des Arbeitnehmers durch die Unterrichtung über den Betriebsübergang berührt wird, da der Arbeitnehmer ja für einen anderen Arbeitgeber tätig sein wird. Die Unterrichtung hat auch dem Zweck, dass der Arbeitgeber im Falle eines Betriebsübergangs die Arbeitnehmer so

325 MüKo, BGB, § 611, Rn. 1003 m.w.Nachw.
326 A.A. Günther, ArbRAktuell 2011, 164.
327 BAG, NZA 2017,740.

informieren soll, dass diese sich über die Person des Übernehmers und über die in § 613a Abs. 5 BGB genannten Umstände ein Bild machen können. Dies kann nur gewährleistet werden, wenn die Arbeitnehmer die Unterrichtung auch verstehen.

4. Ergebnis

Hinsichtlich der Sprache der Unterrichtung gibt es keine eindeutige gesetzliche Regelung. Die teleologische Auslegung des § 613a Abs. 5 BGB hat jedoch ergeben, dass für die Unterrichtung die deutsche Sprache zu wählen ist, und zwar auch gegenüber ausländischen Arbeitnehmern. Jedoch ergibt sich aus der Rücksichtnahmepflicht des Arbeitgebers, dass dieser zur Übersetzung des Unterrichtungsschreibens verpflichtet ist.

IV. Zusammenfassung

Die Sprache und die Kommunikation bei Durchführung des Arbeitsverhältnisses betrifft hauptsächlich die Sprache, in welcher der Arbeitnehmer ihre Hauptleistungspflicht aus dem Arbeitsvertrag zu erbringen haben. Die Sprache kann von den Arbeitsvertragsparteien unter Berücksichtigung des § 7 Abs. 2 AGG, Art. 45 Abs. 2 AEUV und Art. 3 Abs. 3 GG zwar vereinbart werden, jedoch fehlt in der Regel eine Vereinbarung zur Sprache, da Arbeitgeber und Arbeitnehmer in Deutschland davon ausgehen, dass Deutsch immer auch als Sprache heranzuziehen ist. Sofern die Sprache nicht ausdrücklich vertraglich vereinbart wurde, kann sie im Wege der ergänzenden Vertragsauslegung gemäß §§ 133, 157 BGB ermittelt werden. In der Regel ergibt sich die Sprache bereits aus der Stellen- oder Tätigkeitsbeschreibung des Arbeitnehmers.

Wenn die Sprache nicht verbindlich im Arbeitsvertrag festgelegt wurde, die Auslegung des Arbeitsvertrages bzw. die Stellen- und Tätigkeitsbeschreibung keinen Aufschluss geben, auf welcher Sprache die Leistung zu erbringen ist, kann der Arbeitgeber den Arbeitnehmer auch im Rahmen seines ihm gem. § 106 GewO zustehenden Direktionsrechts nach billigem Ermessen anweisen, eine bestimmte Sprache bei der Umsetzung seiner Leistungspflicht anzuwenden, sofern hierfür sachlich gerechtfertigte Gründe vorliegen. Das Gleiche gilt, wenn Kraft einer betrieblichen Übung die Sprache festgelegt wurde. Sofern eine Sprache kraft Direktionsrecht des Arbeitgebers oder durch eine betriebliche Übung festgelegt wurde, muss der Arbeitgeber aufgrund seiner Rücksichtnahmepflicht, z. B. durch Sprachkurse ermöglichen, dass Arbeitnehmer, die der Sprache nicht ausreichend mächtig sind, die Sprache erlernen.

Hinsichtlich der Unterrichtung i.S.d. § 613a Abs. 5 BGB gibt es keine gesetzliche Regelung die vorschreibt, auf welcher Sprache die Unterrichtung über einen Betriebsübergang erfolgen soll. Die teleologische Auslegung des § 613a Abs. 5 BGB ergibt jedoch, dass für die Unterrichtung die deutsche Sprache anzuwenden ist, und zwar auch gegenüber ausländischen Arbeitnehmern. Der Arbeitgeber muss aber dennoch aufgrund seiner Rücksichtnahmepflicht die Unterrichtung über den Betriebsübergang i.S.d. § 613a Abs. 5 BGB in eine vom Arbeitnehmer verständlichen Sprache übersetzen.

D. Die Sprache und die Kommunikation vor, bei und nach Beendigung eines Arbeitsverhältnisses

I. Einleitung

Nicht nur bei der Begründung oder der Durchführung eines Arbeitsverhältnisses ist die Sprache und die Kommunikation von Bedeutung, sondern auch vor, bei und nach der Beendigung eines Arbeitsverhältnisses. Vor der Beendigung eines Arbeitsverhältnisses sind die Sprache und die Kommunikation bei Ausspruch einer Abmahnung oder einer Kündigung gegenüber einem sprachunkundigen Arbeitnehmer von Relevanz. Die Frage, wer die Kommunikation bei Beendigung eines Arbeitsverhältnisses zu gewährleisten hat, wird beim Abschluss einer Aufhebungsvereinbarung zu untersuchen sein, genau wie die Frage nach der Sprache eines Aufhebungsvertrages. Nach der Beendigung eines Arbeitsverhältnisses, also nach Ausspruch einer Kündigung stellt sich die Frage nach der Sprache einer Abwicklungsvereinbarung oder einer Ausgleichsquittung bzw. ob der Arbeitgeber dafür Sorge tragen muss, dass der Arbeitnehmer diese inhaltlich versteht. Schließlich stellt sich sodann die Frage nach der Sprache eines Arbeitsvertrages i.S.d. § 109 GewO und ob Arbeitnehmer von ihren Arbeitgebern verlangen können, dass deutschsprachige Arbeitszeugnisse in eine andere Sprache übersetzt werden.

Nicht zu untersuchen ist nachfolgend die Frage, ob eine wegen mangelnder Sprachkenntnisse ausgesprochene Kündigung im und außerhalb des Anwendungsbereichs des KSchG und unter Verstoß gegen §§ 7 Abs. 1, 1, 3 Abs. 2 AGG sozialwidrig i.S.d. § 1 Abs. 1 KSchG oder nach § 134 BGB unwirksam ist, trotz § 2 Abs. 4 AGG. Es besteht nämlich Einvernehmen in der Rspr.[328] und in der

---

328 LAG Köln, Urteil v. 14.03.2019 – 6 Sa 489/18; BAG 19.12.2013, NZA 2014, 372; 26.03.2015, NZA 2015, 734; BAG 06.11.2008 AP Nr. 182 zu § 1 KSchG 1969 Betriebsbedingte Kündigung = NZA 2009, 361; ebenso BAG 05.11.2009 AP Nr. 183 zu § 1

Literatur[329], dass Verstöße gegen das AGG im Rahmen der Überprüfung einer Kündigung ausnahmelos zu beachten sind, d. h. dass eine wegen mangelnder Sprachkenntnisse ausgesprochene Kündigung eine mittelbare Diskriminierung i.S.d. § 3 Abs. 2 AGG darstellt und zur Unwirksamkeit einer Kündigung führt, wenn die Sprachanforderung des Arbeitgebers nicht durch ein rechtmäßiges Ziel sachlich gerechtfertigt ist und die Mittel zur Erreichung des Ziels angemessen und erforderlich sind.[330]

1. Die Sprache einer Abmahnung und die Kommunikation beim Ausspruch einer Abmahnung gegenüber einem sprachunkundigen Arbeitnehmer/Abmahnung wegen fehlenden oder mangelnden Sprachkenntnissen

a. Allgemeines

Der Grundsatz der Verhältnismäßigkeit gebietet es, vor Ausspruch einer Kündigung grundsätzlich den Arbeitnehmer mithilfe einer Abmahnung auf ein etwaiges Fehlverhalten hinzuweisen, weil das Kündigungsrecht das letzte, äußerste Mittel des Arbeitsrechts ist. Von ihm soll nur dann Gebrauch gemacht werden, wenn alle anderen Rechtsbehelfe erschöpft sind.[331] Die Kündigung des Arbeitnehmers aus verhaltensbedingten Gründen ist daher grundsätzlich nur nach vorausgegangener Abmahnung wirksam.[332] Die Abmahnung ist eine Rüge des Arbeitgebers, mit der er in einer für den Arbeitnehmer hinreichend deutlich erkennbaren Art und Weise Fehlverhalten beanstandet und androht, im Wiederholungsfall die Fortsetzung des Arbeitsverhältnisses infrage zu stellen.[333]

KSchG 1969 Betriebsbedingte Kündigung = NZA 2010, 457; BAG 12.12.2013 AP Nr. 17 zu § 15 AGG = NZA 2014, 722; 05.11.2009 AP Nr. 183 zu § 1 KSchG 1969 Betriebsbedingte Kündigung = NZA 2010, 457; 06.11.2008 AP Nr. 182 zu § 1 KSchG 1969 Betriebsbedingte Kündigung = NZA 2009, 361; Bayreuther, NZA 2008, 986 m.w.Nachw.; Lingemann, FD-ArbR 2009, 278338.

329 Willemsen/Schweibert NJW 2006, 2583 m.w.Nachw.

330 BAG, NZA 2009, 361; Günther, ArbRAktuell 2010, 285 m.w.Nachw.

331 Schaub, NJW 1990, 872.

332 BAG 21.11.1985 – 2 AZR 21/85 – AP § 1 KSchG 1969 Nr. 12 = NZA 1986, 713; BAG 18.11.1986 – 7 AZR 674/84 – AP § 1 KSchG Verhaltensbedingte Kündigung Nr. 17 = NZA 1987, 418; BAG 19.12.1980 – 7 AZR 775/78 – juris; Hessisches LAG 15.11.1999 – 11 Sa 2570/98 – juris; LAG Hamm 10.05.1983 – 11 Sa 1462/82 – ZIP 1983, 985.

333 BAG AP Nr. 3 zu § 1 KSchG 1969, Verhaltensbedingte Kündigung.

b. Keine gesetzliche Festlegung der Sprache einer Abmahnung

Hinsichtlich der Frage, auf welcher Sprache eine Abmahnung zu erfolgen hat, lässt sich aus dem Gesetz keine Vorgabe ableiten. Anders als bei der Kündigungserklärung ist auch keine bestimmte Form (Text- oder Schriftform) notwendige Voraussetzung für den Ausspruch einer Abmahnung.[334] Es reicht daher, wenn die Abmahnung mündlich vom Arbeitgeber gegenüber dem Arbeitnehmer ausgesprochen wird.[335] Wegen der Beweislast des Arbeitgebers für die Wirksamkeit einer Abmahnung bzw. für das Vorliegen der zuvor genannten formalen Anforderungen in einem Kündigungsschutzprozess, erfolgt die Abmahnung in der Praxis jedoch fast immer in Schriftform.

c. Der Zugang einer Abmahnung gegenüber einem sprachunkundigen Arbeitnehmer, insbesondere seine Verständnismöglichkeiten

Die Abmahnung ist eine geschäftsähnliche Handlung, auf welche die gesetzlichen Regelungen der Willenserklärung analog anzuwenden sind.[336] Daher muss eine schriftliche Abmahnung dem betroffenen Arbeitnehmer gemäß § 130 Abs. 1 BGB analog zugehen. Allgemein ist es für den Zugang einer Willenserklärung ausreichend, wenn sich der Empfänger unter gewöhnlichen Verhältnissen Kenntnis von deren Inhalt verschaffen kann. Unerheblich ist, ob er diese Kenntnis tatsächlich erlangt hat, d. h. es ist nicht die Kenntnisnahme selbst, sondern die Möglichkeit der Kenntnisnahme dazu entscheidend.[337] Individuelle Hindernisse der Kenntnisnahme, die ihre Ursache in der Sphäre des Empfängers haben und mit denen der Erklärende nicht zu rechnen braucht, bleiben dabei unberücksichtigt. Fehlende Sprachkenntnisse, um den Inhalt der Abmahnung zur Kenntnis zu nehmen, stellen solche individuelle Kenntnisnahme-Hindernisse dar.[338] Folglich würde eine schriftliche Abmahnung einem nicht ausreichend deutschsprachigen Arbeitnehmer zugehen, selbst wenn dieser die Abmahnung nicht versteht. Bei der Abmahnung stellt sich jedoch das Problem, ob nicht angesichts der Hinweis- und Warnunktion der Abmahnung, Beanstandung vertragswidrigen Verhaltens und Aufforderung zu vertragsgerechtem Verhalten ggf. im Vorfeld von Kündigungsmaßnahmen zu verlangen ist, dass der Arbeitnehmer, insbesondere ein sprachunkundiger Arbeitnehmer über den Zugang hinaus

---

334 MüKo zum ArbR, KSchG, § 1, Rn. 203.
335 Hümmerich/Boecken/Düwell, KSchG, § 1, Rn. 318.
336 BAG NJW 1993, 154, 156 m.w.Nachw.
337 Musielak, BGB, § 130, Rn. 73.
338 Brox, BGB, § 130, Rn. 7.

tatsächliche Kenntnis von Bedeutung und Inhalt der Abmahnung erlangen muss; denn nur dann könnte sichergestellt sein, dass die vorgenannte Hinweis- und Warnfunktion erfüllt werden kann.[339] Deshalb würde auch der Zweck der Abmahnung ins Leere laufen, wenn dem sprachunkundigen Arbeitnehmer sein Fehlverhalten nicht klar vor Augen geführt und zwar in der Sprache des Arbeitnehmers verständlich gemacht wird. Eine Abmahnung dient zudem der Verwirklichung des Leistungsinteresses des Arbeitgebers und ist somit als leistungssichernde Maßnahme zu qualifizieren. In diesem Fall besteht nach höchstrichterlicher Rechtsprechung die Pflicht des Arbeitgebers eine Abmahnung kraft seiner Rücksichtnahmepflicht in die/eine (Mutter-)Sprache des Arbeitgebers übersetzen zu lassen. Diese Annahme ist richtig, weil aufgrund der Rüge- und Hinweisfunktion der Abmahnung, der Arbeitgeber ein Interesse daran hat, dass der Arbeitnehmer zukünftig seine Pflichten einhält. Zur Sicherstellung dieser Pflichten hat der Arbeitgeber aufgrund seiner leistungssichernden Nebenpflicht die Pflicht, eine Abmahnung gegenüber dem Arbeitnehmer sprachlich verständlich zu machen. Die Einhaltung der Pflichten dient zudem auch ihm. Eine schriftliche Abmahnung geht dem betroffenen Arbeitnehmer gemäß § 130 Abs. 1 BGB analog nur dann zu, wenn diese in einer für den Arbeitnehmer verständlichen Sprache verfasst wird.

d. Abmahnung wegen fehlenden oder mangelnden Sprachkenntnissen

Vor Ausspruch einer Kündigung ist jedoch zunächst eine Abmahnung auszusprechen, wenn der Arbeitnehmer sich schlicht weigert, die vereinbarte oder für seine Tätigkeit vorausgesetzte Sprache anzuwenden. Sofern keine bestimmte Sprache im Arbeitsvertrag vereinbart wurde und sich im Laufe des Arbeitsverhältnisses die Sprache für die Erbringung der Arbeitsleistung ändert und der Arbeitgeber die Sprache dann konkret festlegt, stellt sich zunächst die Frage, ob der Arbeitnehmer die nunmehr vorgegebene Sprache überhaupt erlernen kann. Sofern nicht, kann die Nichtanwendung der geforderten Sprache nicht abgemahnt werden, da ein in der Person liegender Eignungsmangel vorliegt. Sofern der Arbeitnehmer die geforderte Sprache erlernen kann, so darf der Arbeitgeber die/den Arbeitnehmer zum einen abmahnen, wenn der Arbeitnehmer das Erlernen der Sprache auf Kosten des Arbeitgebers ablehnt, oder zum anderen, wenn der Arbeitnehmer die vom Arbeitgeber geforderte Sprache erlernt, aber nicht anwendet. Der Arbeitgeber ist nämlich gemäß § 241 Abs. 2 BGB zur

339 So Moll, RdA, 2001, 308; BAG, AP Nr. 12 KSchG 1969 zu § 1 KSchG 1969, Verhaltensbedingte Kündigung.

Verwirklichung seines Leistungsinteresses zu leistungssichernden Maßnahmen verpflichtet[340]. Dies bedeutet, dass der Arbeitgeber verpflichtet ist, die Voraussetzungen für die Durchführung des Arbeitsvertrages zu schaffen, Erfüllungshindernisse nicht entstehen zu lassen oder zu beseitigen und dem anderen Teil den angestrebten Leistungserfolg zukommen zu lassen[341]. Sofern der Arbeitgeber die Verwendung der deutschen Sprache bei der Erbringung der Arbeitsleistung von einem (ausländischen) nicht ausreichend deutschsprechenden Arbeitnehmer in einem Arbeitsverhältnis verlangt, ist dieser verpflichtet, dafür Sorge zu tragen, dass sofern der Arbeitnehmer nicht über ausreichende Sprachkenntnisse verfügt, sich diese auf Kosten des Arbeitgebers aneignet[342], z. B. durch die Teilnahme an (internen oder externen) Sprachkursen, oder durch Übersetzungen.

e. Ergebnis

Die Sprache einer Abmahnung ist gesetzlich nicht festgelegt.

Eine dem nicht-deutschsprachigen Arbeitnehmer schriftlich erteilte Abmahnung geht diesem i.S.d. § 130 Abs. 1 Satz 1 BGB nur dann zu, wenn dieser Kenntnis vom Inhalt der Abmahnung erlangt kann. Also wenn die Abmahnung in einer für den Arbeitnehmer verständlichen Sprache abgefasst ist. Der Arbeitnehmer kann wegen fehlender oder mangelnder Sprachkenntnisse nur dann abgemahnt werden, wenn der Arbeitnehmer zur Verwendung einer bestimmten Sprache bei der Erbringung seiner Arbeitsleistung verpflichtet ist, diese jedoch nicht auf Kosten des Arbeitgebers lernen oder nach dem Erlernen nicht anwenden möchte.

2. Die Sprache einer Kündigungserklärung und die Kommunikation bei Ausspruch einer Kündigung gegenüber einem sprachunkundigen Arbeitnehmer

Sofern für den Arbeitgeber als letztes Mittel nur noch die Kündigung des Arbeitsverhältnisses mit dem Arbeitnehmer in Betracht kommt, stellt sich die Frage, ob eine gegenüber dem ausländischen Arbeitnehmer erklärte auf Deutsch abgefasste Kündigungserklärung, die er nicht oder nur eingeschränkt versteht,

340 BAG, NZA 2017, 740; BAGE 132, 72 = NZA 2010, 220; BGH, NJW 2012, NJW 2012, 2184 Rn. 23.

341 BAG, NZA 2017, 740; BAGE 132, 72 = NZA 2010, 220; BGH, NJW 2012, NJW 2012, 2184 Rn. 23.

342 BAG, NZA 2017, 740.

wirksam sein kann bzw. dem sprachunkundigen Arbeitnehmer überhaupt zugehen kann.

a. Keine Festlegung der Sprache einer Kündigungserklärung in § 623 BGB

Die Beendigung eines Arbeitsverhältnisses durch eine ordentliche oder außerordentliche Kündigung bedarf gem. § 623 BGB zu ihrer Wirksamkeit der Schriftform i.S.d. § 126 Abs. 1 BGB, d. h. dass die Kündigungserklärung in einer Urkunde enthalten sein soll und vom Aussteller eigenhändig durch Namensunterschrift unterzeichnet werden muss. In welcher Sprache die in Schriftform abzufassende Kündigung erklärt werden muss, ist nicht in den beiden Vorschriften festgelegt, so dass eine Kündigung grundsätzlich in jeder lebenden und toten Sprache abgefasst sein kann, sofern der Inhalt im Wege der Übersetzung allgemein verständlich gemacht werden kann.[343] Trotz einer fehlenden gesetzlichen Vorgabe zur Sprache einer Kündigung wird die Kündigung in Deutschland grundsätzlich auf Deutsch abgefasst.

b. Die Kommunikation bei Ausspruch einer Kündigung

aa. Problemstellung

Da es sich bei der gem. § 623 BGB in Schriftform zu erklärenden Kündigung um eine einseitige empfangsbedürftige Willenserklärung handelt, ist für die Wirksamkeit der Kündigungserklärung der schriftliche Zugang der Kündigung beim Empfänger i.S.d. § 130 Abs. 1 BGB erforderlich. Fraglich ist, zu welchem Zeitpunkt eine deutschsprachige Kündigungserklärung gegenüber einem ausländischen Arbeitnehmer zugeht bzw. ob der Zugang der Kündigungserklärung erst dann eintritt, wenn der ausländische Arbeitnehmer Kenntnis vom Inhalt der Erklärung erhält. Die Frage des Zugangseintritts ist nicht nur deswegen von Interesse für einen (ausländischen) Arbeitnehmer, damit dieser von der wohlmöglichen Beendigung seines Arbeitsverhältnisses Kenntnis erlangt, sondern auch wegen der Klagefrist der § 4 KSchG von großer Bedeutung. Denn wenn der Arbeitnehmer, z. B. geltend machen will, dass eine Kündigung i.S.d. § 1 Abs. 2 KSchG sozial ungerechtfertigt ist oder aus anderen Gründen rechtsunwirksam ist, so muss er innerhalb von drei Wochen nach Zugang der schriftlichen Kündigungserklärung beim Arbeitsgericht Klage auf Feststellung erheben, dass das Arbeitsverhältnis durch die Kündigung nicht aufgelöst worden ist.

343 Palandt, BGB, § 126, Rn. 2; Däubler, BGB, § 623, Rn. 28.

bb. Kenntniserlangung des ausländischen Arbeitnehmers über den Inhalt der Kündigungserklärung als weitere Zugangsvoraussetzung i.S.d. § 130 Abs. 1 BGB

Wie beim Abschluss eines schriftlichen Arbeitsvertrages oder beim Zugang einer schriftlichen Abmahnung müssen für den Zugang i.S.d. § 130 Abs. 1 Satz 1 BGB (unter Abwesenden) einer Kündigungserklärung zwei Voraussetzungen erfüllt sein[344]: Das Schreiben muss in verkehrsüblicher Art in die tatsächliche Verfügungsgewalt des Empfängers oder eines empfangsberechtigten Dritten gelangen und für den Empfänger muss unter gewöhnlichen Umständen eine Kenntnisnahme zu erwarten sein. Soweit die Kenntnisnahme nach der Verkehrsanschauung zu erwarten ist, genügt somit bereits die Möglichkeit der Kenntnisnahme von dem Inhalt der Erklärung für den Zugang. Dabei ist es für den Zugang ebenfalls unerheblich, wann der Empfänger die Erklärung tatsächlich zur Kenntnis genommen hat und ob er daran durch besondere Umstände zunächst gehindert war.[345] Daraus lässt sich entnehmen, dass § 130 BGB vor dem Hintergrund, dass die Kündigungserklärung als Gestaltungserklärung bei ihrer Wirksamkeit die Rechtslage aus sich heraus umgestaltet. Wenn aber die Parteien eines Arbeitsvertrages die gesetzliche Möglichkeit haben, privatautonom das Arbeitsverhältnis aufzulösen und zu beenden, so sind ausschließlich objektive Gesichtspunkte heranzuziehen, um die Rechtslage, möglicherweise im Nachhinein zu beurteilen. Individuelle Gesichtspunkte wie die Ausgestaltung des Kündigungsschreibens, die Schriftgestaltung oder die Sprachkenntnisse des Erklärungsempfängers können dann keine Rolle spielen. Auch der Gesichtspunkt der leistungssichernden Nebenpflicht aus § 241 Abs. 2 BGB tritt in den Hintergrund, weil der Erklärende gerade mit einer Kündigungserklärung deutlich machen will, dass er den Leistungsaustausch in einem Arbeitsverhältnis zu einem bestimmten Zeitpunkt nicht mehr fortsetzen will.

Dabei ist die Sprachunkundigkeit des ausländischen Arbeitnehmers für den Zugang der Kündigungserklärung somit irrelevant, d. h. die Sprachunkenntnis kann nicht dazu führen, dass der Zugang der Kündigungserklärung verzögert wird bis der Arbeitnehmer, z. B. durch eine Übersetzung Kenntnis von der Tatsache der Kündigungserklärung erhält.[346] Bei einer Sprachunkenntnis handelt es sich um einen individuellen Umstand, der im Risikobereich des Adressaten

---

344 BAG, NZA 2019, 1490 BAG 22.03.2012 EzA KSchG § 5 Nr. 41; Erfurter-KO, BGB, § 620, Rn. 53 m.w.Nachw.

345 NZA 2019, 1490; BAG NZA 1984, 31 = NJW 1984, 1651.

346 Ladas, S. 161; a.A. Däubler AiB 2000, 81.

liegt.[347] Der sprachunkundige Arbeitnehmer muss sich demnach um eine Übersetzung der Kündigungserklärung bemühen, wenn er den Inhalt der Kündigungserklärung nicht versteht.[348] Denn bei einer Kündigung muss der Arbeitgeber auch nicht aufgrund seiner Rücksichtnahmepflicht zur Übersetzung der Kündigung verpflichtet sein. Anders als beim Arbeitsvertrag stellt die Kündigung eine Willenserklärung dar, die auf die Beendigung des Arbeitsverhältnisses gerichtet ist. Die Leistung des Arbeitnehmers soll gerade nicht mehr abgerufen werden, so dass der Arbeitgeber auch nicht mehr zu leistungssichernden Maßnahmen verpflichtet ist. Eine Benachteiligung des Arbeitnehmers nach Art. 3 Abs. 3 GG lässt sich hieraus auch nicht ableiten, da der Arbeitnehmer bei Verstreichen der Frist des § 4 KSchG einen Antrag auf nachträgliche Zulassung seiner Kündigungsschutzklage stellen kann, vgl. hierzu § 5 KSchG. Nur so lässt sich auch der Zeitpunkt des Zugangs einer schriftlichen Kündigungserklärung bestimmen, der für den Beginn der Klagefrist des § 4 KSchG von Bedeutung ist.

Die Ausführungen gelten auch dann, wenn die Kündigungserklärung dem Arbeitnehmer persönlich, z. B. am Arbeitsplatz übergeben wird. Bei einer solchen verkörperten Willenserklärung unter Anwesenden geht die Willenserklärung zu, wenn sie durch Übergabe in den Herrschaftsbereich des Empfängers gelangt ist, also wenn die Kündigungserklärung dem Arbeitnehmer übergeben wird.[349]

Der Arbeitnehmer ist somit im eigenen Interesse angehalten und verpflichtet, das Kündigungsschreiben unverzüglich nach Erhalt übersetzen zu lassen, damit er Kenntnis vom Inhalt des Kündigungsschreibens nehmen kann. Falls er die Klagefrist des § 4 KSchG versäumt, weil er aufgrund seiner Sprachunkenntnis vom Inhalt der Kündigung keine Kenntnis nehmen konnte, so bleibt ihm noch die Möglichkeit eines Antrags auf nachträgliche Zulassung einer Klage nach § 5 KSchG.[350]

c. Ergebnis

Im Ergebnis bleibt somit festzuhalten, dass keine gesetzlichen Vorgaben zur Sprache einer Kündigung existieren und eine schriftliche Kündigungserklärung dem sprachunkundigen Arbeitnehmer gemäß § 130 Abs. 1 Satz 1BGB zugeht,

---

347 LAG Düsseldorf Urteil vom 15.06.1982 – 8 Sa 657/82; Becker-Schaffner, BB 1998, 422.

348 Herschel/Löwisch, KSchG, § 4, Rn. 34.

349 BAG 04.11.2004 NZA 2005, 513; Erfurter-KO, BGB, § 620, Rn. 58.

350 So auch Däubler, KSchG, § 5, Rn. 28; LAG Hamm 24.03.1988 – 8 Ta 35/88, MDR 1988, 603; LAG Köln 12.12.1996 – 11 Ta 228/96, ARSt 1997, 265; KR/Friedrich, § 5 Rn. 58.

wenn der Arbeitnehmer die Möglichkeit der Kenntnisnahme von dem Inhalt der Erklärung erhält, unabhängig von etwaigen Sprachschwierigkeiten des Arbeitnehmers.

3. *Die Sprache einer Aufhebungsvereinbarung und die Kommunikation beim Abschluss einer Aufhebungsvereinbarung mit einem sprachunkundigen Arbeitnehmer*

Anstatt eine Kündigung des Arbeitsverhältnisses zu erklären, können sich Arbeitgeber oder Arbeitnehmer auch einvernehmlich mittels einer Aufhebungsvereinbarung über die Beendigung eines Arbeitsverhältnisses einigen. Fraglich ist in einem solchen Fall, ob eine Aufhebungsvereinbarung in einer bestimmten Sprache zu schließen ist und ob der Arbeitgeber den Kommunikationserfolg beim Abschluss einer Aufhebungsvereinbarung zu tragen hat, wenn zwischen einem Arbeitgeber und einem sprachunkundigen Arbeitnehmer eine solche Vereinbarung abgeschlossen werden soll.

a. *Keine Festlegung der Sprache einer Aufhebungsvereinbarung in § 623 BGB*

Neben der Beendigung eines Arbeitsverhältnisses durch eine Kündigung bedarf auch der Abschluss einer Aufhebungsvereinbarung gem. § 623 BGB der Schriftform BGB i.S.d. § 126 Abs. 1 BGB. Wie zuvor bei der Sprache der Kündigungserklärung dargelegt, kann dem Schriftformerfordernis des § 126 Abs. 1 BGB grundsätzlich in jeder lebenden und toten Sprache Rechnung getragen werden, sofern der Inhalt im Wege der Übersetzung allgemein verständlich gemacht werden kann.[351] Im Ergebnis besteht demnach bei der Aufhebungsvereinbarung keine gesetzliche Regelung, die eine bestimmte Abfassung beim Inhalt einer solchen Vereinbarung vorschreibt. Die Parteien können daher im Rahmen ihrer Vertragsfreiheit über die Sprache einer Aufhebungsvereinbarung frei wählen.

b. *Die Übersetzungspflicht des Arbeitgebers beim Abschluss einer Aufhebungsvereinbarung*

Sofern sich Arbeitgeber und (ausländischer) Arbeitnehmer darauf einigen möchten, das Arbeitsverhältnis einvernehmlich zu beenden, z. B. um eine Kündigungserklärung des Arbeitgebers zu vermeiden, besteht die Gefahr, dass ein sprachunkundiger Arbeitnehmer den Inhalt einer Aufhebungsvereinbarung

---

351 Palandt, BGB, § 126, Rn. 2; Däubler, BGB, § 623, Rn. 28.

sprachlich nicht (richtig) erfassen konnte. Aufgrund dessen, dass ein Aufhebungsvertrag zu seiner Wirksamkeit der Schriftform i.S.d. § 126 Abs. 1 BGB bedarf, wird das einem ausländischen Arbeitnehmer unterbreitete Angebot zur einvernehmlichen Beendigung eines Arbeitsvertrags nur wirksam, wenn es diesem gem. § 130 Abs. 1 Satz 1 BGB ordnungsgemäß zugeht, wobei es nicht auf die tatsächliche Kenntnis des Inhalts ankommt.[352] Fraglich ist in einem solchen Fall, ob dem sprachunkundigen Arbeitnehmer ein Aufhebungsvertrag vom Arbeitgeber auch dann zugeht, wenn dieser den Inhalt der Aufhebungsvereinbarung nicht versteht.

Ein Teil der Lehre und der Rechtsprechung ist der Ansicht[353], dass der Arbeitgeber aufgrund seiner Rücksichtnahmepflicht verpflichtet sei, dem Sprachunkundigen einen Aufhebungsvertrag in dessen Muttersprache oder in einer für ihn verständlichen Sprache vorzulegen, da auch der Zugang und somit die Wirksamkeit des Aufhebungsvertrages vom Verstehen bzw. Verstehen können des ausländischen Arbeitnehmers abhängen soll. Dies wird u. a. damit begründet, dass sich der Arbeitnehmer bei Unterzeichnung eines Aufhebungsvertrags bestimmter Rechte begebe und dass sich dies nur dann mit der Rücksichtnahmepflicht des Arbeitgebers vereinbaren lasse, wenn auch ein nicht hinreichend sprachkundiger Arbeitnehmer wisse, was er unterschreibe. Dies würde das Gebot des fairen Verhandelns gebieten, welches sich aus der Rücksichtnahmepflicht des Arbeitgebers ableiten lässt.[354] Dem ist zuzustimmen.[355]

Für eine Übersetzungspflicht des Arbeitgebers, begründet durch das Gebot des fairen Verhandelns, dem Arbeitnehmer gegenüber, spricht, dass mit der Aufhebung des Arbeitsvertrages Regelungen getroffen werden sollen, die in den wirtschaftlichen Interessen beider Parteien liegen sollten. Wie eine Aufhebungsvereinbarung (günstig oder nachteilig) verhandelt und am Ende abgeschlossen wird, ist auch von dem sprachlichen Verständnis der Vertragsparteien abhängig. Sofern der Arbeitnehmer nicht über ausreichende Sprachkenntnisse verfügt, um den Aufhebungsvertrag zu verstehen, fehlt es an einer fairen Grundlage für die Verhandlungen über die Inhalte. Ein Arbeitnehmer wird gem. Art. 3 Abs. 3 Satz 1 GG benachteiligt, wenn er keine Übersetzung des Aufhebungsvertrages

---

352 BAG, NZA 2019, 688; BAG NZA 2005, 513.

353 Becker/Braasch, Rn. 156; Jancke, Das Sprachrisiko des ausländischen Arbeitnehmers im Arbeitsrecht, S. 262. Bengelsdorf, Aufhebungsvertrag und Abfindungsvereinbarungen, S. 72 f.; BAG, NZA 2019, 688.

354 BAG, NZA 2019, 688.

355 So auch LAG Hamm, BB 1976, 553; Herbert/Oberrath DB 2010, 391, 394.

unterschreibt. Insofern kommt somit auch kein wirksamer Aufhebungsvertrag zu Stande, selbst wenn der sprachunkundige Arbeitnehmer den Aufhebungsvertrag unterschreibt.

c. Ergebnis

Im Ergebnis ist daher festzustellen, dass zwar keine gesetzliche Vorgabe zur Sprache eines Aufhebungsvertrages besteht. Nach dem Gebot des fairen Verhandelns hat der Arbeitgeber aber die Pflicht einen Aufhebungsvertrag in eine für den Arbeitnehmer verständlichen Sprache zu übersetzen, damit dieser dem Arbeitnehmer zugeht.

4. Die Sprache eines Abwicklungsvertrages und die Kommunikation beim Abschluss eines Abwicklungsvertrages mit einem sprachunkundigen Arbeitnehmer

a. Allgemeines

Ein Abwicklungsvertrag unterscheidet sich vom Aufhebungsvertrag dadurch, dass er das Arbeitsverhältnis selbst nicht beendet, sondern lediglich Folgefragen regelt, die aus einer vorhergehenden – regelmäßig, aber nicht notwendig ordentlichen personen- oder betriebsbedingten – arbeitgeberseitigen Kündigung resultieren.[356] Deswegen kann ein Abwicklungsvertrag im Gegensatz zu einer Aufhebungsvereinbarung, auch formfrei geschlossen werden. Ein Abwicklungsvertrag unterliegt nämlich nicht dem Schriftformerfordernis des § 623 BGB.[357] Dennoch wird ein Abwicklungsvertrag – wie ein Aufhebungsvertrag – in der Regel immer schriftlich geschlossen, damit im Bestreitensfall einer Partei notfalls vor Gericht der Beweis geführt werden kann, dass die Abwicklung eines Arbeitsverhältnisses einvernehmlich geregelt wurde.

b. Keine gesetzliche Festlegung der Sprache eines Abwicklungsvertrages

Im Gesetz ist zum einen nicht geregelt, dass ein Abwicklungsvertrag bestimmten Formerfordernissen unterliegt, sondern es fehlt zum anderen auch keine gesetzliche Regelung zur Verwendung einer bestimmten Sprache bei der Abfassung eines solchen Vertrages, z. B. bei der Verwendung gegenüber einem sprachunkundigen

---

356 Hümmerich NZA 1994, 200 ff.; ders. NZA 1994, 833 f.; ders. ArbuR 1994, 256 ff.

357 Bauer, NZA 2002, 169, 170; Hümmerich, NZA 2001, 1280, 1281; Preis/Gotthardt, NZA 2000, 348, 354; a.A. Richardi NZA 2001, 57, 61 und Schaub NZA 2000, 344, 347.

Arbeitnehmer. Danach kann ein Abwicklungsvertrag genauso wie ein Aufhebungsvertrag in jeder erdenklichen Sprache abgefasst sein.

c. Die Übersetzungspflicht des Arbeitgebers beim Abschluss eines Abwicklungsvertrages

Wie beim Aufhebungsvertrag ist die Wirksamkeit eines Abwicklungsvertrages davon abhängig, dass der Arbeitgeber den Abwicklungsvertrag für einen sprachunkundigen Arbeitnehmer übersetzt.[358] Eine solche Pflicht kann ebenfalls aus dem Gebot des fairen Verhandelns, so wie beim Aufhebungsvertrag, abgeleitet werden. Das Gebot des fairen Verhandelns gebietet es, dass der Arbeitgeber dafür Sorge trägt, dass der Arbeitnehmer, die Inhalte des Abwicklungsvertrages sprachlich und inhaltlich versteht.

c. Ergebnis

Die Sprache eines Abwicklungsvertrages ist frei zwischen Arbeitgeber und Arbeitnehmer vereinbar. Es besteht nämlich keine gesetzliche Vorgabe zur Sprache eines Abwicklungsvertrages. Der Arbeitgeber hat beim Abschluss eines Abwicklungsvertrages, diesen zu übersetzen, wenn er mit einem sprachunkundigen Arbeitnehmer einen Abwicklungsvertrag schließen möchte. Das Gebot des fairen Verhandelns gebietet dies.

5. Die Sprache einer Ausgleichsquittung und die Kommunikation beim Abschluss einer Ausgleichsquittung mit einem sprachunkundigen Arbeitnehmer

a. Allgemeines

Mit Beendigung des Arbeitsverhältnisses sind auf beiden Seiten Unterlagen (Lohnsteuerkarte etc.) und Gegenstände (Arbeitsmittel, Schutzkleidung) zurückzugeben.[359] Hierfür und für den Erhalt weiterer Schriftstücke, etwa ein Zeugnis, wird regelmäßig eine Quittung erteilt. In einer solchen sog. Ausgleichsquittung wird oft darüber hinaus festgehalten, dass keine beiderseitigen Ansprüche zwischen Arbeitnehmer und Arbeitgeber mehr bestehen.[360] In einer Ausgleichsquittung kann im Übrigen auch auf die Erhebung oder Fortführung einer Kündigungsschutzklage verzichtet werden.[361]

---

358 Moll/Reichel, RdA 2001, 317.

359 Däubler, BGB, § 611, Rn. 631.

360 Preis/Bleser/Rauf DB 2006, 2812.

361 BAG DB 1969; Schaub, Arbeitsrechts-Handbuch, § 72, Rn. 7.

b. *Rechtsnatur einer Ausgleichsquittung*

Bei einer Ausgleichsquittung, bei der sich Arbeitgeber und Arbeitnehmer gegenseitig erklären, dass keine Ansprüche aus dem Arbeitsverhältnis mehr bestehen, handelt es sich um einen Erlassvertrag i.S.d. § 397 Abs. 1 BGB oder ein negatives Schuldanerkenntnis i.S.d. § 397 Abs. 2 BGB.[362] Arbeitgeber und Arbeitnehmer schließen hierzu einen Vertrag des Inhalts miteinander, dass zwischen ihnen keine Ansprüche mehr bestehen sollen.[363]

c. *Formerfordernisse beim Abschluss einer Ausgleichsquittung*

Der Abschluss eines solchen Vertrages ist dabei formlos möglich, wird aber in der Praxis häufig zu Beweiszwecken dennoch schriftlich geschlossen.[364] Der Schriftform unterliegen Ausgleichsquittungen nach jüngster Rechtsprechung[365] jedoch, wenn eine Ausgleichsquittung eine Klageverzichtsvereinbarung enthält, die in unmittelbarem zeitlichem und sachlichem Zusammenhang mit dem Ausspruch einer Kündigung getroffen werden, da in einem solchen Fall tatsächlich auch „Auflösungsverträge" i.S.d. § 623 BGB vorliegen und demnach diese der Schriftform bedürfen.

d. *Keine gesetzliche Festlegung der Sprache einer Ausgleichsquittung*

Die Sprache einer Ausgleichsquittung ist gesetzlich nicht festgelegt, so dass eine solche Vereinbarung grundsätzlich in jeder erdenklichen Sprache erstellt werden kann.

e. *Die Übersetzungspflicht des Arbeitgebers beim Abschluss einer Ausgleichsquittung*

Wie dargelegt kann es sich bei einer Ausgleichsquittung um einen Erlassvertrag oder um ein negatives Schuldanerkenntnis handeln. Unabhängig davon, welcher Vertragstypus vorliegt, wird bei einer Ausgleichsquittung grundsätzlich ein Vertrag zwischen Arbeitgeber und einem Arbeitnehmer geschlossen, so wie ein Aufhebungsvertrag oder Abwicklungsvertrag. Es stellt sich beim Abschluss einer solchen Ausgleichsquittung – wie bei einer Aufhebungs- oder Abwicklungsvereinbarung – die Frage, unter welchen Voraussetzungen ein solcher

---

362 Erfurter-KO, § 611 BGB Rn. 402; Moll, Münchener Anwaltshandbuch, Arbeitsrecht, § 52, Rn. 16; Vogler, DB 1966, 1689.

363 Schulze/Grziwotz/Lauda, BGB, § 397, Rn. 15.

364 Palandt/Grüneberg Rn. 10 m.w.Nachw.

365 BAG, NZA 2007, 1227.

Vertrag wirksam mit einem sprachunkundigen Arbeitnehmer abgeschlossen werden kann.

Zum Teil wird im Schrifttum die Auffassung[366] vertreten, dass eine Ausgleichquittung unwirksam ist, wenn der Arbeitnehmer aufgrund seiner fehlenden Sprachkenntnisse nicht die Möglichkeit hat von dem Inhalt der Erklärung Kenntnis zu nehmen. Der Arbeitgeber sei demnach verpflichtet die Ausgleichsquittung zu übersetzen, damit diese dem Arbeitnehmer überhaupt zugehen kann. Dies resultiere daraus, dass der Text in der Ausgleichsquittung in der Regel so kompliziert und bisweilen spitzfindig formuliert sei, dass nur in ganz wenigen Fällen dafür ausreichende Sprachkenntnisse des ausländischen Arbeitnehmers anzunehmen seien.[367] Allenfalls sei der ausländische Arbeitnehmer in der Lage, das Wort „Quittung" zu erfassen, jedoch kaum in Verbindung mit einem gleichzeitig geregelten Verzicht.[368] Als weitere Begründung für eine Übersetzungspflicht des Arbeitgebers im Hinblick auf die Ausgleichsquittung, um von einem Zugang der Ausgleichsquittung auszugehen, wird vertreten, dass der Arbeitgeber dafür Sorge tragen muss, dass der Arbeitnehmer die Quittung versteht, z. B. durch eine Übersetzung, weil die Beendigung in seinem Interesse liege.[369]

Der vorhergehenden Auffassung aus dem Schrifttum ist zuzustimmen, auch wenn diese keine Rechtsgrundlage für eine Übersetzungspflicht des Arbeitgebers nennt. Eine solche Pflicht des Arbeitgebers kann aus dem Gebot des fairen Verhandelns abgeleitet werden, denn bei einer Ausgleichsquittung handelt es sich ebenfalls um einen Vertrag, den Arbeitnehmer und Arbeitgeber schließen.

f. Ergebnis

Es besteht keine gesetzliche Vorgabe zur Sprache einer Ausgleichsquittung. Der Arbeitgeber ist gegenüber einem sprachunkundigen Arbeitnehmer aufgrund seiner Rücksichtnahmepflicht verpflichtet, eine Ausgleichsquittung in die Muttersprache oder in eine für ihn verständliche Sprache des Arbeitnehmers zu übersetzen, damit eine wirksame Ausgleichsquittung geschlossen werden kann.

---

366 Stück, AuA 2010, 332, 335; Stahlhacke NJW 1968, 580 ff.; Jancke, Das Sprachrisiko des ausländischen Arbeitnehmers im Arbeitsrecht, S. 254; Basedau, BB 169, 1316.

367 Jancke, Das Sprachrisiko des ausländischen Arbeitnehmers im Arbeitsrecht, S. 254.

368 Jancke, Das Sprachrisiko des ausländischen Arbeitnehmers im Arbeitsrecht, S. 254.

369 Althof, AuR 1968, 295; Preis AuR 1979, 105.

6. *Zwischenergebnis*

Bei Ausspruch einer Abmahnung, beim Abschluss einer Aufhebungsvereinbarung, Abwicklungsvereinbarung, oder Ausgleichsquittung hat der Arbeitgeber zu gewährleisten, dass der Arbeitnehmer diese Erklärungen versteht, z. B. durch eine Übersetzung dieser Erklärungen. Dies folgt aus dem Gebot des fairen Verhandelns oder aus den leistungssichernden Nebenpflichten des Arbeitgebers. Nur eine Kündigung hat der Arbeitgeber nicht zu übersetzen, damit diese wirksam zugeht. Sofern ein sprachunkundiger Arbeitnehmer eine Aufhebungsvereinbarung, Abwicklungsvereinbarung, oder Ausgleichsquittung unverstanden oder nicht vom Arbeitgeber übersetzt unterschreibt, wird kein wirksamer Vertrag geschlossen. Dies gilt auch für die Abmahnung des Arbeitgebers, da die Abmahnung eine leistungssichernde Maßnahme darstellt. Die Sprache der vorgenannten Erklärungen oder Angebote des Arbeitgebers ist gesetzlich nicht bestimmt. Der Arbeitnehmer kann schließlich wegen fehlender oder mangelnder Sprachkenntnisse abgemahnt werden, wenn der Arbeitnehmer zur Verwendung einer bestimmten Sprache bei der Erbringung seiner Arbeitsleistung verpflichtet ist, diese jedoch nicht auf Kosten des Arbeitgebers lernen oder nach dem Erlernen nicht anwenden möchte.

7. *Die Sprache eines Arbeitszeugnisses i.S.d. § 109 Abs. 1 GewO*

Nach der Beendigung eines Arbeitsverhältnisses macht der Arbeitnehmer regelmäßig seinen ihm gem. § 109 Abs. 1 GewO zustehenden Anspruch auf ein schriftliches Arbeitszeugnis gegenüber seinem Arbeitgeber geltend, sofern der Arbeitgeber nicht ein solches Arbeitszeugnis dem Arbeitnehmer mit Beendigung des Arbeitsverhältnis übergibt oder übersendet. Ein Arbeitszeugnis dient dem beruflichen Fortkommen des Arbeitnehmers: Mithilfe eines Zeugnisses können sich nämlich Dritte, die eine Einstellung erwägen, über einen Bewerber über die vorhandenen Qualifikationen unterrichten.[370] Als Entscheidungsgrundlage für künftige Arbeitgeber gelangt das Arbeitszeugnis insbesondere bei der Vorauswahl der Bewerber und der Einladung zu Vorstellungsgesprächen zu erheblicher Bedeutung.[371] In diesem Zusammenhang stellt sich die Frage, auf welcher Sprache der Arbeitgeber ein Zeugnis abzufassen hat und ob ein Arbeitnehmer ein Zeugnis in einer anderen Sprache als Deutsch verlangen kann, um sich z. B. im Ausland bei einem Arbeitgeber zu bewerben.

---

370 Erfurter-KO, GewO § 109 Rn. 1.

371 BAG 03.03.1993 AP BGB § 630 Nr. 20.

a. Zeugnisarten

Das Gesetz differenziert in § 109 Abs. 1 GewO zwischen einfachen und qualifizierten Zeugnissen. Beim einfachen Zeugnis werden die Art des Arbeitsverhältnisses und dessen Dauer bestätigt. Anfangs- und Enddatum des rechtlichen Bestands des Vertragsverhältnisses sind anzugeben.[372] Das qualifizierte Zeugnis erweitert den Inhalt eines einfachen Zeugnisses und erstreckt sich auch auf Leistung und Verhalten des Arbeitnehmers im Arbeitsverhältnis.[373] Der Arbeitnehmer hat dabei ein Wahlrecht, ob er ein einfaches oder ein qualifiziertes Zeugnis vom Arbeitgeber verlangt.

b. Keine gesetzliche Festlegung der Sprache eines Arbeitszeugnisses in § 109 GewO

§ 109 GewO beinhaltet keine explizite Regelung zur Sprache eines einfachen oder qualifizierten Arbeitszeugnisses. § 109 Abs. 1 GewO bestimmt nur, dass ein Arbeitszeugnis schriftlich i.S.d. § 126 Abs. 1 BGB abgefasst sein muss. Hieraus ist nicht zu deuten, dass der Arbeitgeber in der Sprache der Abfassung eines Arbeitszeugnisses an eine bestimmte Sprache gebunden ist. Nach dem Wortlaut des § 109 GewO und des § 126 Abs. 1 BGB kann ein Arbeitszeugnis in jeder lebenden oder toten Sprache erstellt werden. Gegen eine solche Wahlmöglichkeit des Arbeitgebers hinsichtlich der Sprache eines Arbeitszeugnisses spricht jedoch, dass der vorgenannte Zweck des § 109 GewO nicht erreicht werden kann, wenn Arbeitgeber in Deutschland frei darüber entscheiden können, auf welcher Sprache ein Arbeitszeugnis abzufassen ist. Dies vor dem Hintergrund, dass sich ein Zeugnis an einen unbestimmten Personenkreis richtet, der sich vorwiegend auf deutschsprachigem Gebiet aufhält und für den eigens in einem qualifizierten Zeugnis eine spezielle Zeugnissprache entwickelt wurde.[374] Deshalb ist folgerichtig davon auszugehen, dass nur deutschsprachige Arbeitszeugnisse ihre Aufgaben, nämlich Information des zukünftigen Arbeitgebers und Unterstützung des Arbeitnehmers beim beruflichen Fortkommen, erfüllen können.[375] Ein

372 BGH NJW 68, 396; Monjau, DB 1966, 300, 301.

373 BAG 29.07.1971 AP BGB § 630 Nr. 6; 15.11.2011 NZA 2012, 448; Liedtke, NZA 1988, 270.

374 Kursawe/Evershed, ArbRAktuell 2010, 643 f.

375 Kursawe/Evershed, ArbRAktuell 2010, 643 f.

Zeugnis nach § 109 GewO ist demnach grundsätzlich auf Deutsch vom Arbeitgeber auszustellen.[376]

c. Die Pflicht des Arbeitgebers zur Übersetzung eines Arbeitszeugnisses gegenüber einem sprachunkundigen Arbeitnehmer aufgrund seiner Rücksichtnahmepflicht

Sofern der Arbeitnehmer ein Arbeitszeugnis in einer anderen Sprache als Deutsch von seinem Arbeitgeber nach Beendigung des Arbeitsverhältnisses erhalten möchte, weil er sich z. B. in einem anderen Land auf eine Stelle hin bewerben will, stellt sich die Frage, ob der Arbeitgeber verpflichtet sein kann, ein in der Regel auf Deutsch abgefasstes Arbeitszeugnis in eine vom Arbeitnehmer gewünschte andere Sprache zu übersetzen. Eine solche Verpflichtung des Arbeitgebers zur Übersetzung des Arbeitgebers könnte sich gem. § 241 Abs. 2 BGB aus seiner Rücksichtnahmepflicht dem Arbeitnehmer gegenüber ergeben.[377] Gegen eine solche Pflicht des Arbeitgebers zur Übersetzung eines Arbeitszeugnisses aufgrund seiner Rücksichtnahmepflicht ist jedoch einzuwenden, dass der allgemeine Zeugniserteilungsanspruch des Arbeitnehmers nicht zu einem Übersetzungsanspruch modifiziert werden kann, da eine Übersetzung grundsätzlich eine geldwerte Leistung ist. Zudem würde das Haftungsrisiko des Arbeitgebers ignoriert, da bei einer Übersetzung Feinheiten der deutschen Sprache verloren gehen würden.[378] Demnach lässt sich aus der Rücksichtnahmepflicht des Arbeitgebers generell keine Übersetzungspflicht für Arbeitszeugnisses ableiten. Auch vor dem Hintergrund, dass mit der Ausstellung eines Zeugnisses in einer anderen Sprache keine leistungssichernde Maßnahme verbunden ist und auch nicht das Gebot des fairen Verhandelns betroffen ist. Dieses Ergebnis erscheint auch unter prozeduralen Gesichtspunkten sachgerecht und benachteiligt auch nicht den Arbeitnehmer nach Art. 3 Abs. 2 Satz 1 GG. Denn das Arbeitszeugnis dient primär dazu, sich bei einem anderen Arbeitgeber zu bewerben. Der Adressat des Zeugnisses ist also nicht der Arbeitnehmer. Die Formulierungen im Zeugnis haben insbesondere eine besondere Bedeutung hinsichtlich der Benotung u. a. der Leistung des Arbeitnehmers.[379] Diese Formulierungen mit den jeweiligen

---

376 So auch Rieble, FS Löwisch, S. 243; Grimm, Das Zeugnis, AR-Blattei 1850, Rn. 82 ff.; Schleßmann, Das Arbeitszeugnis, S. 110; MühKo, BGB, § 630, Rn. 46; Erfurter-KO, § 109 GewO, Rn. 27; HWK/Gäntgen, § 109 GewO, Rn. 14.

377 Kursawe/Evershed, ArbRAktuell 2010, 643 f.

378 So auch Löwisch, S. 244.

379 BAG 14.10.2003 – 9 AZR 12/03 – NZA 2004, 842, 843; 26.06.2001 – 9 AZR 392/00 – NZA 2002, 34; 23.06.1960 – 5 AZR 560/58 – DB 1960, 1042; Adam, MDR 2005,

Benotungen können nur dann nachvollzogen werden, wenn diese auf Deutsch abgefasst sind. Andernfalls verliert das Zeugnis seinen wertenden Charakter.

d. Ergebnis

Nach der Beendigung eines Arbeitsverhältnisses ist ein Zeugnis i.S.d. § 109 GewO auf Deutsch vom Arbeitgeber auszustellen. Eine Pflicht zur Übersetzung eines solchen Arbeitszeugnisses in einer vom Arbeitnehmer geforderten anderen Sprache als Deutsch besteht nicht.

II. Zusammenfassung

Bei Kündigung eines Arbeitsverhältnisses besteht keine gesetzliche Verpflichtung des Arbeitgebers diese in einer bestimmten Sprache auszufertigen, damit diese wirksam zugeht. Weiter hat der sprachunkundige Arbeitnehmer dafür Sorge zu tragen, dass er die Kündigungserklärung versteht. Er kann sich aber auf § 5 KSchG berufen, wenn er die Kündigungserklärung nicht verstanden hat. Der Zugang einer Kündigung richtet sich nämlich nach § 130 Abs. 1 Satz 1 BGB, so dass allein eine Kenntnisnahmemöglichkeit für den Arbeitnehmer bestehen muss, damit eine Kündigung des Arbeitgebers beim Arbeitnehmer zugeht. Bei der Abmahnung hingegen muss diese in die Sprache des Arbeitnehmers übersetzt werden. Der Arbeitgeber ist dazu aufgrund seiner Rücksichtnahmepflicht angehalten. Dies vor dem Hintergrund, dass die Abmahnung als leistungssichernde Maßnahme zu qualifizieren ist. Der Arbeitnehmer kann außerdem wegen fehlender oder mangelnder Sprachkenntnisse abgemahnt werden, wenn der Arbeitnehmer zur Verwendung einer bestimmten Sprache bei der Erbringung seiner Arbeitsleistung verpflichtet ist, diese jedoch nicht auf Kosten des Arbeitgebers lernen oder nach dem Erlernen nicht anwenden möchte.

Für die Sprache einer Aufhebungsvereinbarung, Abwicklungsvereinbarung oder Ausgleichsquittung fehlt eine gesetzliche Vorgabe zur Sprache. Die Verantwortung dafür, dass der Arbeitnehmer den Inhalt der Aufhebungsvereinbarung, Abwicklungsvereinbarung oder Ausgleichsquittung nicht vollständig und richtig erfasst, liegt beim Arbeitgeber. Der Arbeitgeber ist aufgrund seiner Rücksichtnahmepflicht und dem hieraus bestehenden Gebots des fairen Verhandelns zur Übersetzung verpflichtet.

---

553 ff; Löw, NJW 2005, 3605 ff; Moderegger, ArbRB 2006, 240 ff; Stück, MDR 2006, 791 ff.; NK-ArbR/Boecken/Pils, GewO § 109 Rn. 2.

Im Rahmen der Abwicklung des Arbeitsverhältnisses hat der Arbeitnehmer einen Anspruch auf Erstellung eines schriftlichen auf Deutsch abgefassten Arbeitszeugnisses (§ 109 GewO, § 630 BGB). Eine Pflicht des Arbeitgebers zur Übersetzung des Arbeitszeugnisses besteht nicht.

E. Zusammenfassung zu den gefundenen Ergebnissen des 1. Teils

Der 1. Teil der Untersuchung hat gezeigt, dass die Sprache im Individualarbeitsrecht bei allen Phasen eines Arbeitsverhältnisses gesetzlich nicht geregelt ist. Dies bedeutet, dass grundsätzlich auch keine gesetzliche Vorgabe besteht, eine bestimmte Sprache, z. B. Deutsch zu verwenden, selbst wenn Schrift- oder Textform für die Abfassung einer Erklärung des Arbeitgebers oder Arbeitnehmers vorgeschrieben ist.

Der Arbeitgeber ist in der Regel dazu verpflichtet, gegenüber sprachunkundigen Arbeitnehmern in deren Muttersprache oder in einer für den Arbeitnehmer verständlichen Sprache zu kommunizieren bzw. übersetzen, damit diesem z. B. empfangsbedürftige Willenserklärungen wirksam zugehen bzw. schriftliche Verträge (u.a. Arbeits-, Aufhebungs- und Abwicklungsverträge) geschlossen werden können, oder der Arbeitgeber seine Nachweis-, Bekanntgabe- oder Unterrichtungspflichten erfüllen kann (die Pflicht zum Nachweis nach § 2 Abs. 1 NachwG, zur Bekanntgabe eines Tarifvertrages nach § 8 TVG oder zur Unterrichtung des Arbeitgebers über einen Betriebsübergang gem. § 613a Abs. 5 BGB). Es besteht insbesondere eine Übersetzungspflicht des Arbeitgebers gegenüber sprachunkundigen Arbeitnehmern aufgrund seiner Verpflichtung zu leistungssichernden Maßnahmen oder aufgrund des Gebots des fairen Verhandelns für schriftliche Erklärungen, die der Arbeitnehmer aufgrund seiner fehlenden Sprachkenntnisse nicht versteht, da es dem sprachunkundigen Arbeitnehmer nicht alleine zumutbar ist, sich selbst die erforderliche Übersetzung einer schriftlichen Erklärung des Arbeitgebers zu beschaffen.

Dieses Ergebnis gilt auch für die Abmahnung, die gerade als leistungssicherndes Instrument des Arbeitgebers zu qualifizieren ist. Bei der Abmahnung steht die Leistung oder ein Verhalten, dass mit der Leistung des Arbeitnehmers in Zusammenhang steht, im Vordergrund. Vor diesem Hintergrund kann die Abmahnung ihre Hinweis- und Rügefunktion nur dann erfüllen, wenn die vom Arbeitnehmer begangene Pflichtverletzung diesem klar gemacht werden kann. Eine Übersetzungspflicht besteht daher auch im Falle der Abmahnung, um die Leistungspflichten des Arbeitnehmers zu sichern.

Aber auch wenn keine gesetzlichen Regelungen zur Sprache bestehen, bedeutet dies nicht, dass gegenüber Arbeitnehmern keine besondere Schutzbedürftigkeit in Hinblick auf etwaigen Diskriminierungen des Arbeitgebers wegen seiner ethnischen Herkunft besteht, die im Zusammenhang mit fehlenden Sprachkenntnissen des jeweiligen ausländischen Arbeitnehmers stehen. Diese Schutzbedürftigkeit wurde mit dem Erlass des Allgemeinen Gleichbehandlungsgesetzes Rechnung getragen. Die individualarbeitsrechtliche Relevanz der Sprache für ein Arbeitsverhältnisses hat durch die Einführung des Allgemeinen Gleichbehandlungsgesetzes eine andere Bedeutung erhalten: Standen in den ersten Jahren der Internationalisierung des deutschen Arbeitsmarktes Rechtsfragen über das inhaltliche Verständnis von Erklärungen und dessen Zugang gegenüber ausländischen Arbeitnehmern im Fokus, hat sich spätestens nach dem Inkrafttreten des AGG der Schwerpunkt der arbeitsrechtlichen Erörterung eines etwaigen vom Arbeitnehmer oder Arbeitgeber zu tragende Verantwortung auf Fragen der Diskriminierung des Arbeitnehmers wegen seiner ethnischen Herkunft verlagert. Der Arbeitgeber hat danach insbesondere bei der Anbahnung, Durchführung und bei der Beendigung eines Arbeitsverhältnisses darauf zu achten, dass er ausländische Arbeitnehmer nicht aufgrund ihrer fehlenden oder mangelnden Deutschkenntnisse wegen ihrer ethnischen Herkunft gem. § 1 AGG diskriminiert werden:

Bei Anbahnung eines Arbeitsverhältnisses ist im Hinblick auf die Stellenausschreibung die unternehmerische Gestaltungsfreiheit des Arbeitgebers durch das Benachteiligungsverbot in zulässiger Weise eingeschränkt gem. Art. 45 Abs. 2 AEUV, Art. 3 Abs. 3 GG und den §§ 1, 3, 7 Abs. 1 AGG. Demnach kann der Arbeitgeber Arbeitnehmer mit einer anderen Muttersprache als Deutsch nicht von vornherein aus dem Bewerbungsverfahren ausschließen. Eine sachliche Rechtfertigung für eine Ungleichbehandlung der Adressaten einer Stellenausschreibung kann nur dann angenommen werden, wenn die Sprachkenntnisse in objektiver Hinsicht eine wesentliche entscheidende Voraussetzung für die Ausübung der konkreten beruflichen Tätigkeit ist. Bei einem Verstoß gegen die vorgenannten Vorschriften des AGG, insbesondere § 7 Abs. 1 AGG, hat der Arbeitnehmer jedoch keinen Anspruch auf Begründung eines Beschäftigungsverhältnisses, sondern gem. § 15 Abs. 1 und/oder Abs. 2 AGG ggf. nur einen Entschädigungs- und/oder Schadensersatzanspruch gegen den Arbeitgeber.

Weiter ist das AGG nebst seinem in § 7 Abs. 1 AGG statuierten Diskriminierungsverbot gem. § 2 Abs. 1 Nr. 2 AGG auch bei der Durchführung des Arbeitsverhältnisses vom Arbeitgeber zu beachten, so dass ausländische Arbeitnehmer auch nicht bei der Durchführung des Arbeitsverhältnisses wegen ihrer ethnischen Herkunft diskriminiert werden dürfen. Der Arbeitgeber kann z. B. die

Sprache, also die Sprache in der die Arbeitnehmer ihre Hauptleistungspflichten aus dem Arbeitsvertrag zu erbringen haben, nicht per se kraft seines Direktionsrechts festlegen, sondern kann die Sprache nur dann rechtmäßig anordnen, wenn sachlich zu rechtfertigende Gründe hierfür vorliegen, die Festlegung einer verbindlichen Sprache somit verhältnismäßig erscheint. Unter den gleichen Voraussetzungen kann auch eine betriebliche Übung zur Festlegung einer Sprache scheitern. Sofern eine Sprache derart festgelegt werden kann, hat der Arbeitgeber zudem Sorge zu tragen, dass Arbeitnehmer in der festgelegten Sprache geschult werden, z. B. durch Sprachkurse. Denn der Arbeitgeber hat aufgrund seiner Rücksichtnahmepflicht leistungssichernde Maßnahmen zu ergreifen.

2. Teil: Sprachrechtliche Besonderheiten im Kollektivarbeitsrecht

A. Einleitung

Im nachfolgenden 2. Teil werden die sprachrechtlichen Besonderheiten im Kollektivarbeitsrecht zu untersuchen sein. Hierbei stellen sich die folgenden Fragen: Ist die Betriebssprache in Deutschland Deutsch und unter welchen Voraussetzungen, ist die Festlegung einer (anderen) Betriebssprache durch den Arbeitgeber – mit oder ohne Beteiligung des Betriebsrates – rechtlich zulässig bzw. kann die Betriebssprache auch kraft einer betrieblichen Übung festgelegt sein? Sodann stellt sich die Frage, welche Probleme sich daraus ergeben, wenn die Betriebssprache nicht durch den Arbeitgeber festgelegt wurde bzw. nicht festgelegt werden kann und ob der Arbeitgeber in einem solchen Fall auf eigene Kosten zur Gewährleistung der Kommunikation im Betrieb verpflichtet ist?

B. Die Sprache im Kollektivarbeitsrecht

I. Die Betriebssprache

Die Betriebssprache meint die Sprache, in der die innerbetriebliche Kommunikation in Wort und Schrift für den gesamten Betrieb oder für (Betriebs-) Teile einheitlich verwendet wird.[380]

1. Keine gesetzliche Festlegung der Betriebssprache

Das Betriebsverfassungsgesetz enthält zur Betriebssprache keine Regelung. Es bestehen auch keine anderen Gesetze, die eine verbindliche Vorgabe zur Betriebssprache machen: § 184 GVG und § 23 VwVfG sind nicht zur Bestimmung der Betriebssprache heranzuziehen, da diese beiden Vorschriften lediglich statuieren, dass die Gerichts- und Amtssprache Deutsch ist.[381] Schließlich kann auch nicht die gesetzliche Regelung des § 2 Abs. 5 WO BetrVG, die vom 1. Januar 2000 bis zum 14. Dezember 2001 galt, dazu dienen, um die deutsche Sprache als Betriebssprache festzulegen, da diese Vorschrift lediglich die Unterrichtungspflicht des Wahlvorstandes gegenüber ausländischen Arbeitnehmern

380 Herbert/Oberrath, MDR 2011, 830.

381 LAG, Beschluss vom 09.03.2009 – 5 TaBV 114/08 = BeckRS 2009, 66866.

im Hinblick auf eine bevorstehende Betriebsratswahl regelte. Eine Verpflichtung allein auf Grundlage dieser nicht mehr geltenden Norm zur Verwendung der deutschen Sprache als Betriebssprache ist aus der Regelung daher nicht herzuleiten.[382] Das Gegenteil ist vielmehr der Fall. Die zeitlich begrenzte Existenz der Norm verdeutlicht, dass der Gesetzgeber bisher bewusst darauf verzichtet hat, die Sprache des Betriebsverfassungsgesetzes bzw. die im Betrieb gesprochene Sprache verbindlich vorzugeben, da ohnehin vorwiegend Deutsch in den Betrieben in Deutschland gesprochen wird.[383] Im Ergebnis ist daher festzustellen, dass die Betriebssprache gesetzlich nicht festgelegt ist.

2. Rechtliche Möglichkeiten zur Festlegung der Betriebssprache

a. Allgemeines

Gerade weil die Betriebssprache gesetzlich nicht festgelegt ist, könnte der Arbeitgeber in einem Betrieb mit (zahlreichen) ausländischen Arbeitnehmern ein Interesse daran haben Deutsch als Betriebssprache festzulegen, um z. B. die einheitliche Verwendung der deutschen Sprache vorzugeben. Dies gerade dann, wenn in einem Betrieb aufgrund der vorhandenen Sprachenvielfalt auf mehreren Sprache kommuniziert wird und der Arbeitgeber daran interessiert ist, dass betriebsintern ausschließlich auf Deutsch kommuniziert werden soll. Auch kann es aufgrund der fortschreitenden Globalisierung und der damit verbundenen grenzüberschreitenden Etablierung von internationalen Unternehmen in Deutschland notwendig werden, sich innerhalb eines Betriebs in einer anderen Sprache als Deutsch zu verständigen, z. B. auf Englisch. Es stellt sich in diesem Zusammenhang die Frage, ob und unter welchen Voraussetzungen der Arbeitgeber, eine bestimmte Betriebssprache im Betrieb festlegen darf bzw. ob eine Betriebssprache kraft betrieblicher Übung festgelegt sein kann und ob bei einem existierenden Betriebsrat, diesem dann ein Mitbestimmungsrecht zusteht, wenn der Arbeitgeber Deutsch oder eine andere Sprache als Betriebssprache im Betrieb festlegen will.

b. Festlegung einer Betriebssprache kraft Direktionsrecht des Arbeitgebers

Für den Fall, dass keine arbeits-, tarifvertragliche Regelung oder Betriebsvereinbarung zwischen Arbeitnehmer und Arbeitgeber über die Festlegung einer Betriebssprache existiert, was regelmäßig der Fall ist, könnte der Arbeitgeber

---

382 A.A. Diller/Powietzka, DB 2000, 718; Aden, ZRP 2011,120.

383 So auch Herbert/Oberrath, NZA 2012, 1260.

die Betriebssprache gegenüber seinen Arbeitnehmern gem. § 106 Satz 2 GewO festlegen, denn die Festlegung einer Betriebssprache betrifft die Ordnung eines Betriebes.[384]. Sodann muss die Festlegung der Betriebssprache im Rahmen des billigen Ermessens des Arbeitgebers i.S.d. § 106 Satz 1 GewO erfolgen.[385]

c. Festlegung einer Betriebssprache kraft einer betrieblichen Übung

Auch könnte eine Betriebssprache kraft einer betrieblichen Übung festgelegt sein unter Berücksichtigung der gleichen Voraussetzungen, die für die Festlegung einer Sprache kraft betrieblicher Übung gelten, da grundsätzlich jeder Regelungsgegenstand Inhalt einer betrieblichen Übung sein kann.[386]

aa. Voraussetzungen für die Festlegung einer Betriebssprache kraft betrieblicher Übung

Nachdem festgestellt wurde, dass der Anwendungsbereich für die Bestimmung einer Sprache kraft betrieblicher Übung eröffnet sein kann, müssten nunmehr auch die Voraussetzungen für die Festlegung einer Betriebssprache kraft betrieblicher Übung nach der von der h. L. und der Rspr. vertretenen Vertrags- und Vertrauenstheorie gegeben sein, um eine Betriebssprache kraft betrieblicher Übung entstehen zu lassen.[387]

(1) Nach der Vertragstheorie

Im Hinblick auf die Festlegung einer Betriebssprache wäre nach der von der Rspr.[388] vertretenen Vertragstheorie eine betriebliche Übung denkbar, wenn der Arbeitgeber gegenüber seinen Arbeitnehmern, durchgängig, wiederholt und ausschließlich eine bestimmte Sprache zur betriebsinternen Kommunikation verwendet. Durch das regelmäßig wiederholte (konkludente) Angebot zur

---

384 So auch Däubler, GewO, § 106, Rn. 13; Hümmerich, GewO, § 106, Rn. 31. Hinsicht der Frage, wie die Ordnung eines Betriebes zu definieren ist und wie zum Arbeitsverhalten abzugrenzen ist, wird auf S. 145 f. verwiesen.

385 Die im Rahmen des billigen Ermessens des Arbeitgebers zu berücksichtigenden Rechte des Arbeitnehmers werden auf S. 158 f. dargestellt.

386 Aden, ZRP 2011, 120; Erfurter-Kommentar, BGB, § 611a, Rn. 220 m.w.Nachw.

387 Zu den von der h.L. und der Rspr. vertretenen Theorien zur Annahme einer betrieblichen Übung wird auf die S. 102 ff. verwiesen, um Wiederholungen zu vermeiden.

388 Vgl. BAG NZA 1994, 513; 1994, 694; 1996, 718; AP BGB § 242 Betriebliche Übung Nr. 76; AP BGB § 242 Betriebliche Übung Nr. 78; NZA 2008, 179; 2009, 601; 2009, 1105; 2012, 1279 Rn. 56.

ausschließlichen Verwendung einer bestimmten Sprache als Betriebssprache kann aus Sicht der Arbeitnehmer dann ein ausdrückliches Angebot des Arbeitgebers gegenüber seinen Arbeitnehmern geschlossen werden, diese Sprache ausschließlich als Betriebssprache zu verwenden.[389] Die Arbeitnehmer würden demnach aus dem Verhalten des Arbeitgebers schließen, dass der Arbeitgeber sich im Hinblick auf die zu verwendende Betriebssprache verbindlich festlegen will. Dieses Vertragsangebot des Arbeitgebers zur Verwendung einer bestimmten Sprache als Betriebssprache wird von den Arbeitnehmern nach der Vertragstheorie gemäß § 151 BGB stillschweigend angenommen, indem diese sodann auf der vom Arbeitgeber verwendeten Betriebssprache miteinander und gegenüber dem Arbeitgeber kommunizieren. Demnach lässt sich anhand der Vertragstheorie die Festlegung einer Betriebssprache kraft betrieblicher Übung begründen, sofern der Arbeitgeber den Arbeitnehmern wiederholt und regelmäßig konkludent oder ausdrücklich anbietet, eine bestimmte Sprache als Betriebssprache zu verwenden und die Arbeitnehmer dieses Angebot stillschweigend annehmen, indem sie fortan in dieser Sprache betriebsintern kommunizieren.

(2) Nach der Vertrauenstheorie

Auch nach der von der h. L.[390] vertretenen Vertrauenstheorie kann eine Betriebssprache kraft betrieblicher Übung von den Arbeitnehmern zu verwenden sein, und zwar dann, wenn die Betriebssprache aufgrund einer zeitlich fortdauernden und gleichartigen Handhabung des Arbeitgebers verwendet wurde. In einem solchen Fall können Arbeitnehmer darauf vertrauen, dass die von den Arbeitnehmern in der Vergangenheit notwendige und zu verwendenden Betriebssprache auch zukünftig weiter verwendet wird.

(3) Zwischenergebnis

Da die beiden vorgenannten Theorien zu dem gleichen Ergebnis gelangen, nämlich dass eine Betriebssprache kraft betrieblicher Übung von den Arbeitnehmern betriebsintern zu verwenden sein kann, ist ein Streitentscheid zwischen den beiden Theorien entbehrlich.

---

389 So auch Aden, ZRP 2011, 120; Vogt/Oltmanns, NZA 2014, 181.

390 Canaris, Vertrauenshaftung im dt. PrivatR, 1971, S. 388, 405; Hanau, AcP 165, 220 (260); Hromadka, NZA 1984, NZA Jahr 1984 Seite 241 (NZA Jahr 1984 Seite 246); Seiter, Die betriebliche Übung, 1967, S. 89 f., 92; Singer, ZfA 1993, ZFA Jahr 1993 Seite 487 (ZFA Jahr 1993 Seite 491 ff.).

(4) *Zeitraum für das Entstehen einer betrieblichen Übung zur Festlegung einer Betriebssprache*

Weitere Voraussetzung für das Entstehen einer betrieblichen Übung ist, dass ein gewisser Zeitraum vergangen ist, um nach den beiden vorgenannten Theorien zu einer betrieblichen Übung zu gelangen. Fraglich ist, welcher Zeitraum für das Entstehen einer betrieblichen Übung zur Festlegung einer Betriebssprache notwendig erscheint, um nach den beiden vorgenannten Theorien von einer Festlegung einer Betriebssprache kraft einer betrieblichen Übung auszugehen.[391] Grundsätzlich hängt der Zeitraum für das Entstehen einer betrieblichen Übung von der Häufigkeit der angewandten Praxis ab.[392] Ferner ist für den Zeitraum die Dauer der Übung, sowie Art und Inhalt der Übung einzubeziehen.[393] Sofern der Arbeitgeber in seinem Betrieb ausschließlich auf einer Sprache betriebsintern mit seinen Arbeitnehmern kommuniziert, ist die Zahl der Anwendungsfälle tagtäglich sehr hoch, z. B. in Abgrenzung zu einer jährlichen Sonderzahlung an einen Arbeitnehmer, die nach Rspr. des Bundesarbeitsgerichts eines dreijährigen Zeitraums bedarf, um eine betriebliche Übung entstehen zu lassen.[394] Dementsprechend kann bereits ein sehr kurzer Zeitraum für das Entstehen einer betrieblichen Übung zur Festlegung einer Betriebssprache ausreichend sein. Hierbei dürfte ein Zeitraum von maximal drei Monaten ausreichend sein, in dem auf einer bestimmten Betriebssprache kommuniziert wird, um nach den beiden vorgenannten Theorien zu einer betrieblichen Übung zu gelangen.

bb. *Einschränkungen des Direktionsrechts des Arbeitgebers durch eine betriebliche Übung*

Sofern eine Betriebssprache durch eine betriebliche Übung festgelegt wurde, kann der Arbeitgeber keine andere Betriebssprache mehr kraft seines Direktionsrechts festlegen. Eine betriebliche Übung begrenzt nämlich die Möglichkeit des Arbeitgebers zur Festlegung einer Betriebssprache kraft seines Direktionsrechts. Dies vor dem Hintergrund, dass eine betriebliche Übung eine rechtsverbindliche und individuelle Vorgabe für die Arbeitnehmer in Bezug auf die Verwendung

391 Urteile und Literaturmeinungen sind zu dieser Frage bisher nicht existent.
392 Erfurter-KO, BGB, § 611, Rn. 220b; BAG 28.07.2004 NZA 2004, 1152.
393 BAG, NZA 2006, 1174; NZA 2008, 941.
394 BAG 14.08.1996 AP BGB § 242 Betriebliche Übung Nr. 47.

einer Betriebssprache macht.[395] Nur durch eine doppelt (qualifizierte) Schriftformklausel im Arbeitsvertrag kann das Entstehen einer betrieblichen Übung zur Festlegung einer betrieblichen Übung verhindert werden, damit das Direktionsecht des Arbeitgebers u. a. in Bezug auf die Festlegung einer Betriebssprache nicht eingeschränkt wird.[396]

Im Übrigen gilt eine in der Vergangenheit begründete betriebliche Übung nach dem allgemeinen Gleichbehandlungsgrundsatz auch für die Arbeitnehmer, mit denen ein neues Arbeitsverhältnis begründet wurde[397], d. h. sofern Arbeitgeber und Arbeitnehmer nicht explizit etwas anderes zur Betriebssprache vereinbaren, gilt die in der Vergangenheit als betriebliche Übung begründete Betriebssprache auch für neue Arbeitnehmer im Betrieb und schränkt das Direktionsrecht des Arbeitgebers entsprechend ein.

e. Ergebnis

Der Arbeitgeber kann demnach die Betriebssprache kraft seines Direktionsrechts im Rahmen seines billigen Ermessens festlegen. Alternativ kann auch eine betriebliche Übung dazu führen, dass eine bestimmte Betriebssprache als festgelegt gilt. In einem solchen Fall ist das Direktionsrecht des Arbeitgebers eingeschränkt.

Trotz diesem Ergebnis hat der Arbeitgeber und der Betriebsrat gemäß § 75 Abs. 2 BetrVG hat die freie Entfaltung der Persönlichkeit des Arbeitnehmers zu schützen und zu fördern.[398] Die Schutzpflicht statuiert ein betriebsverfassungsrechtliches Übermaßverbot, durch das insbesondere rechtswidrige Verletzungen des Persönlichkeitsrechts verhindert werden sollen.[399] Sofern der Arbeitgeber von einem Arbeitnehmer diese Anwendung einer bestimmten Betriebssprache fordert, sei es durch sein Direktionsrecht oder aufgrund einer betrieblichen Übung, so ist wie aufgezeigt, das Persönlichkeitsrecht des Arbeitnehmers betroffen. Das allgemeines Persönlichkeitsrecht des Art. 2 Abs. 1 i.V.m. Art. 1 Abs. 1 GG wird nämlich ergänzt durch das Unterscheidungsverbot des Art. 3 Abs. 3

---

395 BAG 07.12.2000 – 6 AZR 444/99 – NZA 2001, 780 f.; BAG 21.01.1997 – 1 AZR 572/96 – NZA 1997, 1009, 1012 f.; Landmann/Rohmer, GewO, § 106 Rn. 13 f.; BT-Drucks 14/8796, S. 24.

396 Vgl. hierzu BAG 24.06.2003 – 9 AZR 302/02 – NZA 2003, 1145, 1147; Roloff, NZA 2004, 1192, 1194 f.; Hunold, NZA-RR 2001, 337, 340.

397 Vgl. hierzu BAG, NZA 2009, 196.

398 Erfurter-KO, BetrVG, § 75, Rn. 9.

399 Fitting, Rn. 136 ff.

Satz 1 GG.[400] Danach darf niemand wegen seiner Sprache benachteiligt oder bevorzugt werden. Um den Arbeitnehmer mit fehlenden Sprachkenntnissen zu schützen und seine Persönlichkeit zu fördern, muss der Arbeitgeber daher angehalten sein, wie bei seiner Pflicht leistungssichernde Maßnahmen zu ergreifen, den Arbeitnehmer zu schützen und zu fördern, indem dieser durch z. B. Sprachkurse die Betriebssprache erlernt oder verbessert und zwar auf Kosten des Arbeitgebers. Diese Pflicht folgt also auch aus dem prozedural weiterentwickelnden Rechts des Art. 3 Abs. 2 GG. Anderenfalls wäre der Arbeitnehmer mit nicht ausreichenden Sprachkenntnissen nicht in der Lage, mit den jeweiligen Parteien im Betrieb zu kommunizieren bzw. Informationen zu erhalten, die im Betrieb an die Belegschaft kommuniziert werden. Das wiederrum würde zu einer Einschränkung seiner Persönlichkeit und zu einer Diskriminierung nach Art. 3 Abs. 3 Satz 1 GG führen.

3. *Mitbestimmungsrechte des Betriebsrats bei der Festlegung einer Betriebssprache durch den Arbeitgeber*

Sofern im Betrieb ein Betriebsrat besteht, könnten dem Betriebsrat bei der Festlegung einer Betriebssprache durch den Arbeitgeber Mitbestimmungsrechte nach dem BetrVG zustehen. Dies gilt nicht bei der Festlegung einer Betriebssprache kraft einer betrieblichen Übung, da durch eine betriebliche Übung Individualansprüche einzelner Arbeitnehmer begründet werden.[401]

Als Mitbestimmungsrechte des Betriebsrats kommen in Betracht:

- Das Mitbestimmungsrecht des Betriebsrats bei Fragen der Ordnung des Betriebes gem. § 87 Abs. 1 Nr. 1 BetrVG;
- Das Mitbestimmungsrecht des Betriebsrats bei Maßnahmen der Berufsbildung gem. § 97 Abs. 2 BetrVG; und/oder
- Das Mitbestimmungsrecht des Betriebsrats bei einer grundlegenden Änderung der Betriebsorganisation gem. des § 111 S. 3 Nr. 4 BetrVG.

a. *Mitbestimmungsrecht gem. § 87 Abs. 1 Nr. 1 BetrVG*

Zunächst könnte der Betriebsrat gem. § 87 Abs. 1 Nr. 1 BetrVG ein Mitbestimmungsrecht bei der Festlegung einer Betriebssprache zustehen. Gemäß § 87 Abs. 1 Nr. 1 BetrVG hat der Betriebsrat in Fragen der Ordnung des Betriebs und des Verhaltens der Arbeitnehmer im Betrieb mitzubestimmen, sofern eine

---

400 Mäder, JuS 2000, 1150.

401 BAG, NZA 2007, 351 m.w.Nachw.

gesetzliche oder tarifliche Regelung nicht besteht. Mitbestimmungspflichtig sind nach dieser Vorschrift nur Maßnahmen, die das Ordnungsverhalten der Arbeitnehmer betreffen.[402] Das Arbeitsverhalten ist dagegen mitbestimmungsfrei.[403] Entscheidend für die Frage der Mitbestimmungspflicht des Betriebsrats ist demnach, ob sich die Festlegung einer Betriebssprache im Einzelfall auf das konkrete Arbeitsverhalten auswirkt oder nicht.[404] Das Arbeitsverhalten umfasst dabei alle Maßnahmen, mit denen die Arbeitspflicht konkretisiert und abgefordert wird. Das sind Regeln und Weisungen, die von den Arbeitnehmern bei der Erbringung der geschuldeten Arbeitsleistung zu beachten sind, die also die Arbeitspflicht unmittelbar konkretisieren.[405] Falls eine bestimmte Sprache zur ordnungsgemäßen Erfüllung der Arbeitspflicht erforderlich ist und für die geschuldete Arbeitsleistung nicht nur untergeordnete Bedeutung hat, ist allein das mitbestimmungsfreie Arbeitsverhalten betroffen. Das Arbeitsverhalten ist insbesondere dann betroffen, wenn die Kenntnis einer Sprache zur zwingenden Einstellungsvoraussetzung für die geschuldete Tätigkeit erhoben wurde, so wie dies z. B. bei Piloten des öffentlichen Luftverkehrs oder bei Rechtsanwälten, die in international agierenden Wirtschaftskanzleien tätig sind, als Einstellungsvoraussetzung vorausgesetzt wird.

Demgegenüber zählen zur Ordnung des Betriebes allgemeingültige verbindliche Verhaltensregeln, die dazu dienen, das sonstige Verhalten der Arbeitnehmer zu beeinflussen und zu koordinieren.[406] Die Festlegung einer Betriebssprache betrifft demnach das Ordnungsverhalten, wenn das Arbeitsverhalten nicht beeinträchtigt wird, sondern die Kommunikation der Arbeitnehmer untereinander, oder mit dem Arbeitgeber, betroffen ist.[407]

Im Ergebnis ist festzuhalten, dass die Festlegung einer Betriebssprache das Ordnungsverhalten betrifft, wenn das Arbeitsverhalten der Arbeitnehmer durch die Betriebssprache nicht beeinträchtigt wird und die Betriebssprache lediglich die Kommunikation der Arbeitnehmer untereinander, auch mit dem Arbeitgeber, betrifft. In einem solchen Fall hat der Betriebsrat entsprechend gem. § 87 Abs. 1 Nr. 1 BetrVG ein Mitbestimmungsrecht.

---

402 BAG, DB 1981, 1092 = AP Nr. 2 zu § 87 BetrVG; BAG, NZA 1999, 546 = AP Nr. 28 zu § 87 BetrVG.

403 LAG Köln, BeckRS 2009, 66866.

404 Vogt/Oltmanns, NZA 2014, 181; so auch Schindele, ArbRAktuell 2017, 18017.

405 Fitting, BetrVG, § 87, Rn. 65; Diller/Powietzka DB 2000, 720 (721).

406 Fitting, BetrVG, § 87, Rn. 64.

407 BAG, MDR 1982, 404; Herbert/Oberrath, MDR 2011, 831; Erfurter, BetrVG, § 87, Rn. 18.

b. Mitbestimmungsrecht gem. § 97 Abs. 2 BetrVG

Dem Betriebsrat könnte bei der Festlegung einer Betriebssprache auch gem. § 97 Abs. 2 BetrVG ein Mitbestimmungsrecht zustehen.

In § 97 Abs. 2 BetrVG heißt es:

> *„Hat der Arbeitgeber Maßnahmen geplant oder durchgeführt, die dazu führen, dass sich die Tätigkeit der betroffenen Arbeitnehmer ändert und ihre beruflichen Kenntnisse und Fähigkeiten zur Erfüllung ihrer Aufgaben nicht mehr ausreichen, so hat der Betriebsrat bei der Einführung von Maßnahmen der betrieblichen Berufsbildung mitzubestimmen."*

Die Festlegung einer Betriebssprache kann zwar eine Maßnahme i.S.d. § 97 Abs. 2 BetrVG sein, jedoch führt die Festlegung einer Betriebssprache regelmäßig nicht dazu, dass sich die Tätigkeit der Arbeitnehmer ändert und diese ihre Aufgaben nicht mehr ausführen können.[408] Die Betriebssprache hat keinen Einfluss auf die Tätigkeit und die Aufgaben des Arbeitnehmers, sondern regelt die Kommunikation der Arbeitnehmer untereinander, mit dem Arbeitgeber und einem ggf. bestehenden Betriebsrat. Demnach steht dem Betriebsrat bei der Einführung einer Betriebssprache kein Mitbestimmungsrecht gem. § 97 Abs. 2 BetrVG zu.

c. Mitbestimmungsrecht gem. § 111 S. 3 Nr. 4 BetrVG

Schließlich könnte es sich bei der Festlegung einer Betriebssprache auch um eine Betriebsänderung i.S.d. § 111 Satz 3 Nr. 4 BetrVG handeln, so dass der Betriebsrat rechtzeitig und umfassend zu unterrichten und die geplante Betriebsänderung mit dem Betriebsrat zu beraten wäre. Danach gilt als Betriebsänderung i.S.d. § 111 Satz 1 BetrVG jede grundlegende Änderung der Betriebsorganisation, des Betriebszwecks oder der Betriebsanlagen. Da § 111 Satz 3 Nr. 4 BetrVG u. a. eine Betriebsänderung voraussetzt, könnte ein Mitbestimmungsrecht des Betriebsrats i.S.d. § 111 Satz 3 Nr. 4 BetrVG nur dann einschlägig sein, wenn nachträglich eine andere Sprache als die bisher übliche als Betriebssprache festgelegt werden soll.[409] Demnach scheidet ein Mitbestimmungsrecht bereits dann aus, wenn z. B. Deutsch als Betriebssprache festgelegt werden soll, obwohl bereits zuvor im Betrieb auf Deutsch kommuniziert wurde. Sofern eine andere Sprache als die zuvor im Betrieb verwendete Betriebssprache eingeführt werden soll, könnte eine Betriebsänderung i.S.d. § 111 Satz 3 Nr. 4 vorliegen. Jedoch muss mit der Einführung einer Betriebssprache eine grundlegende Änderung

---

408 A.A. Herbert/Oberrath, MDR 2011, 831; Rieble, FS Löwisch, S. 229.

409 Herbert/Oberrath, MDR 2011, 831.

der Betriebsorganisation i.S.d. § 111 Satz 3 Nr. 4 BetrVG einhergehen. Eine grundlegende Änderung der Betriebsorganisation liegt vor bei einer vollständigen Änderung des Betriebsaufbaus bzw. der Gliederung des Betriebes oder der Zuständigkeiten.[410] Die Betriebsorganisation betrifft die Art und Weise der Koordinierung von Arbeitnehmern und der Betriebsanlagen, so dass der gewünschte arbeitstechnische Erfolg eintritt.[411] Beispiele für eine Änderung des Betriebsaufbaus sind etwa die Verlagerung von Entscheidungsbefugnissen „nach unten" (Dezentralisierung), die Organisation nach Sparten bzw. Geschäftsbereichen,[412] der Übergang zur Gruppenarbeit, die Einführung „flacher Hierarchien" durch Abschaffung der Ebene der Regionalleiter im Außendienst,[413] die Verringerung der Fertigungstiefe, Outsourcing[414] und ähnliche Maßnahmen.[415] Die Festlegung einer neuen Betriebssprache kann demnach nicht unter den Begriff der grundlegenden Änderung der Betriebsorganisation i.S.d. § 111 Satz 3 Nr. 4 BetrVG subsumiert werden, da die Festlegung einer Betriebssprache keine Auswirkungen auf die Betriebsorganisation bzw. die Gliederung eines Betriebes hat. Der Betriebsablauf selbst wird durch die Festlegung einer neuen Betriebssprache nämlich nicht berührt.[416] Folglich handelt es sich bei der Festlegung einer anderen Betriebssprache als Deutsch nicht um eine grundlegende Änderung der Betriebsorganisation i.S.d. § 111 Satz 3 Nr. 4 BetrVG, so dass der Betriebsrat nicht durch den Arbeitgeber gemäß § 111 Satz 1 BetrVG über eine geplante Einführung einer nicht-deutschen Sprache als Betriebssprache rechtzeitig und umfassend zu unterrichten ist und auch nicht die geplante Einführung einer Betriebssprache mit dem Betriebsrat zu beraten ist.

d. Zwischenergebnis

Der Betriebsrat hat gem. § 87 Abs. 1 Nr. 1 BetrVG bei der Festlegung einer Betriebssprache ein Mitbestimmungsrecht.

---

410 Fitting, BetrVG, § 111 Rn. 92.

411 D/K/K/Däubler, BetrVG, § 111 Rn. 82.

412 D/K/K/Däubler, BetrVG, § 111 Rn. 82.

413 BAG, Beschluss vom 26.10.2004 - 1 AZR 493/03, NZA 2005, 237.

414 ArbG Würzburg, Beschluss vom 30.08.2000 - 10 BVGa 27/00, AiB 2001, 302.

415 Hunold, NZA 1993, 723.

416 So auch Diller/Powietzka DB 2000, 720 (722).

4. *Rechtliche Grenzen bei der Festlegung einer Betriebssprache*

Aufgrund dessen, dass der Betriebsrat – sofern vorhanden im Betrieb – ein Mitbestimmungsrecht aus § 87 Abs. 1 Nr. 1 BetrVG zusteht bei der Festlegung einer Betriebssprache, besteht eine betriebsverfassungsrechtliche Regelungsbefugnis des Betriebsrats und des Arbeitgebers im Hinblick auf die Festlegung einer Betriebssprache, d. h. Arbeitgeber und Betriebsrat können eine Betriebssprache nur dann festlegen, wenn sie eine Betriebsvereinbarung hierüber schließen, da nur dann eine Regelung zur Betriebssprache getroffen wird, die für die zur Belegschaft gehörenden Arbeitnehmer unmittelbar und zwingend gilt gem. § 77 Abs. 4 Satz 1 BetrVG.[417] Beim Abschluss einer solchen Betriebsvereinbarung sind jedoch die Grundrechte der Arbeitnehmer zu beachten. Die Betriebsvereinbarung darf auch nicht gegen höherrangiges Recht, Gesetze, Verordnungen oder Unfallverhütungsvorschriften verstoßen.

[418]Das Gleiche gilt, wenn kein Betriebsrat existiert und der Arbeitgeber kraft seines Direktionsrechts darüber entscheiden will, eine bestimmte Betriebssprache festzulegen. In einem solchen Fall muss der Arbeitgeber bei der Festlegung einer Betriebssprache im Rahmen seines ihm gem. § 106 Satz 1 GewO zustehenden billigen Ermessens entscheiden, ob er die Betriebssprache allgemeinverbindlich für jeden Arbeitnehmer kraft seines Weisungsrechts festlegen will. Dies kann er z. B. durch eine mündliche oder schriftliche Anweisung, einen Aushang am Schwarzen Brett, die Einstellung der Anweisung in das Intranet oder durch eine E-Mail an alle Arbeitnehmer bewirken. Die Wahrung billigen Ermessens setzt voraus, dass die wesentlichen Umstände des Falles abgewogen und die beiderseitigen Interessen angemessen berücksichtigt werden.[419] Im Rahmen des billigen Ermessens sind dabei alle für den Arbeitnehmer zu berücksichtigenden Rechte und Gesetze, insbesondere die Grundrechte des Arbeitnehmers zu beachten.[420]

Schließlich bestehen auch rechtliche Grenzen bei der Festlegung einer Betriebssprache kraft einer betrieblichen Übung. Das Benachteiligungsverbot des § 7 Abs. 1 i.V.m. Abs. 2 AGG gilt auch für Vereinbarungen, die kraft einer

---

417 Richardi, ZfA 1992, 307, 319.

418 BVerfG 23.04.1986 – 2 BvR 487/80, BB 1987, 126; Henssler/Willemsen/Kalb, BetrVG, § 77 Rn. 47; MüArbR/Richardi § 7 Rn. 38.

419 BAG, NZA 1996, 1088.

420 BAG 10.10.2002 – 2 AZR 472/01 – NZA 2003, 483, 486; BVerfG 30.07.2003 – 1 BvR 792/03 – NZA 2003, 959 f.; BVerfG 19.10.1993 – 1 BvR 567/89, 1 BvR 1044/89 – NJW 1994, 36, 38 f.

betrieblichen Übung für den (einzelnen) Arbeitnehmer verpflichtenden Charakter erhalten soll. Auch wenn die Gesetzesbegründung zum AGG hierzu keine Angaben enthält, ob auch betriebliche Übungen dem Anwendungsbereich des AGG unterfallen. Der Begriff der Vereinbarung i.S.d. § 2 Abs. 1 Nr. 2 AGG ist weit zu verstehen und erstreckt sich demnach auch auf alle mit dem Arbeitsverhältnis verbundenen Umstände oder auf Ansprüche, die durch einen Vertrauenstatbestand geschaffen werden können und hierdurch verbindlichen Charakter erhalten.[421] Dies führt dazu, dass betriebliche Übungen gem. § 7 Abs. 2 AGG unwirksam sind, die als unmittelbare oder mittelbare Diskriminierungen i.S.d. § 3 Abs. 1 oder Abs. 2 AGG i.V.m. § 1 AGG anzusehen sind.

5. *Zu berücksichtigende Rechte der Arbeitnehmer bei der Festlegung einer Betriebssprache*

Soweit die deutsche Sprache als Betriebssprache verbindlich festgelegt werden soll, hat der Arbeitgeber ggf. mit dem Betriebsrat zusammen bei der Festlegung der deutschen Sprache als Betriebssprache zunächst die in Art. 45 Abs. 2 AEUV normierte Arbeitnehmerfreizügigkeit als gesetzliche Grenze zu beachten. Gem. Art. 45 Abs. 2 AEUV ist eine Ungleichbehandlung von Arbeitnehmern aus anderen EU-Mitgliedsstaaten aus Gründen der Staatsangehörigkeit verboten. Die Festlegung einer Betriebssprache kann ausländische Arbeitnehmer aus anderen EU-Mitgliedsstaaten mittelbar benachteiligen, wenn die Betriebssprache nicht die Muttersprache dieser (ausländischen) Arbeitnehmer ist, da diesen der Zugang zu einer Beschäftigung in diesem Betrieb nicht gelingen könnte.

Als Weiteres vom Arbeitgeber und ggf. vom Betriebsrat zu beachtendes Grundrecht bei der Festlegung einer Betriebssprache, ist Art. 3 Abs. 3 GG zu beachten. Gem. Art. 3 Abs. 3 GG ist eine Benachteiligung des Arbeitnehmers wegen seiner Sprache verboten. Art. 3 Abs. 3 Satz 1 GG verbietet zum einen unmittelbare Diskriminierungen als Rechtsfolge durch direkte tatbestandliche Anknüpfung an die Sprache und zum anderen auch mittelbare Diskriminierungen dergestalt, dass zwar tatbestandlich nicht direkt an die Sprache angeknüpft wird, die tatbestandliche Differenzierung aber im Ergebnis immer oder meistens auf eine indirekte Verwendung eines verbotenen Differenzierungskriteriums hinausläuft.[422] Das Merkmal der Sprache stellt dabei auf die Muttersprache ab; der Gebrauch der Muttersprache darf demnach nicht unmittelbar oder mittelbar

---

421 Erfurter Kommentar, AGG, § 2, Rn. 8 m.w.Nachw.

422 Hümmerich/Bocken/Düwell, GG, Art. 3, Rn. 32.

zu Nachteilen führen.[423] Mit der ausschließlichen Verwendung der deutschen Sprache als Betriebssprache wird unmittelbar an die Sprache angeknüpft, so dass Arbeitnehmer mit fehlenden Deutschkenntnissen bzw. Arbeitnehmer, bei denen die Muttersprache nicht Deutsch ist, unmittelbar i.S.d. Art. 3 Abs. 3 Satz 1 GG wegen der Sprache diskriminiert werden.

Bei der Festlegung einer Betriebssprache kann im Übrigen – wie bereits zuvor dargelegt – auch ein Verstoß gegen das AGG vorliegen, da § 7 Abs. 1 AGG eine Benachteiligung wegen der ethnischen Herkunft i.S.d. § 1 AGG verbietet. Die Verpflichtung auf eine von der Muttersprache abweichende Betriebssprache kann insoweit eine mittelbare Benachteiligung der ausländischen Arbeitnehmer gem. § 3 Abs. 2 AGG darstellen, weil der betroffene Arbeitnehmer diese Sprache typischerweise nicht so gut beherrscht wie seine Muttersprache.[424]

6. *Schranken der Arbeitnehmerrechte bei Festlegung einer Betriebssprache*

Die zuvor genannten und zu berücksichtigenden Grundrechte und einfachgesetzlich normierten Rechte der einzelnen Arbeitnehmer werden jedoch nicht schrankenlos gewährleistet, so dass die Festlegung einer Betriebssprache durchaus gerechtfertigt sein kann.

a. *Schranke des Art. 45 Abs. 2 AEUV*

Eine mittelbare Benachteiligung i.S.d. Art. 45 Abs. 2 AEUV lässt sich rechtfertigen, sofern die Verhältnismäßigkeit gewahrt ist.[425]

b. *Schranke des Art. 3 Abs. 2 GG*

Bei der Schranke des Art. 3 Abs. 2 GG ist eine Abwägung der Grundrechte des Arbeitnehmers mit der durch Art. 12 Abs. 1 GG geschützten Unternehmensfreiheit zu erfolgen, womit ebenfalls im Rahmen einer Verhältnismäßigkeitsprüfung darüber zu entscheiden ist, ob die Festlegung einer Betriebssprache gerechtfertigt erscheint.

---

423 Erfurter-KO, GG, Art. 3, Rn. 73.

424 Herbert/Oberrath, DB 2009, 2434.

425 EuGH, NZA-RR 2001, 20.

c. *Schranke des § 3 Abs. 2 AGG*

Gem. § 3 Abs. 2 AGG kann eine mittelbare Benachteiligung gerechtfertigt sein, wenn die Festlegung einer Betriebssprache verhältnismäßig ist, d. h. also durch ein rechtmäßiges Ziel sachlich gerechtfertigt ist und die Mittel zur Erreichung dieses Ziels angemessen und erforderlich sind.

d. *Zwischenergebnis*

Als Zwischenergebnis ist festzuhalten, dass eine mittelbare Benachteiligung im Rahmen der zuvor dargestellten (Grund-)Rechte der (ausländischen) Arbeitnehmer gerechtfertigt sein kann, sofern die Festlegung verhältnismäßig ist.

7. *Rechtfertigung eines Eingriffes in die Arbeitnehmerrechte bei der Festlegung einer Betriebssprache*

Damit der Eingriff in die vorgenannten Rechte der Arbeitnehmer gerechtfertigt sein kann, muss die Festlegung einer Betriebssprache also verhältnismäßig sein. Hierfür muss zunächst ein rechtfertigendes Ziel vorliegen, das mit der Festlegung einer Betriebssprache verfolgt wird. Der Wunsch, die innerbetriebliche Kommunikation vorzugeben, um die Kommunikation zu vereinheitlichen, könnte ein rechtfertigendes Ziel verfolgen.[426]

Des Weiteren müsste die Festlegung einer Betriebssprache auch erforderlich sein. Erforderlich ist die Festlegung einer Betriebssprache dann, wenn zur Erreichung des verfolgten Ziels kein milderes Mittel existiert. Ein milderes Mittel dürfte für die Festlegung der deutschen Sprache als Betriebssprache nicht geben, wenn tatsächlich Verständigungsschwierigkeiten unter den Arbeitnehmern bestehen, oder in verschiedenen Sprachen im Betrieb kommuniziert werden. In einem solchen Fall kann eine einheitliche Betriebssprache helfen, Verständigungsschwierigkeiten zukünftig zu vermeiden. Bei der Festlegung einer anderen Sprache als Deutsch dürfte ebenfalls kein milderes Mittel bestehen. Zu prüfen wäre jedoch im Einzelfall, ob die Fremdsprache nicht nur als zweite Betriebssprache aufzunehmen ist bzw. ihre Verwendung in sachlicher Hinsicht (nur bei der Kommunikation mit dem Mutterunternehmen bzw. dem Mutterkonzern) und persönlicher Hinsicht (z. B. nur Führungskräfte) beschränkt werden kann.

Schließlich muss die Festlegung der deutschen Sprache als Betriebssprache angemessen sein. Angemessen ist die Festlegung einer Betriebssprache, wenn die Gründe für die Festlegung einer Betriebssprache gegenüber den betroffenen

---

426 Herbert/Oberrath, MDR 2011, 821.

Rechten der Arbeitnehmer auf den Gebrauch der eigenen Sprache stärkeres Gewicht haben, so dass den Arbeitnehmern die Benutzung einer für sie fremden (Mutter-)Sprache zuzumuten ist. Hinsichtlich der Frage, unter welchen Voraussetzungen es zumutbar erscheint, Deutsch als Betriebssprache festzulegen, ist zu berücksichtigen, ob Deutsch auch als Sprache, also bei der Verrichtung der geschuldeten Arbeitsleistung, verwendet wird. Denn in einem solchen Fall kann der Arbeitgeber davon ausgehen, dass die Festlegung der deutschen Sprache als Betriebssprache problemlos von ausländischen Arbeitnehmer verwendet werden kann. Etwas anderes kann gelten, wenn Englisch als Betriebssprache festgelegt werden soll. Dann ist die Zumutbarkeit einer solchen Sprache als Betriebssprache einzelfallabhängig zu beurteilen.

Im Ergebnis ist festzuhalten, dass der Arbeitgeber, der ggf. zusammen mit dem Betriebsrat eine Betriebssprache festlegen möchte, rechtliche Grenzen bei der Festlegung der Betriebssprache zu beachten hat, da eine solche Festlegung die Rechte der (ausländischen) Arbeitnehmer verletzen kann. In diesem Zusammenhang kann die in Art. 45 Abs. 2 AEUV normierte Arbeitnehmerfreizügigkeit, das Diskriminierungsverbot des Art. 3 Abs. 3 GG und § 3 Abs. 2 AGG betroffen sein. Da alle genannten Gesetze nicht per se die Festlegung einer Betriebssprache verbieten, kann die Festlegung einer Betriebssprache gerechtfertigt sein, wenn der Arbeitgeber mit der Festlegung der Betriebssprache ein rechtfertigendes Ziel verfolgt, die Festlegung erforderlich ist, also kein milderes Mittel zur Verfügung steht und die Festlegung der Betriebssprache angemessen erscheint.

8. *Rechtsfolgen bei wirksamer Festlegung einer Betriebssprache*

Sofern der Arbeitgeber kraft seines Direktionsrechts zur Festlegung einer Betriebssprache berechtigt ist, der Arbeitgeber mit dem Betriebsrat wirksam eine Betriebsvereinbarung zur Betriebssprache geschlossen hat, oder die Festlegung kraft einer betrieblichen Übung erfolgen kann, stellt sich die Frage nach den Rechtsfolgen, die eine solche Festlegung zur Folge hat.

a. *Das Recht des Arbeitgebers zur Verwendung der festgelegten Betriebssprache gegenüber seinen Arbeitnehmern und dem Betriebsrat*

Nach der wirksamen Festlegung einer Betriebssprache hat der Arbeitgeber das Recht mit seinen Arbeitnehmern in der festgelegten Betriebssprache zu kommunizieren. Dem Arbeitgeber ist dann nicht nur erlaubt mit all seinen Arbeitnehmern in der festgelegten Betriebssprache zu kommunizieren, sondern der Arbeitgeber darf diesen gegenüber dann auch seine nach dem BetrVG vorgegebenen

Unterrichtungspflichten in der festgelegten Sprache erfüllen, z. B. seine Unterrichtungspflichten nach § 81 Abs. 1 Satz 1 und Abs. 2 Satz 1 BetrVG. Auch ist es dem Arbeitgeber erlaubt, seine gegenüber einem existierenden Betriebsrat obliegenden von Unterrichtungspflichten in der festgelegten Betriebssprache nachzukommen. Hierzu gehören neben der generellen Unterrichtungspflicht des § 80 Abs. 2 BetrVG, zahlreiche weitere spezielle Unterrichtungspflichten (z. B. nach §§ 99, 102 BetrVG). Da die Festlegung der Betriebssprache lediglich die Kommunikation im Betrieb betrifft, sind rechtsverbindliche individualvertragliche Erklärungen von Arbeitgeber oder Arbeitnehmern nicht von der Festlegung der Betriebssprache betroffen, da diese Erklärungen im Verhältnis Arbeitgeber und Arbeitnehmer das außerbetriebliche Verhältnis und nicht die Kommunikation innerhalb des Betriebes betreffen.

b. Die Pflicht des Arbeitnehmers zur Verwendung der festgelegten Betriebssprache gegenüber Arbeitnehmern, Arbeitgeber und Betriebsrat

Sofern eine bestimmte Betriebssprache festgelegt wurde, ist die festgelegte Betriebssprache bei der Kommunikation von allen Arbeitnehmern gegenüber anderen Arbeitnehmern, dem Arbeitgeber und dem Betriebsrat zu verwenden.

c. Die Pflicht des Betriebsrates zur Verwendung der festgelegten Betriebssprache innerhalb des Betriebsrats, gegenüber seinen Arbeitnehmern und dem Arbeitgeber

Sofern die Betriebssprache durch den Arbeitgeber festgelegt wurde, ist auch der Betriebsrat verpflichtet ausschließlich in der festgelegten Betriebssprache zu kommunizieren, und zwar auch innerhalb des Betriebsrates, mit den Arbeitnehmern im Betrieb und dem Arbeitgeber, d. h. dann auch, dass bei Betriebsversammlungen (§ 43 BetrVG) oder Sprechstunden des Betriebsrats (§ 39 BetrVG) die festgelegte Betriebssprache verwendet werden muss.

9. Zusammenfassung der Ergebnisse

Im Ergebnis ist festzuhalten, dass aufgrund einer fehlenden gesetzlichen Regelung zur Betriebssprache keine Verpflichtung besteht, ausschließlich auf Deutsch oder in einer anderen Sprache im Betrieb zu kommunizieren. Vielmehr kann sich eine die Verpflichtung zur Verwendung einer deutschen Betriebssprache daraus ergeben, dass der Arbeitgeber wiederholt im Betrieb mit allen Arbeitnehmern auf Deutsch kommuniziert, da in einem solchen Fall die deutsche Sprache als Betriebssprache durch eine betriebliche Übung gegenüber den Arbeitnehmern verpflichtend werden kann. Sofern die Festlegung einer Betriebssprache nicht kraft einer betrieblichen Übung festgelegt ist, kann der Arbeitgeber grundsätzlich kraft seines ihm zustehenden Direktionsrechts und im Rahmen seines ihm zustehenden billigen Ermessen gem. § 106 Satz 2 GewO die Festlegung der deutschen Sprache als Betriebssprache anordnen. Sofern ein Betriebsrat besteht, hat der Betriebsrat gem. § 87 Abs. 1 Nr. 1 BetrVG ein Mitbestimmungsrecht bei der Festlegung einer Betriebssprache, wonach eine Betriebsvereinbarung die rechtliche Grundlage dafür bilden muss, dass die Arbeitnehmer im Betrieb dazu verpflichtet sind, Deutsch oder eine andere Sprache als Deutsch bei der Kommunikation im Betrieb zu verwenden. Sofern der Arbeitgeber kraft seines Direktionsrechts die Betriebssprache festlegen oder mit dem Betriebsrat eine Betriebsvereinbarung schließen möchte, die eine Vorgabe zur Betriebssprache macht, sind rechtliche Grenzen bei der Festlegung der Betriebssprache zu beachten. Auch wäre die Festlegung einer Betriebssprache durch eine betriebliche Übung gem. § 7 Abs. 2 AGG nicht möglich, wenn eine solche Festlegung zu einer mittelbaren Diskriminierung der Arbeitnehmer i.S.d. § 3 Abs. 2 AGG wegen der ethnischen Herkunft führen würde. Bei der Festlegung einer Betriebssprache kraft Direktionsrecht des Arbeitgebers oder mittels einer Betriebsvereinbarung sind zudem die in Art. 45 Abs. 2 AEUV normierte Arbeitnehmerfreizügigkeit und das Diskriminierungsverbot des Art. 3 Abs. 3 GG zu beachten. Da alle vorgenannten Gesetze aber nicht per se die Festlegung einer Betriebssprache verbieten, kann die Festlegung einer Betriebssprache gerechtfertigt sein, und zwar dann, wenn der Arbeitgeber mit der Festlegung der Betriebssprache ein rechtfertigendes Ziel verfolgt, die Festlegung erforderlich ist, also kein milderes Mittel zur Verfügung steht und die Festlegung der Betriebssprache angemessen erscheint. Wenn die Festlegung einer Betriebssprache gerechtfertigt ist, hat dies zur Folge, dass der Arbeitgeber, die Arbeitnehmer und der Betriebsrat auf der festgelegten Betriebssprache miteinander und untereinander zu kommunizieren haben.

II. Problemstellung bei fehlender oder nicht zulässiger Festlegung einer Betriebssprache

Wie zuvor dargelegt, ist bei der Festlegung einer Betriebssprache durch den Arbeitgeber gegenüber allen Arbeitnehmern gleichermaßen die vorgenannten Rechte der (ausländischen) Arbeitnehmer im Betrieb zu beachten, so dass ein Eingriff in die Rechte der Arbeitnehmer sachlich gerechtfertigt sein muss. Sofern die Betriebssprache nicht verbindlich festgelegt wurde oder vom Arbeitgeber nicht festgelegt werden kann und auch kraft einer betrieblichen Übung nicht verbindlichen Charakter erhalten kann, weil z. B. ein Verstoß gegen § 7 Abs. 2

AGG vorliegt, stellt sich die Frage, welche Kommunikationsprobleme im Betrieb hierdurch entstehen können und wie diese rechtlich zu behandeln sind.

1. Bei der Kommunikation zwischen Arbeitgeber und Arbeitnehmer

Der erste Teil der vorliegenden Untersuchung hat gezeigt, dass grundsätzlich der Arbeitgeber gewährleisten muss, dass der Arbeitnehmer den Inhalt der vielfältigen Erklärungen versteht. Die im ersten Teil untersuchten Erklärungen betreffen jedoch das außerbetriebliche Verhältnis der Kommunikation zwischen Arbeitgeber und Arbeitnehmer. Die betriebliche Kommunikation zwischen Arbeitgeber und Arbeitnehmer ist eine andere. Bei der betrieblichen Kommunikation zwischen Arbeitgeber und Arbeitnehmer geht es einerseits um das Kundtun, Vermitteln, Austauschen oder Unterrichten von betriebsinternen Informationen und das Berücksichtigen von Meinungen, z. B. durch E-Mails, Veröffentlichungen im Intranet oder mit web und/oder handybasierten Messenger-Diensten, andererseits, die das BetrVG verpflichtend vorgibt[427].

Der Arbeitgeber ist jedoch nicht immer frei, sich mit seinen Arbeitnehmern kommunikativ auszutauschen, sondern ist in bestimmten Fällen rechtlich verpflichtet, den Arbeitnehmer über betriebliche Belange zu informieren oder zu unterrichten. So hat der Arbeitgeber, z. B. den Arbeitnehmer gem. § 81 Abs. 1 Satz 1 BetrVG über dessen Aufgaben und Verantwortung sowie über die Art seiner Tätigkeit und ihre Einordnung in den Arbeitsablauf des Betriebs zu unterrichten. Darüber hinaus ist der Arbeitnehmer vom Arbeitgeber gem. § 81 Abs. 2 BetrVG über Veränderungen in seinem Bereich rechtzeitig zu informieren, ihm sind Veränderungen der technischen Produktionsabläufe und eine geplante Versetzung mitzuteilen. Neben diesen Unterrichtungspflichten hat der Arbeitgeber, der in der Praxis regelmäßig auch der unmittelbare Vorgesetzte des Arbeitnehmers ist, den Arbeitnehmer nach § 82 Abs. 1 Satz 1 BetrVG in allen betrieblichen Angelegenheiten, die seine Person betreffen, anzuhören und dabei die vorgebrachten Argumente zur Kenntnis zu nehmen und sich mit ihnen dem Anlass und Anliegen entsprechend auseinanderzusetzen.[428] Bei einer Verletzung dieser Pflichten des Arbeitgebers kann der Arbeitnehmer diese Rechte notfalls im Klageverfahren geltend machen.[429] Neben den dargelegten Unterrichtungspflichten, die das BetrVG dem Arbeitgeber auferlegen, bestehen noch

---

427 Däubler, BGB, § 611, Rn. 509.
428 Däubler, BGB, § 611, Rn. 510.
429 Erfurter-KO, BetrVG § 82 Rn. 12.

Unterweisungspflichten des Arbeitgebers aus arbeitsschutzrechtlichen Vorschriften, z. B. § 9 BetriebssicherheitsVO oder § 6 ArbStättV.

Sofern der Arbeitgeber die vorgenannten Verpflichtungen – auch gegenüber ausländischen Arbeitnehmern – auf Deutsch nachkommt, stellt sich die Frage, ob er seine vorgenannten Unterrichtungspflichten rechtswirksam nachkommen darf. Im Übrigen stellt sich die Frage, ob der Arbeitgeber dann auch auf eigene Kosten für die Ermöglichung der Kommunikation zwischen ihm und seinen Arbeitnehmern Sorge tragen muss.

2. Bei der Kommunikation zwischen Arbeitgeber und Betriebsrat

Auch kann es zwischen Betriebsrat und Arbeitgeber zu Kommunikationsschwierigkeiten kommen, z. B. dann, wenn im Betrieb ausschließlich auf Deutsch oder in einer anderen Sprache kommuniziert wird und der Betriebsrat bzw. einzelne Betriebsratsmitglieder, der im Betrieb verwendete Sprache kaum oder gar nicht mächtig sind. Solche Sprachprobleme stellen vor dem Hintergrund, dass der Arbeitgeber gegenüber dem Betriebsrat eine Vielzahl von Unterrichtungspflichten einzuhalten hat, ein Kommunikationsproblem dar. Dieses Kommunikationsproblem lässt sich anhand der nach dem BetrVG bestehenden Unterrichtungspflichten des Arbeitgebers gegenüber dem Betriebsrat verdeutlichen. Neben der Generalklausel des § 80 Abs. 2 BetrVG, nach der der Arbeitgeber gegenüber dem Betriebsrat verpflichtet ist, diesen zur Durchführung seiner Aufgaben nach dem BetrVG rechtzeitig und umfassend zu unterrichten, hat der Arbeitgeber den Betriebsrat im Rahmen seiner Mitwirkungs- und Mitbestimmungspflichten, z. B. insbesondere in folgenden Fällen zu unterrichten:

- Mitteilung der den Arbeitsschutz und die Unfallverhütung betreffenden Auflagen und Anordnungen gemäß § 89 Abs. 2 Satz 2 BetrVG;
- Planung bei Gestaltung von Arbeitsplatz, Arbeitsablauf und Arbeitsumgebung nach § 90 BetrVG;
- Personalplanung nach § 92 Abs. 1 Satz 1 BetrVG;
- Mitbestimmung bei personellen Einzelmaßnahmen, § 99 Abs. 1 BetrVG;
- Beabsichtigte Einstellung oder personelle Veränderung leitender Angestellter nach § 105 BetrVG;
- Ausübung der Mitbestimmung bei personellen Einzelmaßnahmen nach § 99 Abs. 1 und § 100 Abs. 2 Satz 1,
- Anhörung vor Kündigungen nach § 102 Abs. 1 Satz 2 BetrVG oder
- bei geplanten Betriebsänderungen nach § 111 BetrVG.

Der Betriebsrat soll durch Ausübung der u. a. vorgenannten Mitwirkungs- und Mitbestimmungsrechte an den unternehmerischen Entscheidungen des Arbeitgebers beteiligt werden. Dies ist jedoch nur dann möglich, wenn die Betriebsratsmitglieder auch vollständig Inhalt und Bedeutung der geplanten unternehmerischen Entscheidungen des Arbeitgebers verstehen und nachvollziehen können.

3. *Bei der Kommunikation zwischen Arbeitnehmer und Betriebsrat*

Nicht nur zwischen Arbeitgeber und Betriebsrat können fehlende oder mangelnde Sprachkenntnisse die Betriebsratstätigkeit beeinträchtigen. Auch kann zwischen Betriebsrat und den Arbeitnehmern im Betrieb durch Sprachbarrieren die Kommunikation gestört sein, z. B. dann, wenn Betriebsratsmitglieder sich auf Betriebsversammlungen (§ 43 BetrVG) nicht mit den Arbeitnehmern oder einem Teil der Arbeitnehmer verständigen können. Das Gleiche gilt für Sprechstunden des Betriebsrats (§ 39 BetrVG).

4. *Bei der Kommunikation innerhalb des Betriebsrates*

Letztlich kann auch die Kommunikation innerhalb des Betriebsrates betroffen und beeinträchtigt sein, wenn nicht alle Betriebsratsmitglieder untereinander kommunizieren können. Nachdem der Betriebsrat gewählt wurde, finden regelmäßig Betriebsratssitzungen (§§ 29 f. BetrVG) statt, in denen der gewählte Betriebsrat Beschlüsse fasst (§ 33 BetrVG), um seine Geschäftsführung zu konkretisieren. Gemäß § 33 Abs. 1 Satz 1 BetrVG werden Beschlüsse des Betriebsrats mit der Mehrheit der Stimmen der anwesenden Mitglieder gefasst. Aufgrund von Sprachschwierigkeiten bei einzelnen Betriebsratsmitgliedern, z. B. innerhalb eines überwiegend deutschsprachigen Betriebsrats kann es vorkommen, dass deutschsprachige Sitzungsunterlagen nicht von einem ausländischen Betriebsratsmitglied verstanden werden oder dass Betriebsratsbeschlüsse falsch gefasst werden, weil der Inhalt des Betriebsratsbeschlusses nicht verstanden wird. Außerdem können fehlende Deutschkenntnisse bei den Mitgliedern des Betriebsrats dazu führen, dass auf Betriebsratssitzungen letztendlich keine Beschlüsse vom Betriebsrat gefasst werden, da der Inhalt des zu fassenden Beschlusses von einzelnen ausländischen Betriebsratsmitgliedern nicht verstanden wird und daher die Fassung eines Beschlusses des Betriebsrats verweigert wird.

III. Die Kostentragungspflicht des Arbeitgebers zur Ermöglichung der Kommunikation im Betrieb bei fehlender oder nicht zulässiger Festlegung einer Betriebssprache

Es fragt sich bei den dargelegten Kommunikationsschwierigkeiten der einzelnen Parteien im Betrieb, ob der Arbeitgeber verpflichtet ist, die Kosten für Maßnahmen zur Ermöglichung oder Verbesserung der Kommunikation zwischen diesen Parteien zu tragen.

1. Bei der Kommunikation zwischen Arbeitgeber und Arbeitnehmer

Bei der innerbetrieblichen Kommunikation zwischen Arbeitnehmer und Arbeitgeber können – wie dargelegt – Kommunikationsprobleme mit sprachunkundigen Arbeitnehmer bestehen. Es stellt sich daher die Frage, ob der Arbeitgeber für die Ermöglichung der für eine Kommunikation notwendigen Kosten zu tragen hat, z. B. Übersetzungskosten für Dokumente u. Ä., oder Kosten für die Hinzuziehung eines Dolmetschers, um die Kommunikation zwischen Arbeitgeber und Arbeitnehmer zu ermöglichen.

a. Keine gesetzliche Regelung zur Ermöglichung der betriebsinternen Kommunikation zwischen Arbeitgeber und Arbeitnehmer auf Kosten des Arbeitgebers

Im BetrVG oder in einem anderen Gesetz findet sich zu dieser Frage keine Regelung. Lediglich in § 2 Abs. 5 WO BetrVG (galt bis 14. Dezember 2001) wurden ausländische Arbeitnehmer besonders erwähnt, jedoch in einem anderen Zusammenhang: Gemäß § 2 Abs. 5 WO BetrVG (2001) soll der Wahlvorstand, der gem. § 16 Abs. 1 BetrVG in der Regel aus drei Arbeitnehmern besteht, dafür Sorge tragen, dass ausländische Arbeitnehmerinnen und Arbeitnehmer, die der deutschen Sprache nicht mächtig sind, vor Einleitung der Betriebsratswahl in geeigneter Weise unterrichtet werden. Ziel dieser Vorschrift war es, den ausländischen Arbeitnehmern die erforderlichen Kenntnisse zu vermitteln, damit sie sich an der Wahl als ihrem wichtigsten Kollektivrecht beteiligen können.[430] Die Vorschrift kann vom Wortlaut her schon nicht zur vorgenannten Frage der Kostentragungslast des Arbeitgebers zur Ermöglichung der innerbetrieblichen Kommunikation zwischen ihm und seinen Arbeitnehmern herangezogen werden, unabhängig davon, dass die Vorschrift auch nicht mehr in Kraft ist. Es findet sich nämlich kein konkreter Hinweis darauf, dass der Arbeitgeber auch für

430 Däubler, BetrVG, § 2 WO 2001, Rn. 17; Fitting, Fn. 26.

die Kosten für die Unterrichtung ausländischer Arbeitnehmer zu tragen hat. Die Norm verpflichtet lediglich den Wahlvorstand ausländische Arbeitnehmer über eine bevorstehende Betriebsratswahl zu unterrichten. Der Arbeitgeber soll hingegen nicht hierfür die Verantwortung tragen. Die Existenz dieser Norm belegt vielmehr, dass der Gesetzgeber davon ausgegangen ist, dass außerhalb des Geltungsbereichs dieser Vorschrift Deutsch die Sprache der Betriebsverfassung ist.[431] Hinsichtlich der Frage der Kostentragungspflicht des Arbeitgebers für die Ermöglichung der Kommunikation zwischen Arbeitgeber und Arbeitnehmer findet sich jedoch kein Hinweis.

b. Die Kostentragungspflicht des Arbeitgebers zur Ermöglichung der Kommunikation im Betrieb bei fehlender oder nicht zulässiger Festlegung einer Betriebssprache aufgrund der Rücksichtnahmepflicht des Arbeitgebers

Aus der Rücksichtnahmepflicht des Arbeitgebers könnte sich ergeben, dass der Arbeitgeber auf eigene Kosten Sorge dafür zu tragen hat, um die Kommunikation zwischen Arbeitnehmer und Arbeitgeber zu ermöglich, wenn keine Betriebssprache festgelegt ist oder festgelegt werden kann. Nach § 241 Abs. 2 BGB ist der Arbeitgeber verpflichtet, auf die Rechte, Rechtsgüter und Interessen des Arbeitnehmers Rücksicht zu nehmen: Wie bereits im 1. Teil der Untersuchung dargelegt, kann der Arbeitgeber während des Arbeitsverhältnisses aufgrund dieser Rücksichtnahmepflicht zu leistungssichernden Maßnahmen verpflichtet sein, wozu auch die Übersetzung von Dokumenten oder die Stellung eines Dolmetschers gehören kann, und zwar auf Kosten des Arbeitgebers.[432] Bei der betrieblichen Kommunikation steht der Leistungserfolg jedoch nicht im Vordergrund, da der Leistungserfolg nicht primär mit dem Austausch von betriebsinternen Informationen im Zusammenhang steht. Jedoch unterfallen der Rücksichtnahmepflicht des Arbeitgebers im Sinne des § 241 Abs. 2 BGB auch Informations- und Aufklärungspflichten[433]. Aus diesen Pflichten muss der Arbeitgeber ebenfalls angehalten sein, nicht nur auf eigene Kosten leistungssichernde Maßnahmen, z. B. in Form von Übersetzungen durchzuführen, sondern auch den Austausch von betriebsinternen Informationen und Meinungen zu gewährleisten, also die

431 So auch: Vogt/Oltmanns, NZA 2014, 183; Diller/Powietzka, DB 2000, 718; Aden, ZRP 2011, 120 (121).

432 BAG, Urteil vom 21.02.2017, Az. 1 AZR 367/15 = AP BetrVG 1972 § 99 Einstellung Nr. 68.

433 MüKo, BGB, § 611, Rn. 1003 m.w.Nachw.

betriebliche Kommunikation zwischen ihm und (ausländischen) Arbeitnehmern sicherzustellen. Allein auch um den arbeitgeberseitigen, gesetzlichen Unterrichtungs- und Unterweisungspflichten nachkommen zu können, bietet sich dies besonders an.[434] Anderenfalls kann der Arbeitgeber seine ihm nach dem BetrVG bestehenden Unterrichtungs- und Erörterungspflichten (vgl. hierzu z. B. § 81 Abs. 1 und Abs. 2 BetrVG) nicht erfüllen, wenn sich der Arbeitgeber nicht mit ausländischen Arbeitnehmern verständigen kann.[435] Das Gleiche gilt für die Unterweisungs-, Informations- und Unterrichtungspflichten, die der Arbeitgeber gemäß der bestehenden arbeitsschutzrechtlichen Vorschriften zu erfüllen hat, z. B. § 9 BetriebssicherheitsVO oder § 6 ArbStättV. Diese These wird unter anderem dadurch bestätigt, dass § 6 Abs. 1 ArbeitStättV ausdrücklich eine „verständliche Sprache" bei der Unterweisung des Arbeitgebers gegenüber seinen Arbeitnehmer voraussetzt. Bei dieser Formulierung handelt es sich wohl um die vom Gesetzgeber bewusste Umsetzung der Rücksichtnahmepflicht des Arbeitgebers in Bezug auf die Unterweisungspflicht des Arbeitgebers i.S.d. § 6 Abs. 1 ArbeitStättV. Dies verdeutlicht, dass der Gesetzgeber wohl erkannt hat, dass im Hinblick auf die betriebliche Kommunikation zwischen Arbeitgeber und ausländischen Arbeitnehmern kaum bzw. keine gesetzlichen Regelungen existieren, die eine Vorgabe zur Sprache der Erfüllung dieser arbeitgeberseitigen Pflichten machen.

Der Arbeitgeber kann demnach aufgrund seiner nach § 241 Abs. 2 BGB bestehenden Rücksichtnahmepflicht verpflichtet sein, die für die Ermöglichung der Kommunikation und für die Erfüllung seiner Unterweisungs-, Informations- und Unterrichtungspflichten gegenüber seinen ausländischen Arbeitnehmern notwendigen Kosten zu tragen, um die Kommunikation mit diesen zu ermöglichen, z. B. durch Übersetzungen oder durch die Beiziehung eines Dolmetschers bei der jeweiligen Kommunikation.

Neben der Rücksichtnahmepflicht hat der Arbeitgeber – wie oben dargelegt – § 75 Abs. 2 BetrVG zu beachten. Zum Schutze und zur Förderung des Arbeitnehmers hat der Arbeitgeber gegenüber dem Arbeitnehmer Maßnahmen zu ergreifen, wie z. B. die Ermöglichung von Sprachkursen, um den Arbeitnehmer die Teilnahme am sprachlichen Betriebsverkehr zu ermöglichen.

---

434 So auch Aigner, BB 1992, 2357.

435 Ebenso Richardi, BetrVG, § 81, Rn. 16; Fitting, § 81, BetrVG, Rn. 14; Galperin/Löwisch, BetrVG, § 81 Rn. 4; LAG Rheinland-Pfalz 24.01.2006, 5 Sa 817/05.

2. *Bei der Kommunikation zwischen Arbeitgeber und Betriebsrat*

Sofern die Betriebssprache nicht festgelegt ist, besteht für ausländische nicht-deutschsprachige Mitglieder eines Betriebsrats das Problem, dass sie Unterlagen bzw. mündlich erteilte Informationen wegen Defiziten in der deutschen Sprache nicht vollständig verstehen können. Es stellt sich dann die Frage, ob der Betriebsrat in bestimmten Fällen einen Anspruch auf Erstattung der Kosten für einen Dolmetscher oder die Übersetzung von Dokumenten haben könnte. Ein solcher Anspruch könnte dem Betriebsrat gem. § 40 Abs. 1 BetrVG i.V.m. § 2 Abs. 1 BetrVG zustehen. Gem. § 40 Abs. 1 BetrVG hat der Arbeitgeber die durch die Tätigkeit des Betriebsrats entstehenden Kosten zu tragen. Zu den Geschäftsführungskosten zählen alle Kosten, die zu einer sachgerechten und ordnungsgemäßen Durchführung der Betriebsratsaufgaben erforderlich sind.[436] Hierzu zählen auch alle Kosten, die für die Sicherstellung der Kommunikation zwischen Arbeitgeber und Betriebsrat notwendig sind. Denn anderenfalls könnte der Betriebsrat nicht seine Betriebsratsaufgaben erfüllen. Der Arbeitgeber bestimmt nämlich maßgebend die Betriebsratsaufgaben aufgrund seiner dargestellten Mitteilungspflichten dem Betriebsrat gegenüber.

Dieses Ergebnis wird dadurch bekräftigt, dass § 2 Abs. 1 BetrVG das Gebot der vertrauensvollen Zusammenarbeit zwischen Arbeitgeber und Betriebsrat statuiert. Aus dieser Norm kann zwar direkt keine Kostentragungspflicht des Arbeitgebers für die kostenpflichtige Ermöglichung der Kommunikation zwischen Arbeitgeber und Betriebsrat hergeleitet werden. Jedoch regelt diese Vorschrift, dass Arbeitgeber und Arbeitnehmer vertrauensvoll nach dem Gebot von Treu und Glauben zusammenzuarbeiten haben.[437] Die bestehenden Interessengegensätze werden damit nicht geleugnet und die jeweilige Interessenwahrnehmung nicht ausgeschlossen.[438] Dies soll nach dem Prinzip der Legalität, in gegenseitiger Rücksichtnahme, mit „Ehrlichkeit und Offenheit" geschehen.[439] § 2 Abs. 1 BetrVG ist bei der Auslegung des BetrVG zu beachten und wirkt so auf den Inhalt aller Einzelrechte und -pflichten der Betriebsparteien ein, so dass eine Kostenerstattungspflicht für einen Dolmetscher oder für Übersetzungen in Verbindung mit dem § 40 Abs. 1 BetrVG herleitbar ist.[440] Eine nach § 2 Abs. 1 BetrVG vertrauensvolle Zusammenarbeit zwischen Arbeitgeber und Betriebsrat

---

436 BAG 19.04.1989 AP BetrVG 1972 § 40 Nr. 29.

437 BAG, Beschluß vom 21.04.1983 – 6 ABR 70/82.

438 BAG, NZA 2017, 68.

439 BAG 22.05.1959 AP BetrVG § 23 Nr. 5.

440 BAG 21.02.1978 NJW 1978, 2216.

ist nur dann möglich, wenn der Betriebsrat in einer für ihn verständlichen Sprache vom Arbeitgeber unterrichtet wird.[441] Jedes Betriebsratsmitglied hat sein Amt dabei in eigener Verantwortung nach bestem Können wahrzunehmen. Das setzt voraus, dass jedes einzelne Betriebsratsmitglied die Verhandlungen mit dem Arbeitgeber und auch die Unterrichtungen des Arbeitgebers in vollem Umfang versteht, dazu Stellung nehmen und insoweit auch ggf. in sachgerechter Weise Entscheidungen des Betriebsrats (mit)treffen kann. Für die Durchführung der Betriebsratstätigkeit kann es demnach erforderlich sein, dass bei einer Verhandlung zwischen dem Betriebsrat und dem Arbeitgeber ein Dolmetscher zugegen ist, der nicht nur die Kommunikation, sondern auch die vom Arbeitgeber vorgelegten Dokumente in eine Sprache übersetzt, die es dem einzelnen Betriebsratsmitglied, aber auch dem Betriebsrat als Gremium ermöglicht, die Kommunikationen zu verstehen und die Verhandlungen über die Sachgegenstände aufzunehmen.[442] Der Anspruch auf Stellung eines Dolmetschers oder auf Übersetzung von Dokumenten ist bereits dann zu bejahen, wenn dem Betriebsrat nur ein ausländisches Mitglied angehört, das die deutsche Sprache nicht hinreichend beherrscht, da bereits in einem solchen Fall die Betriebsratstätigkeit eingeschränkt sein kann.[443] Jedoch gilt es in diesem Zusammenhang zu beachten, dass eine Unterrichtung durch den Arbeitgeber nicht von jedem Betriebsratsmitglied tatsächlich subjektiv verstanden werden muss. Erforderlich aber auch ausreichend ist, dass die Unterrichtung nach objektiven Maßstäben von einem gewöhnlichen Betriebsrat verstanden werden kann.[444] Daraus folgt, dass eine Übersetzung der Unterrichtung durch den Arbeitgeber oder die Stellung eines Dolmetschers nicht erforderlich ist, wenn ein Betriebsratsmitglied selbst in der Lage ist, in die betreffende Sprache des nicht-deutschsprachigen Arbeitnehmers zu dolmetschen bzw. zu übersetzen.

Im Ergebnis besteht gem. § 40 Abs. 1 BetrVG i.V.m. § 2 Abs. 1 BetrVG eine Kostentragungspflicht des Arbeitgebers für Übersetzungen oder für die Stellung eines Dolmetschers, wenn im Betriebsrat keiner in der Lage ist, dem jeweiligen nicht-deutschsprachigen Betriebsratsmitglied den Inhalt einer Unterrichtung des Arbeitgebers zur Kenntnis zu bringen bzw. das Dokument des Arbeitgebers zu übersetzen.

---

441 So auch ErfK/Koch (o. Fn. 9), § 40 BetrVG Rn. 2; Weber, GK-BetrVG, 9. Aufl. 2010, § 40 Rn. 28; Hunold, NZA-RR 1999, 113 (116); a.A Vogt/Oltmanns, NZA 2014, 181.

442 So auch LAG Nürnberg, NZA-RR 2020, 528.

443 Herbert/Oberrath, NZA 2012, 1260.

444 Vogt/Oltmanns, NZA 2014, 181; Diller/Powietzka, DB 2000, 718.

3. Bei der Kommunikation zwischen Arbeitnehmer und Betriebsrat

Des Weiteren stellt sich die Frage, ob der Arbeitgeber auf eigene Kosten dazu verpflichtet ist, die innerbetriebliche Kommunikation zwischen Betriebsrat und Arbeitnehmer zur gewährleisten, z. B. bei Betriebsversammlungen i.S.d. § 43 BetrVG oder bei Sprechstunden i.S.d. § 39 BetrVG einen Dolmetscher zur Verfügung zu stellen, wenn zwischen Betriebsrat und den Arbeitnehmern des Betriebes Sprachbarrieren bestehen, die daraus resultieren, dass einige ausländische Arbeitnehmer oder Betriebsratsmitglieder über nicht ausreichende Sprachkenntnisse verfügen. Ein solcher Anspruch des Betriebsrats gegen den Arbeitgeber auf Zahlung von Übersetzungskosten könnte sich ebenfalls aus § 40 Abs. 1 BetrVG i.V.m. § 2 Abs. 1 BetrVG ergeben. Gem. § 40 Abs. 1 BetrVG hat der Arbeitgeber, die durch die Tätigkeit des Betriebsrats entstehenden Kosten zu tragen. Fraglich ist jedoch, ob es sich bei solchen Übersetzungskosten um Geschäftsführungskosten i.S.d. § 40 Abs. 1 BetrVG handelt. Zu den Geschäftsführungskosten des Betriebsrats, die der Arbeitgeber zu tragen hat, zählen grundsätzlich alle Kosten, die zu einer sachgerechten und ordnungsgemäßen Durchführung der Betriebsratsaufgaben erforderlich sind. Bei Verständigungsschwierigkeiten zwischen Betriebsrat und ausländischen Arbeitnehmern im Betrieb kann im Verhältnis von Betriebsrat zur Belegschaft ein Dolmetscher auf Kosten des Arbeitgebers gemäß § 40 Abs. 1 BetrVG erforderlich sein, wenn z. B. im Betrieb zahlreiche ausländische Arbeitnehmer beschäftigt sind und eine Kommunikation zwischen Betriebsrats und diesen ausländischen Arbeitnehmern nur unter Hinzuziehung eines Dolmetschers möglich ist. In einem solchen Fall handelt es sich somit um Geschäftsführungskosten i.S.d. § 40 Abs. 1 BetrVG. Anderenfalls kann der Betriebsrat seine Tätigkeit nicht ordnungsgemäß ausüben.[445] Das Risiko des sprachlichen Nichtverstehens zwischen Betriebsrat und den Arbeitnehmern im Betrieb kann nicht einseitig auf den Betriebsrat oder die einzelnen Arbeitnehmer übertragen werden, da die Belegschaft und der Betriebsrat keinen Einfluss darauf haben, wie die Zusammensetzung des Betriebsrats oder der Arbeitnehmerschaft im Betrieb hinsichtlich etwaiger vorhandener Sprachkenntnisse ist. Im Übrigen hat der Betriebsrat die Eingliederung ausländischer Arbeitnehmer im Betrieb und das Verständnis zwischen ihnen und den deutschen Arbeitnehmern

---

445 LAG Nürnberg, NZA-RR 2020, 528; LAG Düsseldorf 30.01.1981 DB 1981, 1093; ArbG München Urteil vom 14.03.1974 BB 1974, 1022; Däubler/Kittner/Klebe/Wedde, Kommentar zum BetrVG, BetrVG, § 40 Rn. 14; Diller/Powietzka DB 2000, 720; Brill, DB 1977, 2139 f.

zu fördern gemäß § 75 Abs. 1 BetrVG[446]. Diese Pflicht bezieht sich auf die Beseitigung von Eingliederungshindernissen, die ihren Grund auch in Sprachschwierigkeiten finden. Dieser Pflicht kann der Betriebsrat nur dann nachkommen, wenn er die Möglichkeit zur Kommunikation mit den ausländischen Arbeitnehmern besitzt, so dass auch aus diesem Grund der Arbeitgeber dafür Sorge tragen muss, dass Dolmetscher während der Betriebsversammlung oder während der Sprechstunden des Betriebsrats anwesend sind, so dass der Betriebsrat mit den ausländischen Arbeitnehmern im Betrieb kommunizieren kann. Folglich kann die Hinzuziehung von Dolmetschern auf Kosten des Arbeitgebers gem. § 40 Abs. 1 BetrVG i.V.m. § 2 Abs. 1 BetrVG erforderlich sein, z. B. dann, wenn in dem Betrieb zahlreiche ausländische Arbeitnehmer beschäftigt sind.

4. Bei der Kommunikation innerhalb des Betriebsrats

a. Kostentragungspflicht des Arbeitgebers für Übersetzungen und die Stellung eines Dolmetschers gem. § 40 Abs. 1 BetrVG

Weiter ist zu untersuchen, ob der Arbeitgeber auch zur Kostentragung für Übersetzungen und/oder die Stellung eines Dolmetsches für den Betriebsrat heranzuziehen ist, wenn nicht alle Mitglieder im Betriebsrat über ausreichend Sprachkenntnisse verfügen, um miteinander zu kommunizieren, oder um die schriftliche Dokumentation des Arbeitgebers oder der übrigen Betriebsratsmitglieder zu verstehen. Als Rechtsgrundlage für eine Kostentragungspflicht des Arbeitgebers für Übersetzungen und/oder die Stellung eines Dolmetschers im Interesse des Betriebsrats könnte wieder die Regelung des § 40 Abs. 1 BetrVG heranzuziehen sein. Wie bereits dargelegt trägt der Arbeitgeber gem. § 40 Abs. 1 BetrVG die durch die Tätigkeit des Betriebsrats entstehenden Kosten, da der Betriebsrat für seine Zwecke von den Arbeitnehmern keine Beiträge erheben darf (§ 41 BetrVG), andererseits den Betriebsratsmitgliedern aus ihrer Tätigkeit auch keine Nachteile entstehen dürfen (§ 78 Satz 2 BetrVG). Zu den erstattungsfähigen Kosten gemäß § 40 Abs. 1 BetrVG gehören insbesondere die Kosten für die Geschäftsführung des Betriebsrats und die notwendigen Aufwendungen der einzelnen Betriebsratsmitglieder.[447] Die Kosten der Tätigkeiten des Betriebsrats i.S.d. § 40 Abs. 1 BetrVG sind jedoch nur dann erstattungsfähig, wenn sie für die im Interesse des Betriebs und der Belegschaft unter Berücksichtigung der

---

446 So auch Herbst, Anmerkung zu ArbG Stuttgart, Beschluss vom 27.02.1986, AiB 1986, 168; a.A. Vogt/Oltmanns, NZA 2014, 181.

447 Richardi, BetrVG, § 40 Rn. 3.

Belange des Arbeitgebers erforderlich waren, oder jedenfalls vom Betriebsrat oder dessen Mitglieder für erforderlich gehalten werden durften.[448]

Die herrschende Meinung im Schrifttum[449] und die Rechtsprechung[450] bejahen die Erforderlichkeit eines Dolmetschers oder die für den Arbeitgeber kostenpflichtigen Übersetzungen von Dokumenten, wenn innerhalb des Betriebsrats Verständigungsschwierigkeiten bestehen, weil nicht alle Betriebsratsmitglieder die gleiche Sprache sprechen und zählen solche Kosten zu den Kosten i.S.d. § 40 Abs. 1 BetrVG, die durch die Tätigkeit des Betriebsrats entstehenden Kosten. Dem ist zuzustimmen. Sprachdefizite einzelner Mitglieder des Betriebsrats führen zu einer Einschränkung der Betriebsratstätigkeit, da diese zu fehlerhaften Betriebsratsbeschlüssen führen können. Im Interesse des Betriebes und der Belegschaft, zur Gewährleistung der Tätigkeit des Betriebsrats und unter Berücksichtigung der Belange des Arbeitgebers, da dieser ebenfalls auf die Tätigkeit des Betriebsrats angewiesen ist, erscheint es erforderlich, wenn der Betriebsrat auf Kosten des Arbeitgebers, z. B. bei Betriebsratssitzungen einen Dolmetscher hinzuzieht, um die Kommunikation der Betriebsratsmitglieder untereinander sicherzustellen, oder Dokumente übersetzen lässt, über die im Betriebsrat gesprochen und diskutiert werden sollen. Im Ergebnis ist daher festzuhalten, dass der Arbeitgeber gem. § 40 Abs. 1 BetrVG dazu verpflichtet werden kann, die Kosten für Übersetzungen und die Stellung eines Dolmetschers für die Betriebsratstätigkeit zu übernehmen.

b. Kostentragungspflicht des Arbeitgebers für Deutschkurse des Betriebsrates gem. § 37 Abs. 6 Satz 1 BetrVG

Des Weiteren stellt sich die Frage, ob ein Betriebsrat, der z. B. auch mit ausländischen Betriebsrats-Mitgliedern besetzt ist, vom Arbeitgeber verlangen kann, dass Betriebsratsmitglieder unter Fortzahlung seiner Vergütung, z. B. an Sprachkursen teilnehmen dürfen, wenn diese aufgrund von fehlenden Sprachkenntnissen nicht mit den übrigen Betriebsratsmitgliedern untereinander kommunizieren können und die Betriebssprache nicht festgelegt ist bzw. festgelegt werden kann. Ein solcher Anspruch des Betriebsrates könnte sich aus

448 BAG, Beschluss vom 24.06.1969 – 1 ABR 6/69, BB 1969, 1037; LAG D 30.01.1981 DB 1981, 1093.

449 Erfurter-KO, BetrVG, § 40, Rn. 2 m.w.Nachw.; Hümmerich/Bocken/Düwell, BetrVG, § 40, Rn. 7 Fitting/Trebinger/Linsenmaier/Engels/Schmidt BetrVG § 40 Rn. 2 m.w.Nachw.

450 ArbG Frankfurt a.M., AiB 1998, 524; LAG Frankfurt a.M., NZA 1995, 285.

§ 37 Abs. 6 BetrVG ergeben. Danach hat der Betriebsrat gegen den Arbeitgeber einen Anspruch auf Freistellung von einzelnen Betriebsratsmitgliedern zur Teilnahme an Schulungs- und Bildungsveranstaltungen, soweit diese Kenntnisse vermitteln, die für die Arbeit des Betriebsrats erforderlich sind. Der Betriebsrat entscheidet durch Beschluss, welche Person an einer erforderlichen Schulungsmaßnahme teilnehmen soll.[451] Die Teilnahme einzelner Betriebsratsmitglieder an Schulungs- und Bildungsveranstaltungen ist immer dann erforderlich, wenn Kenntnisse vermittelt werden sollen, die notwendig sind, damit der Betriebsrat seine gegenwärtigen oder künftigen Aufgaben sach- und fachgerecht erfüllen kann.[452] Schulungs- und Bildungsveranstaltungen können dabei sowohl Rechtskenntnisse, Kenntnisse spezieller Sachmaterien oder allgemeine Kenntnisse zur Gestaltung der Betriebsratstätigkeit vermitteln.[453] Maßgeblich für die Erforderlichkeit entsprechender Schulungs- und Bildungsveranstaltungen ist der Nachweis im Einzelfall, dass die betreffende Schulung unabdingbare Voraussetzung der Amtsausübung ist.[454] Fehlende Sprachkenntnisse einzelner Betriebsratsmitglieder lassen eine Kommunikation innerhalb des Betriebsrats nicht oder nur eingeschränkt zu, mit der Folge, dass der Betriebsrat keine oder falsche Entscheidungen durch Beschluss treffen könnte und somit in der Amtsausübung beschränkt sein kann. Ein Betriebsrat kann seine gegenwärtigen oder künftigen Aufgaben daher nur dann sach- und fachgerecht erfüllen und Beschlüsse nach § 33 BetrVG fassen, wenn alle Betriebsratsmitglieder sprachlich miteinander kommunizieren können. Ein Sprachkurs kann demnach als erforderliche Schulungs- und Bildungsveranstaltungen i.S.d. § 37 Abs. 6 BetrVG angesehen werden, wenn einzelne Betriebsratsmitglieder nicht über die Sprachkenntnisse verfügen, die notwendig sind, um mit den übrigen Betriebsratsmitgliedern zu kommunizieren. Dem Betriebsrat kann in einem solchen Fall daher ein Anspruch gegen den Arbeitgeber gem. § 37 Abs. 6 BetrVG zustehen, ein Betriebsratsmitglied unter Fortzahlung seiner Vergütung freizustellen, damit dieser an Sprachkursen teilnehmen kann, wenn das jeweilige Betriebsratsmitglied aufgrund von fehlenden oder mangelnden Sprachkenntnissen nicht mit den übrigen Betriebsratsmitgliedern untereinander kommunizieren kann.

---

451 BAG 08.03.2000, AP 1972 § 40 Nr. 68.
452 BAG, NZA 1997, 781 = AP Nr. 118 zu § 37 BetrVG 1972.
453 Erfurter-KO, BetrVG, § 37 Rn. 14.
454 BAG, NZA 2011, 813 (815).

c. *Kostentragungspflicht des Arbeitgebers für Deutschkurse eines Betriebsratsmitglieds gem. § 37 Abs. 7 BetrVG*

Schließlich könnte auch dem einzelnen Betriebsratsmitglied gem. § 37 Abs. 7 BetrVG ein Anspruch gegen den Arbeitgeber auf bezahlte Freistellung zur Teilnahme an einem Sprachkurs zustehen. Diesen Anspruch kann ein einzelnes Betriebsratsmitglied – unabhängig von dem zuvor dargestellten Anspruch des Betriebsrates – nach § 37Abs. 6 BetrVG gelten machen.[455] Erfasst werden von § 37 Abs. 7 BetrVG alle Schulungs- und Bildungsveranstaltungen von denen zu erwarten ist, dass sie die sach- und fachgerechte Erfüllung der Aufgaben als Betriebsratsmitglied fördern.[456] Bei der Vermittlung von Sprachkenntnissen für Betriebsratsmitglieder ist zu berücksichtigen, dass sich das Betriebsratsmitglied der Aufgabe im Betriebsrat freiwillig unterzogen hat und damit für seine Sprachdefizite grundsätzlich selbst die Verantwortung trägt. Nur dann, wenn sich das Betriebsratsmitglied in keiner Sprache mit den übrigen Betriebsratsmitgliedern verständigen kann, erscheint die Teilnahme an einem Sprachkurs erforderlich, damit sich das jeweilige Betriebsratsmitglied zukünftig mit den anderen Mitgliedern verständigen kann, so dass in diesem Fall ein Anspruch auf bezahlte Freistellung des jeweiligen Betriebsratsmitglieds für einen Deutschkurs gem. § 37Abs. 6 BetrVG bestehen kann.

d. *Zwischenergebnis*

Der Arbeitgeber trägt grundsätzlich die Kosten, die für die Ermöglichung der Kommunikation im Betrieb notwendig sind, wenn die Betriebssprache nicht festgelegt ist bzw. nicht festgelegt werden kann.

C. Zusammenfassung zu den gefundenen Ergebnissen des 2. Teils

Das Betriebsverfassungsgesetz enthält keine gesetzliche Regelung in Bezug auf die Sprache der Betriebsverfassung. Mithin fehlt somit eine gesetzliche Vorgabe zu der Sprache der Kommunikation innerhalb des Betriebes mit der Konsequenz, dass diese Parteien im Betrieb grundsätzlich frei in der Wahl ihrer Betriebssprache und somit nicht berechtigt oder verpflichtet sind, im Betrieb untereinander und miteinander ausschließlich auf Deutsch zu kommunizieren. Eine Verpflichtung zur Verwendung einer bestimmten Betriebssprache kann sich jedoch daraus ergeben, dass

455 Erfurter-KO, BetrVG, § 37 Rn. 20; BAG, NZA 1997, 169 = AP BetrVG 1972 § 37 Nr. 46.

456 BAG, NZA 1997, 169 = AP BetrVG 1972 § 37 Nr. 46.

der Arbeitgeber wiederholt im Betrieb mit allen Arbeitnehmern auf einer bestimmten Sprache kommuniziert, da in einem solchen Fall die Betriebssprache kraft einer betrieblichen Übung als festgelegt gelten kann. Alternativ kann der Arbeitgeber kraft seines ihm zustehenden Direktionsrechts gem. § 106 Satz 2 GewO die Festlegung der deutschen Sprache als Betriebssprache anordnen. Sofern ein Betriebsrat besteht, hat der Betriebsrat aus § 81 Abs. 1 Nr. 1 BetrVG ein Mitbestimmungsrecht bei der verbindlichen Festlegung einer Betriebssprache, wonach eine Betriebsvereinbarung die rechtliche Grundlage dafür bilden muss, dass Arbeitnehmer im Betrieb dazu verpflichtet sind, Deutsch oder eine andere Sprache als Deutsch bei der Kommunikation im Betrieb zu verwenden. Sofern der Arbeitgeber mit seinem Betriebsrat eine Betriebsvereinbarung schließen möchte, die eine Betriebssprache festlegt, oder der Arbeitgeber kraft seines Direktionsrechts die Verwendung einer bestimmten Betriebssprache gegenüber seinen Arbeitnehmern anordnen will, sind rechtliche Grenzen bei der Festlegung der Betriebssprache zu beachten, da eine solche Festlegung die Rechte der (ausländischen) Arbeitnehmer verletzen kann. Auch darf eine durch eine betriebliche Übung festgelegte Betriebssprache nicht gegen das § 7 Abs. 2 AGG verstoßen. Als weitere im Rahmen des Direktionsrechts des Arbeitgebers und ggf. von einem Betriebsrat zu berücksichtigenden Gesetze kommen die in Art. 45 AEUV normierte Arbeitnehmerfreizügigkeit, das Diskriminierungsverbot des Art. 3 Abs. 3 GG und das Benachteiligungsverbot des § 7 Abs. 2 AGG in Betracht. Da alle genannten Gesetze nicht per se die Festlegung einer Betriebssprache verbieten, kann die Festlegung einer Betriebssprache gerechtfertigt sein, wenn der Arbeitgeber mit der Festlegung der Betriebssprache ein zu rechtfertigendes Ziel verfolgt, die Festlegung erforderlich ist, also kein milderes Mittel zur Verfügung steht und die Festlegung der Betriebssprache angemessen erscheint. Inwiefern eine Betriebssprache verbindlich festgelegt werden kann, richtet sich danach, ob Gründe bestehen, die es rechtfertigen, eine bestimmte Betriebssprache im Betrieb zu verwenden.

Nach der wirksamen Festlegung einer Betriebssprache hat der Arbeitgeber das Recht, mit seinen Arbeitnehmern und dem Betriebsrat in der festgelegten Betriebssprache zu kommunizieren. Die Rücksichtnahmepflicht des Arbeitgebers und die Verpflichtung aus § 75 Abs. 2 BetrVG führen jedoch dazu, dass der Arbeitgeber auf eigene Kosten ermöglichen muss, dass Arbeitnehmer mit fehlenden Betriebssprachkenntnissen diese Sprache z. B. durch Sprachkurse erlernen.

Sofern eine Betriebssprache vom Arbeitgeber nicht verbindlich festgelegt werden kann, weil es an einer sachlichen Rechtfertigung der Festlegung einer Betriebssprache fehlt, ist der Arbeitgeber verpflichtet, Maßnahmen der Verständigung im Betrieb zu ergreifen, um die Kommunikation im Betrieb zu gewährleisten.

3. Teil: Schlussbetrachtung

Ziel dieser Arbeit war zum einen die Untersuchung, welche Sprache im Individual- und Kollektivarbeitsrecht gegenüber einem nicht-deutschsprachigen Arbeitnehmer Anwendung finden muss.

Zu dem erstgenannten Ziel dieser Arbeit folgendes zusammenfassendes Ergebnis:

Der 1. Teil der Untersuchung hat gezeigt, dass die Sprache im Individualarbeitsrecht bei allen Phasen eines Arbeitsverhältnisses gesetzlich nicht geregelt ist. Dies bedeutet, dass grundsätzlich auch keine gesetzliche Vorgabe besteht, eine bestimmte Sprache, z. B. Deutsch zu verwenden, selbst wenn Schrift- oder Textform für die Abfassung einer Erklärung des Arbeitgebers oder Arbeitnehmers vorgeschrieben ist.

Das Gleiche gilt für die Sprache im Kollektivarbeitsrecht (2. Teil der Untersuchung). Das Betriebsverfassungsgesetz enthält keine gesetzliche Regelung in Bezug auf die Sprache in der Betriebsverfassung. Mithin fehlt somit eine gesetzliche Vorgabe zu der Sprache und der Kommunikation innerhalb des Betriebes mit der Konsequenz, dass die Parteien im Betrieb grundsätzlich frei in der Wahl ihrer Betriebssprache und somit nicht berechtigt oder verpflichtet sind, im Betrieb untereinander und miteinander ausschließlich auf Deutsch zu kommunizieren. Eine Verpflichtung zur Verwendung einer bestimmten Betriebssprache kann sich jedoch daraus ergeben, dass der Arbeitgeber wiederholt im Betrieb mit allen Arbeitnehmern in einer bestimmten Sprache kommuniziert, da in einem solchen Fall die Betriebssprache kraft einer betrieblichen Übung als festgelegt gelten kann. Alternativ kann der Arbeitgeber kraft seines ihm zustehenden Direktionsrechts gem. § 106 Satz 2 GewO die Festlegung einer Betriebssprache anordnen. Sofern der Arbeitgeber eine Betriebssprache festlegt, oder kraft seines Direktionsrechts die Verwendung einer bestimmten Betriebssprache gegenüber seinen Arbeitnehmern anordnen will, sind rechtliche Grenzen bei der Festlegung der Betriebssprache zu beachten, da eine solche Festlegung die Rechte der (ausländischen) Arbeitnehmer wie Art. 3 GG und § 7 AGG verletzen kann.

Im Individual- und Kollektivarbeitsrecht existieren grundsätzlich keine Vorgaben zur Sprache.

Zum anderen wurde der Frage nachgegangen, wer für den Kommunikationserfolg zwischen Arbeitgeber und Arbeitnehmer im Arbeitsrecht verantwortlich ist, Arbeitgeber oder Arbeitnehmer.

Die Untersuchung hat gezeigt, dass die Rechtsprechung und die Literatur sich mit veralteten Methoden zur Lösung der Frage behilft, indem entweder

Sprachprobleme durch Zugangserwägungen versucht wird zu lösen oder der Begriff des Sprachrisikos bemüht wird, der jedoch nur zu einer zufälligen Risikoverteilung herangezogen wird, ohne dabei prozedurale, symmetrische oder freiheitliche Aspekte der Parteien im Arbeitsverhältnis zu berücksichtigen. Der bisherige Forschungsstand führt somit eher zu einer zufälligen Verteilung des Risikos des Nichtverstehens zwischen den Parteien. Dies gilt sowohl für das Individual- und Kollektivarbeitsrecht. Durch die eigens entwickelte Methodik unter Bezugnahme auf ein prozedurales Rechtsverständnis im Arbeitsverhältnis und der Beachtung der Diskriminierungsverbote u. a. des Art. 3 Abs. 3 Satz 1 GG konnte eine systematische Bewertung der Sprache und Kommunikation im Arbeitsverhältnis erfolgen, die zu einer eindeutigen, systematischen, aber auch entwicklungsoffenen Prüfung führt, die keine zufällige Risikoverteilung des Sprachrisikos vorgibt. Vielmehr konnten nunmehr gesetzliche Diskriminierungsverbote herausgearbeitet werden, die eine Diskriminierung des Arbeitnehmers verhindern, aber auch aufzeigen, welche Forderungen der Arbeitgeber gegenüber dem Arbeitnehmer in Bezug auf die Sprache stellen darf. Bei der Durchführung des Arbeitsverhältnisses hat sich hierdurch gezeigt, dass der Arbeitgeber grundsätzlich für den Kommunikationserfolg verantwortlich ist. Der Arbeitgeber ist nämlich dazu verpflichtet, gegenüber sprachunkundigen Arbeitnehmern aufgrund seiner Rücksichtnahmepflicht i.S.d. § 241 Abs. 2 BGB (in Form von leistungssichernden Pflichten oder aufgrund des Gebots des fairen Verhandelns) für Übersetzungen von einseitigen und zweiseitigen Willenserklärungen zu sorgen. Andernfalls sind die Erklärungen des Arbeitgebers und Arbeitnehmers unwirksam. Einzige Ausnahme ist die Erklärung der Kündigung gegenüber dem Arbeitnehmer, da hier keine leistungssichernden Maßnahmen relevant sind, sondern die Beendigung des Arbeitsverhältnisses forciert wird. Zudem schützen die Diskriminierungsverbote des Art. 45 Abs. 2 AEUV, § 7 AGG oder Art. 3 Abs. 3 Satz 1 GG den Arbeitnehmer vor Benachteiligungen des Arbeitgebers vor ungerechtfertigten Sprachanforderungen.

www.ingramcontent.com/pod-product-compliance
Ingram Content Group UK Ltd.
Pitfield, Milton Keynes, MK11 3LW, UK
UKHW021939290926
8980IPUK00016B/1706

9 783631 891735